DIE KAPITA-LISTEN DES 21.JAHR-HUNDERTS

WERNER RÜGEMER

21世纪
新资本主义

DIE KAPITA-
LISTEN DES
21.JAHR-
HUNDERTS

［德］维尔纳·吕格默尔 著

肖蕾 译

人民东方出版传媒
东方出版社
The Oriental Press

中文版序

Einleitung

我很高兴，也很荣幸，这本书得以在中国出版。自 2018 年拙作在德国出版以来，全世界可谓进入了多事之秋。新冠肺炎疫情席卷全球，经贸和国际关系的危机在不断加深，美国更是以咄咄逼人之势围堵和压制中国，国际形势风起云涌。下面，我来简单谈谈这几个问题。

西方资本主义的系统性危机

在本书中，我首先回顾了此类危机发生的背景。在美国、欧盟和一些其他国家，由于政府和金融监管机构的纵容，一批激进的新兴资本集团逐渐在西方金融和经济体系中占据了主导地位。

这些资本集团被政府视为不受监管的影子银行，他们几乎将整个西方资本主义国家最重要的银行，汽车、能源、军备、制药和矿业公司，以及那些走在世界前沿的数字公司全部收入囊中。他们无视国家经济秩序，由此引发了一系列"后遗症"。劳工的薪酬和养老金原地踏步，没有提高；劳动市场萎缩，致使百万人陷入失业境地。西方国家政府负债累累，政府的功能被弱化,无力对老旧的学校及其他公共建筑、桥梁、道路、医院、下水道和饮水系统等基础设施进行维修和改造,以至于这些设施要么被废弃,要么被出售,使用价格随之提高。

在这种背景下,新兴资本集团及其顾问(例如美国三大评级机构和美国四大会计师事务所)引发了2007年的全球金融危机,美国主导的西方经济崩溃。西方各国政府开始接管大型金融机构,提供援助。尽管如此,经济仅部分得到了恢复,不稳定的劳资关系成为常态,欧盟也不例外。大众购买力进一步下降,房屋价格和租金不断上涨。西方传统的主导产业,特别是汽车产业,正在逐渐衰落,部分原因是这一产业仍在使用有害技术。在2020年新冠肺炎疫情爆发之前,西方的经济危机至少持续了十年之久。

经济危机进而引发了政治危机。西方国家政府和欧盟仍否认已经发生的经济危机,他们已经成为新兴资本集团的帮凶。在全球气候灾难被大肆讨论的同时,破坏生态环境的生产活动仍在继续。当选的国民议会在逐渐失去权力,因此执政的党派失去了大多数民众的支持。

西方的大多数政党,如美国的民主党和共和党,欧盟的基督教民主联盟、社会联盟和社会民主党,都已经崩溃;法国和意大利的传统政党更趋式微。在当今的美国和英国——曾经最受赞誉的"世界上最古老的民主国家",政权被有道德瑕疵的人窃取,社会变得特别不公正,反民主、民族主义和种族主义盛行肆虐。民众的利益和人权，特别是社会和劳工权利，正受到比以往更为严重的侵犯。

中国的成功与美国的侵略性

2007年的金融危机使中国的出口贸易崩溃，数百万人失业。但中国政府强有力的措施重振了经济，包括援助企业、鼓励社会创新，例如在汽车环保与公共交通系统中实现创新。中国政府还尤其关注民众劳动收入的可持续增长。按照购买力平价计算，中国已是世界上最大的经济体。

中国国家主席习近平在2017年出席达沃斯世界经济论坛时倡导"包容性全球化"，即国家之间平等、相互包容，打造平衡、普惠的发展模式。中国所倡导的全球化是按照国际法来进行的，没有军事护送，没有分布全球的军事基地，没有无人机操控的杀戮，没有引发直接或间接的战争。这与美国主导的全球化截然相反。中国的贷款不会使公共财产私有化，进而能够促进当地基础设施的建设和改善，促进当地工业及市场生产的发展。正如我在书中描述的"新丝绸之路"，中国以各种形式的国际友好合作、中国与欧盟成员国之间的合作，受到许多国家的欢迎，并取得了成功。

中国取得的可持续、系统性成功招致了一些国家的攻击，特别是美国。以美国为首的北约组织（NATO）试图推动欧盟壮大，以对抗俄罗斯、牵制中国。美国前总统贝拉克·奥巴马

（Barack Obama）曾宣布，要进一步强化美军力量，扩大美军布防，获得在核战争中先发制人的能力。再次爆发世界战争的危险越来越大。

美国现任政府通过各种形式的贸易战，抵制和制裁包括中国、俄罗斯、伊朗、委内瑞拉、古巴在内的数十个国家，甚至还会波及其在欧盟中最重要的"盟友"。

新冠肺炎疫情危机

西方医疗体系与私人资本集团的利益一致，导致在过去的近几十年中，数十万张病床被拆除，医生、护士和兼职的医护助手也都因此失业。由此可见，西方卫生系统没有为新型冠状病毒肺炎（COVID-19）的大流行做好应对准备。测试包、口罩、防护服这类最简单、最便宜的医疗物资也极度缺乏，民用防护用品如此，医护人员的专业防护用品更是如此。

另外，由于劳工工资和养老金的减少，健康保险成本的增加，预防性体检和治疗的额外支付增多，大多数人即使身患疾病也不愿去医院就诊。一个人若身患重病，又没有钱医治，那就没有去治病的必要了。

以上情况归根结底是新兴资本集团导致的。美国称得上是所有西方国家的模范，但正因如此，其医疗卫生系统与私人资本利益高度吻合。1983年，在时任美国总统罗纳德·里根（Ronald Reagan）的推动下，以法律形式确定了"疾病诊断相关分组"

（Diagnosis Related Groups, DRGs）支付系统，作为老年医疗保险的补偿系统。DRGs 系统能够保证在尽可能短的时间内，让尽可能少的医护人员给予病患尽可能充分的治疗，同时获得最大的利润。因病床数量锐减，为保障下一位病患能够使用上病床，快速地清理和更换就变得十分必要。

被金钱"收买"的科学

美国的资本集团还掌控了对全球卫生和流行病学的科学授权，甚至已将私立的约翰·霍普金斯大学扩展成为全球公共卫生和流行病学研究与信息发布的中心，资助约翰·霍普金斯大学的研究所及其全球研究项目。约翰·霍普金斯大学编制了《全球卫生安全指数》（Global Health Security Index, GHS Index），对 195 个国家的卫生系统应对流行病的准备情况进行了评估。2019 年的评估数据显示，美国和英国的卫生系统排名分别为全球第一和第二，意味着这两个国家对流行病的准备是"最为充分"；欧盟的主要国家，如法国、德国、意大利和西班牙，他们的卫生系统被评为"准备充分"。

2019 年年底，新冠肺炎疫情爆发，中国在 2019 年 12 月 31 日及时向世界卫生组织（WHO）通报了新型冠状病毒的信息。即便如此，美国和欧盟国家仍然信奉 GHS 指数的结果，认为自己是最安全的，在很长一段时间内都未对新型冠状病毒采取任何对策。美国前总统特朗普还曾在白宫向全世界的新闻界称赞了这一指数,他说:"我相信,约翰·霍普金斯是一个非常令人信服、有权威的大型机构。"但事实表明,新型冠状病毒迅速地在美国医务人员之间,在贫民窟中的非洲裔美国人和拉丁美洲人之间,在不稳定的社会群体间蔓延。数以万计的美国民众感染,美国俨然成为COVID-19的地球死亡中心。

我们不难看出,西方最负盛名的公共卫生和流行病研究中心竟然被资本"收买"了!它向民众散布了虚假消息。享有盛誉的医学杂志《柳叶刀》(*The Lancet*)在2020年4月一针见血地指出,COVID-19在世界范围内的扩散已经证明,GHS指数的结果是虚假的。"美国和英国政府面对突发性流行病给出了最糟糕的答案,他们企图用谎言来掩饰自己的无能。这两个国家,既没有足够的医务工作者,也没有足够的病床。他们无力为染病的患者提供应有的保护。"而这种做法也危害了其他国家人民的健康。《柳叶刀》杂志还提到,美国发布出口禁令,拒绝提供人道主义援助,企图封锁伊朗、委内瑞拉、古巴等国的医疗防疫物资。

抗击疫情需要国际合作与团结

顺便说一句,中国在GHS指数排名中仅排在第51位,意味着中国对流行病"准备不足"。这真是可笑!虚假新闻,这绝对是虚假新闻!尽管新冠肺炎疫情最先在中国爆发,但事实已经证明,中国做好了准备,并在第一时间向世界卫生组织和国际科学界通报了这种新病毒的有关信息。中国迅速开发出检测试剂盒,截至2020年5月16日,每天检测核酸的能力可达150万份;"方舱医院"的建设也为世界抗击疫情贡献了中国经验。中国政府出台的一系列政策,都促使受影响的经济逐渐恢复起来。

按照"包容性全球化"的发展模式以及"一带一路"的合作倡议,中国有意愿且有能力通过提供医疗物资和派遣卫生专家,支持其他国家抗击疫情。受援国不仅限于发展中国家,还包括资本主义最发达的国家,例如美国、德国、法国和意大利。

中国的举措完全符合联合国和七十七国集团的宗旨。联合国秘书长安东尼奥·古特雷斯(António Guterres)在2020年3月呼吁全球冲突地区停火,国际社会应团结一致、加强合作,共同应对挑战。1964年成立的七十七国集团,现在是134个发展中国家和新兴国家的联盟,他们也在呼吁合作,停止国家间的制裁和抵制。尽管俄罗斯与土耳其在叙利亚伊德利卜地区已达成停火协议,但遗憾的是,美国、英国和欧盟拒绝了这一合理要求。

新的多边世界秩序

新冠肺炎疫情的肆虐,使以美国为首的西方国家所推动的全球化无以为继,暴露出严重缺陷,所造成的后果也将是致命的。这为全世界敲响了警钟——新的全球化模式应是包容的,必须在遵循国际法和人权的基础上建立新的多边世界秩序。

疫情当前，新的全球化应有助于加强国际合作。要明确的是，健康不是商品，而是一项最基本的人权！被资本"收买"的科学机构必须被更换掉，以防它们继续向全世界人民散布虚假信息。另外，还须更加重视对疫情的溯源工作，及时采取行动，以阻止疫情的进一步蔓延。

目前，全球有8亿多饥饿人口，其中包括儿童。他们或因此遭受巨大痛苦，或因此而死亡。此外，还有近20亿人口缺乏清洁、安全的饮用水。这些都是医疗卫生服务体系所应关注和解决的，但在西方主导的全球化之下，所有这些人权都被忽视了。在发展中国家和新兴国家如此，在西方发达国家和欧盟内部更是如此。

全球气候变暖、土壤污染、森林被毁、海洋和大气污染，过度的社会不公、经济落后，逃税、政府超额负债、基础设施老旧，这些都是过去的全球化带来的恶果。现在，这些恶果与新冠肺炎疫情一同挑战着人类的生存，需要我们共同面对，找到新的解决方案。

我们还需要不断地尝试。最重要的是，一定要尊重国际法，尊重各国的国家主权；结束敌对关系，结束武力威吓，不再单方面挑起国际战争。

维尔纳·吕格默尔
2020年5月于德国科隆

前言

众说纷纭，却未知全貌

Viel meinen, wenig wissen?

当今社会，人们只是单纯为了某种纯粹的必要性去做抗争，既不是出于对法律坚定的信念，也不是出于对自我的尊重。

——海因里希·海涅，19世纪于法国

西方资本主义民主政治正走向崩溃。国际上，美国政府对欧洲继续实行"美国优先"政策；在美国国内，针对前任和现任执政者，针对欧盟的批评之声不断。这些长期执政、代表"民众"的政党，以及支持他们的主流媒体、腐败的议会制度，都在逐渐失去民众的支持。

从20世纪80年代新自由主义开始以来，西方资本主义民主崩溃的进程愈演愈烈，在2007年金融危机之后更呈加速趋势。政府违背市场经济规律，动用公众资金拯救破产的大型银行，并对其进行一定的管制和约束。同样为金融危机的爆发作出"贡献"的资本集团，如贝莱德（BlackRock），曾接管破产的贝尔斯登公司和美国国际集团，成为许多老牌银行、股票交易所以及一些重要企业的持股人。

如今，有数十个像贝莱德这种类型的金融机构占据着第一梯队，它们不受政府监管，而且名不见经传；第二梯队的新金融参与者，包括私募股权基金、对冲基金、风险资本家，政府同样难以予以规范。另外，属于第三梯队的精英投资银行、传统大型银行，以及由他们投资和控制的第四梯队——互联网后起之秀GAMFA，优步（Uber）、爱彼迎（Airbnb）等第五梯队的平台经济参与者，都在进行着残酷的私有资本积累。这是一种新的、更加反社会的资本积累形式。这种积累越来越残酷，其复杂性也在不断提高，具体体现在金融机构及其行为的多样性上。

那么脸书、谷歌集团归谁所有呢？对于公司员工、社会公众及选民而言，这些公司的实际所有者几乎是隐形的。他们不仅冷酷无情，而且阴险卑鄙、见不得人。他们的官方代表总是用着柔和、虚情假意的民主话语，在法律的灰暗地带和国家的容忍下游走，甚至得到了"知名""财富专家"组建的秘密私人武装力量的支持。

反全球化者对此批判道，如今的资本只是虚拟数字，在全世界范围内被无数人追捧，与实体经济没有、甚至不再有任何联系。事实正好相反！贝莱德这类集团把控着实体经济中数十万个最重要的企业，决定着工作岗位、雇佣关系，决定着人们的住房、饮食和生存环境，以及产品、利润分配、贫富水平和国家债务。平台型国际集团已经将其业务渗透到了数十亿人口日常生活的方方面面，他们与情报机构合作，深入研究同时也深刻改变着大众群体的生活习惯。

贝莱德等第一阶梯集团积累的财富越来越多，但对大多数民众而言并非幸事。国民经济衰退，使得生活水平下降；全球气候变暖，大大改变了人类的居住环境；社会基础设施日益老化，却得不到改造，进而被私有化，使用价格随之提高。在国际安全方面，战争与冲突的热点地区越来越多，新的敌人被不断"制造"出来，大国的军备利润随之急速增加。新兴资本强者组成了跨国界的资本主义阶层，他们结成组织，形成共同体；与此同时，他们还想办法破坏剩余的雇员组成的劳工组织，将其分割成一个个孤立体，欲分而治之。

那些新晋的有权有势者，在金融、贸易的灰色地带（金融绿洲）建立自己的规则，以保障自己的"财富权利"。这些投资者以及他们任命的董事会和企业负责人，无数次地违法却不被追责；他们轻易地践踏人权，让其员工陷入贫穷。他们更不会因为损害环境、破坏正义而受到惩罚，政府对他们无比宽容。在日常生活中，同样具有强大影响力的还有网络民粹主义①。其鼓吹者期望按照令人钦佩的硅谷模式实现幸福美好的个人生活，改善人性。

美国主导的西方资本主义，无论是对内还是对外，都充斥着侵略性：一次次发起战争，或公开宣战，或不宣而战；或秘

---

① 民粹主义：当企业家、投资者、顾问、政治家以不明确的、少数人的利益和权力集团的利益为名，有意识地或天真地对人民（拉丁文：populus）或大多数人（工作、安全、和平、家园、幸福、住房）作出他们不能或不想兑现的承诺。当战争和投资等艰难的决定不是由人民，甚至不是由民选代表作出时，这种虚拟出来的"人民是主权者"也属于民粹主义。历史中的基督教、保守主义、然后是社会主义 – 社会民主主义的坚定的"人民"政党的初级民粹主义，因为承诺的无法兑现和（共同）造成的苦难，而变成了次级民粹主义。初级民粹主义者和执政者也通过诋毁、阻挠民主、反对资本主义的反对派并将其定罪来推动这种做法。像美国前总统唐纳德·特朗普和法国总统埃马纽埃尔·马克龙这样的二级民粹主义者所引领的"运动"，与仅仅是信誉不佳的政党有本质区别。

密或公开地为其盟国扩充军备,以扩大自身的全球军事力量。在地中海地区及墨西哥边境上,从经济战争和军事战争地区来的难民们被各式各样高高的围墙阻绝。人们所期望的繁荣、所应有的人权都已不存在,所信仰的宗教、所追捧的西方价值观都受到了极大挑战。

在西方资本主义民主国家,弥漫着各种各样的批判声。工会和主流媒体对公司董事会、高管以及他们的百万年薪愤怒不已,进行了猛烈抨击,但却对企业隐形的实际所有者及其所获得的百倍利润不闻不问。"言论自由"这一非常重要的西方价值观,正随着信息自由度的衰退而贬值。观点很多,却未知全貌。本书将针对这种"批判性"的自我盲目进行解读。

20世纪初第一次世界大战前夕,约翰·霍布森(John Hobson)、鲁道夫·希法亭(Rudolf Hilferding)、弗拉基米尔·伊里奇·列宁(Wladimir Iljitsch Lenin)、罗莎·卢森堡(Rosa Luxemburg)、尼古拉·布哈林(Nikolai Bucharin)等人就已经发觉,五大帝国(奥匈帝国、奥斯曼帝国、德意志帝国、俄罗斯帝国和日本帝国)的卡特尔和垄断银行已经在跨大西洋的资本主义中取得统治地位,其结果是引发了拉锯三十年之久的两次世界大战。在几个帝国主义国家之间的斗争中,美帝国取得了主导地位。而这些新兴金融机构则进一步强化了美国的主导地位,以及盟友与其的附庸关系。

无产阶级革命家列宁的著作《帝国主义是资本主义的最高

阶段》在 1916 年最初命名时,将帝国主义定名为资本主义"最年轻的阶段",而后来所定的"最高阶段"则意味着"最后阶段"。虽然这部著作表达了人们的美好愿望,但只要想到当时的资本主义活动家对民主、国际法、劳工运动、社会主义及民族解放运动表现出的无情和狡诈,便知道列宁所述不过是虚幻。①

列宁的"帝国主义是资本主义最年轻的阶段"这一断言,无论在当时,还是在今天都贴合现实。中国共产党领导下的中国特色社会主义及其在全球范围内铺开的友好合作网络,在西方资本主义的无意推动下,为全球化谱写了新的篇章。在当今世界范围内,这一巨大转变是去殖民化、民主化、和平友好的运动中最显而易见的一环。

20 世纪 90 年代,在社会主义衰落大环境下兴起的"后历史"说、"历史终结论"以及那个反伊斯兰教、披着基督教外衣的西方资本主义不朽传奇都已成为过去。现在必须要做的是,由内而外,从人权和国际法的角度,比以往更仔细地观察、比较和评判新资本主义与中国特色社会主义。本书诚邀您一同开启这一旅程。

---

① Jürgen Kuczynski: Gesellschaften im Untergang. Vergleichende Niedergangsgeschichte vom Römischen Reich bis zu den Vereinigten Staaten von Amerika. Köln 1984, P. 76ff.

联合国《世界人权宣言》(1948年)

第二十三条

(一)人人有权工作、自由选择职业、享受公正和合适的工作条件,并享受免于失业的保障。

(二)人人有同工同酬的权利,不受任何歧视。

(三)每一个工作的人,都有权享受公正、合适的报酬,保证使其本人及其家人拥有符合人的尊严的生活条件,必要时辅以其他方式的社会保障。

(四)人人有为维护自身利益而组织和参加工会的权利。

目录

第一章 西方的新兴资本家

1 大型资本组织者：贝莱德集团　　003
　　"首席大资本家"　　004
　　股票内幕风险交易　　005
　　用"零用钱"支付违法罚款　　007
　　西方经济的超级大脑　　008
　　跨国资本主义阶层的资产　　010
　　价格垄断、收购、兼并　　012
　　在金融危机中崛起　　016
　　西方价值共同体中最大的资本组织者　　018
　　最大的影子银行　　019
　　神秘的平行世界　　022
　　赢家和共同赢家　　026
　　少量股份，巨大影响？　　027
　　养老金和房地产的私有化　　029
　　一小口民粹主义的金融蛋糕　　031

主权财富基金	033
西方资本主义 20 个最大的资本组织者	036
德国股份公司的终结	037
出租房的最大所有者	046
国家把管理权交给了贝莱德	050
德国：欧盟的桥头堡	051
法国：股份公司的终结	053
英国：更多地在美国资产手中	056
贝莱德集团在瑞士	059
贝莱德集团在意大利	061
贝莱德集团在美国和全球	063
贝莱德集团：西方世界资本的超级卡特尔	064
高举道德旗帜，却毫无道德底线	066
在贝莱德顶端的欧盟	071

2 私募股权投资者　075

商业模式	075
15% 至 40% 的利润率	077
纽约和伦敦的银行家组建新的投资者类型	079
黑石塑造了这样的商业模式	080
让英国作为桥梁	083
德国：信托机构之后的上升发展	084
社民党—绿党联合政府下的新助力	086
博世 -Telenorma/Tenovis	087
加入与成功消失	093
默克尔和黑石改变了德国资本主义	098
"经济危机"后新的增长	103

	国际私募股权说客	104
	德国作为投资地最受热捧	105
	连锁牛排餐馆 Maredo	108
	德韧汽车系统	115
	Median 康复医院	119
	符腾堡金属制品厂与德国消费者研究协会	126
	总结：私募股权的影响	142
	第一和第二梯队是如何互相配合的	146
	Zalando 案例	146
3	对冲基金：桥水集团	151
	作为非银行金融机构的对冲基金	152
	"通过国家的失败谋利"	160
	巨头们的吸血鬼	163
	《图片报》风格的"未来基金"	165
4	精英投资银行	167
	拉扎德有限公司	167
	罗斯柴尔德集团	172
	施罗德国际商人银行	179
	麦格理集团	181
	佩雷拉温伯格	182
5	私有银行：巨头们的秘密前沿阵地	184
6	风险资本家：准备者	187
7	传统银行作为服务商	195
8	互联网资本家	198
	苹果：个人电脑	199
	微软：软件怪物	207

平台经济学	212
亚马逊：贸易怪物	212
Alphabet/ 谷歌 /XXVI：民用军事搜索引擎	226
脸书：数据强盗	237
脸书和谷歌的广告垄断	250
在以色列：捞取占领科技	250
数字化知识平民主义：维基百科	252
GAMFA 总结	262
共享经济学：利用短工部队的国际集团	264
全球最大的出租服务	265
送餐 I：Deliveroo	276
送餐 II：Delivery Hero	282
平台集团渗透到日常生活	284
精英数字平民主义的中心	289
平台经济总结	290
9　跨大西洋资本的平民私人部队	293
评级机构	293
"审"计师	295
律师事务所	297
企业咨询机构	300
主流媒体	303

第二章　美国与欧盟的关系

1　第一次世界大战以来力量对比的颠倒	311
美国：经济萎缩，但作为资本基地却在壮大	312

		美国：全球最大的避税天堂	313
		劳动关系美国化	316
	2	美国监管下的互联网	318
	3	"资本—数字—军事"复合体	326
		"GAMFA—五角大楼—国家安全局"复合体	326
		对欧盟的监控	331
	4	自由贸易：欧盟与美国的冲突	339
		依赖强权的和谐	339
		令人窒息的冲突	344
		冲突逐渐扩大：乌克兰、伊朗	350
		新投资乐园：美国	356
		美国对欧盟的贸易逆差	358

第三章　中国：共产主义领导下的市场经济

	1	美国反对中国的自我解放	363
	2	资本主义进口的论证	366
		新经济政策	368
		电动汽车	368
		可再生能源方面的领导地位	373
		资本主义的矛盾心理	375
		中国的评级机构下调了美国信用等级	376
		经济特区的订单式生产	377
		打工族翻身	379
	3	国家、共产党、社会主义	388
		保护主义	391

禁止脸书	392
社会征信体系	393
朝社会主义方向前进	394
将马克思主义现代化	395

4 美国：经济上弱化中国，军事上威胁中国　　397

有利可图的削减	397
自己造成的贸易逆差	398
销售禁令	399
利润驱动下的自以为是和进攻性	400
战争成为独立的业务领域	408

5 中国：经济全球化与和平的全球化　　410

逐步向资本主义中心挺进	410
美国和欧盟针对中国	418
合作的全球化	422
区域间与大洲间的合作	424
东欧和南欧	434
和平的、平等的、合作的全球化	438

第四章　人类社会的现在与未来

美国资本主义民主的急剧衰退	444
欧盟的人权和国际法	446
中国的和平崛起	450
"国家资本主义"	451
谋求共同发展	454
最后一个问题	456

第一章 西方的新兴资本家
Die neuen Kapital-Akteure des Westens

西方新兴资本主义始于20世纪80年代，自2007年金融危机以来逐渐占据统治地位，其中包括活跃在世界范围内的各种类别和团体的金融参与者。我将这些金融参与者分为不同的梯队，如下所示。

第一梯队：贝莱德集团等有强大影响力的资本组织者。

第二梯队：私募股权基金、对冲基金和风险资本家类型的投资者。

第三梯队：投资银行、私人银行和传统大型银行，他们分别扮演着不同的角色。

第四梯队：上述金融机构投资并参与其中的五个互联网新星GAMFA，即谷歌（Google）、苹果（Apple）、微软（Microsoft）、脸书（Facebook）和亚马逊（Amazon）。

第五梯队：Uber（优步）、Deliveroo（户户送）、Parship/ElitePartner（约会交友软件）、Upwork（自由职业市场）、Flixbus（弗利克斯巴士）等发展更快、更新迭代速度快的数字平台经济参与者。

在西方资本主义形式发生根本性变革过程中诞生的，如债务资金、寡头（霍多尔科夫斯基、季莫申科、波罗申科、杜卡诺维奇、特朗普），以个人为单位的资产顾问等较小的、零星的金融参与者在此处不予以考虑。

1
大型资本组织者：贝莱德集团

"西方价值观联盟"在"金融危机"之后，国民经济纷纷陷入长期的系统性萧条。不只是企业，就连国家的投资也越来越少，同时负债也越来越多。① 美国官方公布的增长率在多数情况下都比较高，这是基于复杂、高深的统计学技巧之上而实现的，通常会夸大 2 个百分点。② 除此之外，同样被统计学技巧粉饰的还有长期处于高位的失业率和失业总数。在跨大西洋的资本主义运作中，从 1990 年开始，依靠工作带来收入的比例持续下降，2007 年以来这一趋势更加明显。③ 职员正在遭受就业危机或过重的工作压力，形成了新的"穷忙族"（意为有工作的贫穷者），为薪水疲于奔命已经成为他们的常态。

西方资本主义被笼罩在"百年萧条"之中，美国前任财政

---

① Investitionsstreik in Europa, HB, 15.8.2016.
② Norbert Haering: Irlands absurd hohes Wachstum zeigt, wie fragwürdig BIP-Statistiken sind, norberthaering.de/27-germannews, 23.8.2016.
③ Jeronim Capaldo: The Trans-Atlantic Trade and Investment Partnership, Tufts University, October 2014.

部长劳伦斯·萨默思（Lawrence Summers）[1]如是说，也正是他在威廉·克林顿手下协助拉开了这一发展进程的序幕。这就是说，西方资本主义实际上根本不像全球化反对者所批判的那样关注"持续发展"。在西方资本主义中，个人收入在增长，而工作与生活水准却在下降。大多数民众所必需的基础设施，例如房子、学校、幼儿园、医院、养老院、供水与污水处理系统、长短途交通运输等都被长期忽视。设施的萎缩、恶化或者被私有化，随之而来的就是价格持续增长，民众就逐渐无法支付使用。同时，在包装、货物运输、军备、豪华汽车、豪宅方面的支出也在增加。在很多方面，"萧条"与"增长"这些粗线条的概念都模糊了事实真相。

通常站在亲投资者立场的德国《商报》（Handelsblatt, HB）曾拟写过"欧洲的投资罢工"这个标题，事实上这样的情况也确实愈加明显。然而精通"经济"的作者们却陷入了云里雾里的心理学分析，文章中仅强调了"人们似乎对未来没有十足的把握"。[2]

"首席大资本家"

由于某些特定的投资人依然对未来充满信心，一些人也只能一笑了之。只不过起初是隐晦地表达，如今是公开地表露。

---

[1] www.businessinsider.com/larry-summers-imf-speech, 17.3.2013.
[2] Investitionsstreik in Europa, HB, 15.8.2016.

自金融危机以来，那些没有受挫的投资人不动声色且坚定地进行了更多的投资。他们没有打算创造更多的就业岗位或者刺激国民经济的发展；相反，他们利用眼前的萧条，有选择性地推动个别领域的增长。

在西方的上层社会，人们崇拜并仰视独一无二的贝莱德掌门人劳伦斯·芬克（Lawrence Fink）。主流媒体亲切地称他为"拉里"（Larry）。当他出席每年一度的瑞士达沃斯世界经济论坛年会时，所有的精英都会起立致敬。这些企业家、银行家、投资家、政治家、经济学家都十分清楚，这个美国人就是世界金融团体实际上的主席，只不过没有被正式任命而已。他是大资本家中地位最高的人，是对资本主义的规则和命运拥有最高决定权的人。[1]

股票内幕风险交易

我们来依次看一下这位"首席资本家"参与的几项重要活动，以他2016年的一次"投资"为例。贝莱德和其他金融机构通过一些投资机构和银行获得了10亿欧元的贷款，并在一段时间内以借贷的方式，从德国汉莎（Deutsche Lufthansa）的其他股东手中购进所有汉莎股票（借贷股票）的1/5。贝莱德集团推测，出于对恐怖袭击和英国脱欧的恐惧，乘坐飞机的人会减少，因

---

[1] Hans-Jürgen Jakobs: Wem gehört die Welt? Die Machtverhältnisse im globalen Kapitalismus, München 2016, p. 21.

此股价会下跌。按照西方的市场规律，而后的事实也确实如此，股价下跌了14%。最终按照约定，投资者在几个星期之后将借贷股票归还其原本的持有者，并且大量买进下跌的汉莎股票，随后股票价格再次回升。①

贝莱德在此案例中并非外来的投机者，它原本也是汉莎的主要股东之一。如果人们不了解现在的资本主义，那么就会产生一个疑问：为什么股东会"希望"自己企业的股价下跌呢？在最新的资本主义运作中，对像贝莱德一样的企业持股人来说，企业是进行投机买卖的基础。如果投机带来的收益比持有股票和等待年度分红更多，那么他们就乐于选择进行更多地"投机"交易。但是，把这种行为称为"投资"难道不是很反常吗？

贝莱德集团经常将其在汉莎、戴姆勒（Daimler）、西门子（Siemens）、可口可乐（Coca-Cola）、高盛集团（Goldman Sachs）持有的部分股票投入到投机交易中。我们再来看一下2016年8月18日这个基准日：贝莱德向德国金融监管机构联邦金融监管局（BaFin）报告了Kali&Salz股份公司、Zooplus股份公司和爱尔铃克铃尔（ElringKlinger）股份公司的股票卖空情况；投资人马歇尔·伟世（Marshall Wace）向BaFin报告了德意志银行（Deutsche Bank）、汉莎和格拉默（Grammer）股份公司的股

---

① Hedgefonds greifen Lufthansa an. Leerverkäufer wetten auf einen Kursverfall der Fluggesellschaft. Der Spiegel 33/2016; Lufthansa–Aktie: Rückzug von Leerverkäufer Blackrock, http://aktiencheck.de, 13.7.2016.

票卖空情况；投资方 AQR 资本管理公司向 BaFin 报告了建筑集团比尔芬格（Bilfinger）的股票卖空情况；投资人兰斯唐恩公司（Lansdowne）在大众，千禧管理（Millennium Management）在瓦克化工（Wacker Chemie）股份公司等也都是同样的情况。① 而仅在这一天出现的这些卖空现象只涉及德国的很小一部分。贝莱德集团的这些卖空操作还同时发生在德国的更多公司和其他国家。

用"零用钱"支付违法罚款

贝莱德曾多次违反德国《证券交易法》第 21、22、25 条规定的申报义务，因此在抽查后，BaFin 于 2015 年 3 月向贝莱德开出了创纪录的 325 万欧元罚单。BaFin 发表声明称，该集团在几年时间里虚报了其在德国上市公司的持股情况，并且对于个别信息的披露不准确、有遗漏。②

如前所述，贝莱德的业务包括买卖其公司的大宗股票，创建衍生品，并充分利用全球证券市场的行情差异。为此，那些不及时或者错误的公开申报对获取利润而言至关重要。但是像 2015 年那样代价高昂的抽样检查，BaFin 至今再也没有做过。

贝莱德不加表态地从德国分支机构的小额现款中付清了那

---

① Netto-Leerverkaufspositionen 2016.08.18, www.bundesanzeiger.de/ebanzwww/wexsservlet?, abgerufen 19.8.2016.
② 贝莱德：德国联邦金融监管局开出 325 万欧元罚单，2015 年 3 月 20 日通告。

325万欧元的罚款。对Bafin来说，仅仅对贝莱德的全面检查就已经使其不堪重负，更不用说还要面对贝莱德集团下的其他四十多家企业了，因此只能完全保持沉默。贝莱德集团将西方资本主义国家的金融监管者变成了可笑的傀儡。

西方经济的超级大脑

贝莱德不断用自有的或者外来的股票在全球所有股票交易所做投机交易，凭借以纳秒为单位的操作速度，最大限度地利用纽约、东京、新加坡、伦敦、苏黎世、米兰、法兰克福、巴黎、卢森堡、里约热内卢等证交所股票行情的差异。所有以股票为基础的有价证券，比如期货、衍生证券、交易所交易基金、iShares等无论何种类型，绝大部分都以这样的形式在自动运行。

这些程序属于贝莱德集团的自动化超级大脑——其自主开发的风控平台"阿拉丁"（Aladdin）。该平台运行着5000台大型计算机，并由2000名IT专家、编程人员和数据分析师操作。运行该平台需要消耗极大的电量来冷却，于是这个西方经济世界中最大的金融数据处理设备的绝大部分被安置在距离华尔街4425公里远的韦纳奇（Wenatchee）。韦纳奇是地处美国西北部的一个拥有3万居民的小城，位于哥伦比亚河河畔的水电站能够提供全美最廉价的电力。那里也有属于雅虎、微软和戴尔的小型（只有足球场大小）计算机中心。

阿拉丁是 Asset Liability and Debt Derivative Investment Network（资产负债和债务衍生品投资网络）的简称，该平台负责把所有风险因素都计算在内，比如政府更替（包括意料之外的更替及其吸引民众眼球的准备阶段）、战争和军事行动、地震、气候波动、罢工和反对党运动、消费行为的改变、企业破产、形象宣传等活动。在整个过程中尤为重要的是，如何能通过哪怕只是瞬间的预测信息来影响和利用有价证券的走势，并通过买卖为自己谋利。从这个角度来看，任何可能发生的战争都有可能起到"积极"的作用。

贝莱德与先锋（Vanguard）、普信（T. Rowe Price）、道富（State Street）、富达（Fidelity）、威灵顿（Wellington）、北方信托（Northern Trust）、摩根大通（J. P. Morgan）等同类资本组织者，都是像纽约证券交易所、科技证券交易所纳斯达克、伦敦证券交易所和德国证券交易所这类西方世界最重要的证券交易所，以及汉莎航空、可口可乐等数千家企业的共同所有者。

这样，贝莱德将西方金融业庞大的数据处理能力与最大的金融和经济内部知情人的职能融合在了一起。如今，阿拉丁投资交易风险平台不仅服务于150多个较小的金融机构，而且也为基金会、主权财富基金、保险、养老基金，以及包括美国中央银行和欧洲中央银行在内的50个国家中央银行提供风险和影响分析服务。比如贝莱德是德意志银行的大股东，那么德意志银行的资产管理就受阿拉丁掌控。①

跨国资本主义阶层的资产

虽然传统的大银行管理着比例相对较少的资产，但是遇到严峻的政策紧缩时期，他们则需要更多的员工：摩根大通集团有23万员工，德意志银行有10万员工。贝莱德在全球范围内只有1.3万名员工，但其最大的股东PNC金融服务集团（Pittsburgh National Corporation）——一家小小的区域性银行，就有5.3万名员工，比贝莱德本身还多很多。这是因为相较之下，贝莱德只管理着数量极少的超级富豪客户，既没有过路顾客，也没有银行窗口。绝大部分客户是那些本身已经拥有大量资产，却想通过新方法以更快的速度使资产变得更多的人。

全球范围内的企业继承人、家族、企业家、企业和银行的董事会与监事会、企业负责人、企业基金会、亿万富翁和百万富翁，他们都充满信任地将自己的流动资产交给贝莱德管理。这些客户被称为超高净值客户（Ultra High Net Worth Individuals, UHNWI）。当你拥有5000万资产，最好是1亿以上的资产，就可以成为其中的一员。不仅如此，传统银行、保险、中央银行、公司财务部门和养老基金也会将资产委托给贝莱德管理。

---

① Heike Buchter: Blackrock. Eine heimliche Weltmacht greift nach unserem Geld, Frankfurt/Main 2015, P. 220.

相应的负责人和经济受托人组成了跨国资本阶层。① 只有贝莱德集团知道其客户的名字，公众、税务局则根本不会知道这些名字。贝莱德会为客户购买一些企业股票或股权凭证，即使这些企业本身并不知道自己"真正"的持股人是谁。贝莱德集团就是一台匿名化机器，而这些独家消息正是其权力的来源。

近年来，哪怕只有几千块的小额投资者也可以参与到 iShares 的交易中，贝莱德在股东大会上也会为他们作代表。尽管贝莱德会从所有客户那里收取费用，但平均下来也可以让企业客户得到比其自身业务更高的利润。

贝莱德集团借此将最富有的人组成一个全球性网络，用他们资产的零头也能轻松盈利几百万，而无知的小投资者在这样的操作过程中只能惴惴不安。贝莱德将收集到的资产投入到全球最有利润的企业中，而这些企业又都是跨国资本主义网络的其中一员。稍后我们再来看看交织在这个网络当中的政府关系

---

① Werner Rügemer : Die transnationale kapitalistische Klasse. Strukturen der globalen Machtelite,Hintergrund1/2016, pp. 72ff.; 这一阶层并不像大卫·罗斯卡普（David Rothkopf）等人描绘的那样（Superclass. The Global Power Elite and the World They are Making, New York/London 2008），由 6000 位有同等权力的个人（如政府首脑、银行行长和知名企业总裁）组成，而是由不同大小的、极其不均衡且等级分明的群体和家族组成。他们组成的不是形式上统一的组织，而是或公开、或秘密的多元化非正式组织。按照不同的标准，他们有不同的影响力，所掌握的是具有重要战略意义的企业所有权的数量和范围，以及它们相互交织的情况，与重要部门和西方资本主义的"私人武装力量"成员的关系，与国家、民事、军事和情报机构的重要成员的关系，与国内、国际、私有政治基金会和智库的关系，包括正式的和非正式的平行结构以及对避税系统的利用，包括公开的和秘密的收购，政客、记者、科学家等说客般的介入，还有各种文化、科学及社会捐资者（慈善机构）的参与。

和资本主义的"私人武装力量"。

价格垄断、收购、兼并

贝莱德和其他十几个同类资本组织者都是西方资本主义世界最有权势的内部知情者，他们与公司董事会、政府、评级机构、国际金融机构（如国际货币基金组织和欧洲央行），以及普华永道（PwC）和富而德（Freshfields）等为企业和政府提供咨询服务的顶级咨询公司有着紧密的联系。正因如此，贝莱德就比其他集团更有远见，不但能预见长期的发展方向，而且还可以参与其中并从中获利。

▍价格垄断

对有价证券的投机只是贝莱德获得利润的途径之一。为了留住汉莎，企业应该变得更有盈利能力，并且要降低成本。汉莎航空股份集团在全球拥有大约 500 个子公司和联营公司，主要涉及物流、餐饮、IT 服务、客运航空等业务。如今，汉莎不仅降低了地勤和空勤人员的薪金，压缩了驾驶员的养老金，还用廉价的子公司聘用新职员，紧接着又成立了几个新的廉价航空公司。他们希望在十年之后，只保留现有 12 万员工中大约十分之一的人数。

如果用"德国"企业的传统方式，是绝对不可能如此简单粗暴地执行的，这就需要贝莱德集团出场了。贝莱德和目前第二大资本集团先锋是汉莎、美国航空（American Airlines）和达美航空（Delta Airlines）的共同所有者，兼并和收购是他们获取利润的手段。在美国，贝莱德集团与银行勾结，形成了"卡特尔"组织，[①]成为这些银行的共同所有者。在这种情况下，银行提高了费用，降低了存款利息，美国航空公司的机票价格也被提高了。[②]

拜耳收购孟山都

下一步就是兼并和收购。让我们以德国制药与农化巨头拜耳公司（Bayer）收购美国生物技术公司孟山都（Monsanto）为例。

这项收购并非像主流媒体和联邦州媒体所宣传的那样，是一家"德国"公司对一家"美国"公司的"恶意收购"，[③]实际上是由同一批大股东推动进行的。拜耳的大股东依次是：贝莱德、永明金融（Sun Life Financial）、都汇置地（Capital World）、先锋、德意志银行；孟山都大股东的排序有所不同，依次是：都汇置地、先锋、贝莱德、道富、富达国际（Fidelity）和永明金融。[④]贝莱德的资本和权力集中度更高，它还是拜耳的共同所有者德意志银行的大股东。

[①] 卡特尔是至少两个企业的组合，这两个企业都是某些市场商品的供应商或买家。进行合并的目的是为了获得竞争优势。出于这个原因，卡特尔通常被禁止。——编者注
[②] José Azar, Martin Schmalz, Isabel Tecu: Anti-Competitive Effects of Common Ownership, Ross School of Business Papers Nr. 1235, 5.7.2016.
[③] Monsanto bleibt stur, Der Spiegel 26/2016.
[④] Die Monsanto-Übernahme, HB, 16.8.2016.

如此便形成了世界上最大的农业化学集团：在种子、农药、农业专利，以及在关于农民、农业企业、农业市场的全球数据等方面，两个市场引领者捆绑在了一起。当然，贝莱德、先锋、都汇置地、道富、富达国际等也是其他农业、化工集团公司的大股东，如巴斯夫（BASF）、韩国的 LG 化学（LG Chem）、荷兰的阿克苏诺贝尔（Akzo Novel）以及美国的辉瑞（Pfizer）和陶氏杜邦（DowDuPont）。

林德收购普莱克斯

欧洲工业气体市场的引领者林德集团（Linde）有意收购美国的竞争对手普莱克斯（Praxair）。贝莱德集团在林德和普莱克斯两家公司都是大股东。林德的大股东依次是挪威主权财富基金挪威央行（Norges）、贝莱德和永明金融；普莱克斯方面的则是都汇置地、先锋、道富、贝莱德和挪威央行。[①] 林德与普莱克斯的合并将产生世界上最大的工业气体供应商。[②]

经过这次收购，两家公司都需要裁员。林德集团的 8000 名员工只在 2021 年前受到裁员保护。合并后的公司将注册地移至避税天堂爱尔兰。这样一来，这桩收购案将导致多个国家流失大量工作岗位和税收。

---

① www.nasdaq.com/symbol/px/institutional-holdings, 19.8.2016.
② Linde confirms Merger Talks with Praxair, Wall Street Journal, 16.8.2016.

能源经济方面的兼并

2018 年年初,德国最大的两家能源集团意昂(E.ON)和莱茵(RWE)进行了完全的重组。两家集团的监事会同意意昂收购莱茵的子公司 Innogy,由意昂集团接管能源销售和管道基础设施,莱茵集团则负责能源生产。在这次收购交易中,裁员多达 5000 人。[1]

贝莱德既是意昂集团和莱茵集团的大股东,也是除莱茵集团 Innogy 的最大所有者,排在其后的是坦普尔顿(Templeton)、挪威央行、Caffi Delen、富兰克林(Franklin)和先锋。Innogy 正在流通的股票有 5.5 亿股[2],现在意昂以每股 40 欧元的价格支付其股东们进行收购[3]。贝莱德在 Innogy 所持有的 6.87% 的股份相当于 3435 万股股票,这样一来,贝莱德就获得了 13.6 亿欧元的利润。坦普尔顿、挪威央行、Caffi Delen、富兰克林和先锋总共持有 6.12% 的股份,因此他们总共得到的利润只有 10 亿欧元出头。

银行的兼并

贝莱德集团还在国内和国际层面推动银行间的合并。德意志银行行长认为德国和欧盟的"银行简直太多了……不仅要继

---

[1] Innogy–Übernahme gefährdet 5.000 Arbeitsplätze, Zeit online, 13.3.2018.
[2] www.finanzen.net/unternehmensprofil/innogy, abgerufen 13.3.2018.
[3] Zeit online, 13.3.2018, loc.cit.

续推进在国家层面上的合并,而且还要跨越国境",德意志银行可以和德国商业银行(Commerzbank)合并。①

在美国、法国、意大利,类似的收购和兼并也在酝酿之中。"美国五家最大的银行中,有四家银行的最大股东是贝莱德;在欧洲,贝莱德是德意志银行、荷兰 ING 银行、英国汇丰银行(HSBC)、西班牙 Banco Bilbao 银行的最大股东,还是法国的巴黎银行(BNP Paribas)、裕信银行(Unicredit)和圣保罗银行(Banco Sanpaolo)的第二大股东。"②

2010 年以来,贝莱德不断进行战略性收购,利润持续增长。2017 年,其利润比前一年增长了 16%;2018 年第一季度,尽管股市震荡,其净利润仍然继续增长了 27%,达到了 10.9 亿美元。③

在金融危机中崛起

在我们研究这个"日进斗金"的权力机构及其带来的社会后果之前,让我们先来探讨一下:这种新兴资本组织者是如何产生的?什么时候产生的?

1988 年,劳伦斯·芬克与合伙人共同创办了贝莱德。④ 在此之前,他在华尔街的投资银行第一波士顿(First Boston)任职。

---

① Deutsche Bank wirbt für Fusionen, Börsen-Zeitung, 1.9.2016.
② Die neu Nacht der Fondsgesellschaften, FAZ, 30.7.2016.
③ Blackrock steigert die Dividende das neunte Jahr in Folge, www.finanzen.net 12.1.2018; Reuters 12.4.2018.
④ 此处为贝莱德 BlackRock 前身——黑石集团金融资产管理部门 Blackstone Financial Management,从属于黑石集团 Blackstone。——编者注

当时的美国大银行正设法摆脱各种规定和限制，一些银行经理开始尝试开发新的金融产品，并为此寻找投资人。

芬克被第一波士顿银行视为"有价"证券的发起人，这些"有价"证券都是通过书面方式确认，经银行转售，捆绑房地产和其他贷款而成的。为了开发这些金融产品和金融投注，他曾得到私募股权公司黑石集团的贷款。1994年，他从黑石集团独立出来，将新创公司正式命名为"贝莱德"：一块小小的"黑色石头"逐渐变成巨大的"黑色磐石"。

通过芬克参与和开发的金融投机交易，贝莱德实现了第一个跳跃式发展。讽刺的是，恰是这些金融投机交易，在2007年将西方传统银行推进了破产的深渊。20世纪80年代，贝莱德总裁"在第一波士顿银行发明的那些抵押证券，很大程度上助推了2007年到2008年全球金融危机的爆发"。[1] 就这样，贝莱德管理的资产迅速从2004年的约3000亿美元激增至2008年的1.3万亿美元。

第二个跳跃式发展发生在金融危机持续的那两年。美国奥巴马政府委托芬克应对金融危机，于是贝莱德受命开始协调投资公司贝尔斯登（Bear Stearns）和雷曼兄弟（Lehman Brothers）的破产清算，以及美亚保险公司（American International Group, AIG）的国家救助。这意味着，比如高盛集团和德意志银行，要

---

[1] Hans–Jürgen Jakobs: Wem gehört die Welt? Reuters 12.4.2018, P. 24.

支付本应由美亚保险公司支付的保险金额,贝莱德因此而得到的酬金是 1.8 亿美元。①

2010 年,美国的多德·弗兰克《华尔街改革和消费者保护法》(*Wall Street Reform and Consumer Protection Act*)生效,该法律旨在对传统银行进行监管。由于贝莱德集团不属于银行,因此他们紧紧抓住这个"自由"的机会,在需要贷款时就去找受管制的银行,这些银行还很高兴自己能继续发挥作用。贝莱德集团购进银行的股票,不仅成为这些银行重要的贷款人,而且还是这些银行强大的持股人。

西方价值共同体中最大的资本组织者

比从政府那里得到酬金更重要的是,贝莱德通过这一内幕身份为自己赢得了更好的市场环境和权力地位,比如通过收购一些小型金融机构迅速为自身积累资产和财富。从 2008 年到 2009 年的两年间,贝莱德所管理的资产飙升至 3.3 万亿美元。到 2018 年,这一数字已经超过 6 万亿,相当于欧盟国家财政的 20 倍。

> **民主党人很好,共和党人也很好**

贝莱德对政界的影响也很巧妙。像其他美国公司一样,芬

---

① Geithner has phone friend at BlackRock, Financial Times Online 11. Oktober 2012, inzwischen gelöscht.

克在贝莱德设置了一个政治行动委员会（PAC）。公司管理层无论职务高低，都或多或少地自愿向委员会捐一些钱，然后再充满关怀地将这些捐款分给美国的两大党派——民主党和共和党。2013年，时任美国国务卿希拉里·克林顿的办公厅主任谢丽尔·米尔斯（Cheryl Mills）成为贝莱德监事会的成员；奥巴马政府的几个成员也都投奔贝莱德。① 这种旋转门效应是跨国资本主义阶层的典型做法之一。

起先，芬克对候选人唐纳德·特朗普尖锐地批评华尔街的贪婪和华盛顿政界腐败的言论很不感冒。但是在特朗普上任一年以后，芬克为其辩护说："特朗普对美国经济是有利的，因此他对全球经济也是有利的。"芬克还赞扬了特朗普对企业的减税政策，支持美国政府终止那些对美国不利的、"不平等"的自由贸易协定。除此之外，芬克还大言不惭地夸赞特朗普对"让美国再次强大"所负有的使命感。②

最大的影子银行

贝莱德有很多类似于行使银行职能的业务，但在法律意义上它并不是银行。贝莱德一开始在做对冲基金，上市后摇身一变成了股份公司，但是其法律定位并未因此而界定清楚。先锋、

---

① Larry Fink and His BlackRock Team Poised to Take Over Hillary Clintons Treasury Department, The Intercept March 2, 2016.
② Blackrock chief executive says Donald Trump has been good for the global economy, www.cityam.com, 26.1.2018.

道富、富达国际、美国资本集团（Capital Group）、威灵顿、北方信托、东方汇理（Amundi）、坦普尔顿、普信、富兰克林资源等新第一梯队的资本组织者也是同样的情况。无论是对冲基金、股份公司，还是其他法律形式，国际货币基金组织等国际金融机构都称这些公司为"影子银行"。[1] 他们的说客借助欧洲央行行长马里奥·德拉吉（Mario Draghi）的帮助，成功地将贝莱德留在了被观察的名单中。[2] 时任德国联邦金融监管局主席的约亨·萨尼奥（Jochen Sanio）曾建议对贝莱德进行管制，但没有成功。[3]

小小的区域性银行，贝莱德最大的所有者

一家美国的小银行 PNC 是贝莱德这一西方世界最大金融集团的最大股东，持股比例高达 34.4%（截至 2017 年年底），这在西方金融圈里极为罕见。紧随其后的几个大股东分别是持股 8.4% 的先锋和持股 7.2% 的威灵顿，贝莱德自己持股 6.9%，都汇置地持股 6.6%。[4]

PNC 从不属于华尔街的美国金融中心，却在 2005 年收购了

---

[1] Laura Kodres: What's Shadow Banking? Many financial institutions that act like banks are not supervised like banks, in: Finance and Development, June 2013, p. 42f.（Zeitschrift des IWF）.
[2] Global Shadow Banking Monitoring Report 2015, www.fsb.org/2015/global-shadow-banking-monitoring-report-2105.
[3] "Licht ins Dunkel des Paralleluniversums" – Bafin-Präsident Jochen Sanio im Gespräch über Schattenbanken, BaFinJournal 11–12/2011, p. 20 ff.
[4] www.nasdaq.com/de/symbol（ownership-summary 8.2.2018.

里格斯国民银行（Riggs National Bank）。这家银行在当时几乎不为人知，如今更是从公众的记忆中完全消失了。19世纪，美国总统亚伯拉罕·林肯（Abraham Lincoln）和杰弗逊·戴维斯（Jefferson Davis）就曾在这家银行开通了自己的账户。在长达一个半世纪的时间里，无数外国大使在美国政府驻地的账户以及许多美国大使和领事的账户，都是在这家寂寂无闻的银行开通的；西方价值共同体中的独裁者和自我标榜的民主主义者，也都在这里操作着他们最秘密的业务。

▎贝莱德历史上的黑点

在腐败的西方宠儿鲍里斯·叶利钦（Boris Jelzin）对后社会主义的俄罗斯进行了一番掠夺之后，里格斯国民银行帮助米哈伊尔·霍多尔科夫斯基（Michail Chodorkowski）等俄罗斯寡头将财产转移到了西方。① 按照美国法律，这种行为属于洗钱，只不过这次是为"西方目的"服务。② 里格斯国民银行还联合了华盛顿的第二大银行 Alex Brown 共同为"西方目的"服务。Alex Brown 同样是一家不为公众所熟悉却与政府关系密切的银行，它曾与美国中央情报局（CIA）紧密合作，在杰夫·贝佐斯及其亚马逊商业帝国崛起的过程中发挥了重要作用。

---

① William Engdahl: Manifest Destiny. Democracy as a Cognitive Dissonance, Wiesbaden 2018, p. 47f.
② The Oligarch Who Came in from the Cold, www.forbes.com, 18.3.2002, abgerufen 19.4.2018.

2001年纽约世贸大厦遭到恐怖袭击后,美国调查人员在追踪恐怖分子的经济来源时,偶然发现了沙特大使班达尔王子(Bandar)在里格斯银行的账户。在当时,这一"丑闻"绝对不能被公之于世,事实上也证明之后确实没有被公开。但是紧接着,检察官在西班牙、英国和智利发现,美国资助的独裁者奥古斯托·皮诺切特(Augusto Pinochet)将其腐败捞取的财产存放在里格斯国民银行的10个账户上;不仅如此,里格斯国民银行还帮助他在加勒比开设了皮包公司用于洗钱。但这样的大"丑闻"却很快被按压了下去。后来,州立银行PNC莫名其妙地有了很多钱,买下了里格斯国民银行及其客户源和关系网。从那以后,这家拥有200年历史,位于美国首都的传统银行就从人们的记忆中消失了。

神秘的平行世界

贝莱德集团正在打造一个神秘的金融领域的平行世界,由不同的参与者和行动领域组成。

评级机构

在上一次金融危机的酝酿阶段,贝莱德、美国资本集团、先锋、道富和普信都是标准普尔(S&P)和穆迪(Moody's)这两大主要评级机构的大股东,拥有大多数股票;金融危机过后,情况仍是这样。① 评级机构被授意对银行产品进行评分并收取高额酬金，而这些银行又都与贝莱德，也就是它们自己的股东有所关联。②

这些评级机构还受美国和欧盟国家的委托，评估企业和国家的信誉度，它们在很大程度上导致了金融危机的爆发。然而这些评级机构及其股东（如贝莱德）既没有受到惩罚，也没有被要求赔偿损失，更没有受到新规则的约束。

在银行破产后，评级机构的所有权只是在那些股东的内部发生了转移。现在，标准普尔的三个最大股东是富达国际、先锋和贝莱德；穆迪的四个最大股东则是伯克希尔·哈撒韦（Berkshire Hathaway，巴菲特创立）、先锋、巴美列捷福（Baillie Gifford）和道富（截至2016年，贝莱德还是伯克希尔·哈撒韦的大股东）。

德国DAX指数中包含大约30家主要的德国公司，他们的董事会委托美国三大评级机构对其信誉度和贷款条件进行评估。而贝莱德同时是标准普尔、穆迪和这30家DAX公司的共同所有者。一方面，贝莱德作为评级机构的共同所有人，从高额报酬的评估中赚钱；另一方面，贝莱德可以凭借其特权，为受委托的评级机构提供信息，而且评级机构也更偏爱这样的信息

---

① Werner Rügemer: Rating Agenturen. Einblicke in die Kapitalmacht der Gegenwart, Bielefeld 2012, p. 43ff., 61f.
② United States of America: Financial Crisis Inquiry Commission: The Financial Crisis. Inquiry Report. New York 2011, pp. 118f., 131f., 281f., 344ff.

来源。

暗池

暗池也属于秘密的平行金融世界。贝莱德集团是纽约、伦敦和法兰克福这三家证券交易所的共同所有者，与此同时，它还构建了一个秘密的、不受法律制约的平行系统，包含证券交易所以外所有类型的股票和有价证券的交易场所。在金融系统的这些黑洞中，以贝莱德为首，为买卖双方牵线搭桥，主要涉及银行、企业和金融投资者之间的交易。所有参与者对外都是匿名的。据估计，在2014年，美国就有40%的股票交易发生在受管制的传统交易所之外。①

皮包公司最大的组织者

这个秘密的平行世界也包括最重要的避税天堂。贝莱德集团对避税天堂的利用程度之深远远超出了调查型媒体（如《卫报》《纽约时报》《南德意志报》）所揭露的，它是逃税和保密的顶级高手。贝莱德的绝大多数单个基金的合法总部都在避税天堂之中，而这些基金在法律上又是很多公司的股东，如拜耳、孟山都、林德、普莱克西、德意志银行、西门子、德国邮政、德国商业银行等。

贝莱德将其持有的莱茵集团的股份分配到154个基金公司

---

① Dark Pools: Finster und geheimnisvoll, Zeit online 3.7.2014.

和金融工具中，它们中绝大多数的注册地址都在避税天堂，如美国特拉华州、泽西岛、卢森堡、荷兰、新加坡和开曼群岛。①

截至 2018 年 3 月 1 日，作为能源集团意昂的最大所有者，贝莱德将其持有的共计 7.86% 的股份的一部分分配给 152 个子公司，一部分留给自己，成为意昂的控股公司。这些子公司分布在特拉华州（最常提及的地点）、卢森堡、荷兰、泽西岛、英国、新加坡、澳大利亚和加拿大等地。②

贝莱德这个资本藏匿者为其客户投资的所有企业都是以这种模式运作的。其他资本组织者，如先锋、道富、威灵顿、坦普尔顿、普信，也无一例外。③

即便是那些较小的企业，运作方式也大都相同。比如安德里茨股份公司（Andritz AG），既是奥地利的特种机械制造商，也是国际市场的领军企业，贝莱德持有其 4.01% 的股份。这些股份被分摊到几十个单个基金中，分布在不同国家，比如德国、澳大利亚和日本；当然也有避税天堂，如伦敦、泽西岛、荷兰、开曼群岛和特拉华州。④

让我们再看两个例子。人类史上迄今为止最大的两个邮轮

---

① DGAP News Service: RWE AG, Mitteilung 6.2.2018.
② https://eon.com/content/dam/on/eon-com/investors/voting-rights/180301_Stimmrechtsmitteilungen_eon.pdf, abgerufen 13.03.2018.
③ 比如像贝莱德这样的数据，可以在纽约证券借助其识别号 ISIN US09247X1019 来查看。
④ Stimmrechtsmitteilung der Andritz AG vom 9.3.2016, www.andritz.com/de/gr-notification-blackrock-abgerufen 24.8.2016.

集团是嘉年华公司和皇家加勒比公司，它们的运营地点设在美国迈阿密，而纳税地则在巴拿马和利比里亚。嘉年华的最大股东是美国太阳信托（Suntrust Banks）、贝莱德、先锋、北方信托和美国银行（Bank of America）；皇家加勒比的最大股东是先锋、贝莱德、Primecap、巴美列捷福和道富。而嘉年华的最大股东太阳信托中又有贝莱德、先锋、都汇置地、富达和道富的参与。[①] 也就是说，这两家最大的邮轮集团的几千个所有者中，有很多都把纳税地选在了避税天堂。

贝莱德本身的运营总部在纽约，法律注册地却在全球最大的避税天堂——特拉华州。贝莱德在特拉华州的首府威尔明顿市还有两个分支机构。[②]

赢家和共同赢家

合并与收购往往需要数月甚至数年才能完成。这期间依然充满刺激和不确定性，因为两家仍暂时独立的企业的股值高低起伏都是由贝莱德集团控制的。

贝莱德带进来的放贷机构也有钱赚，这些放贷机构为拜耳收购孟山都贷出数百亿美元。此外，瑞士信贷、摩根士丹利、高盛集团等都是与贝莱德一样的放贷机构，而贝莱德又是这些放贷机构的大股东。

---

① www.nasdaq.com abgerufen 11.5.2018.
② www.blackrock.com/locations, abgerufen 5.2.2018.

很多咨询机构都在兼并与收购的交易费用中赚钱，如安排出售专利、土地和公司股份，协调政客、工会、媒体和卡特尔主管部门等。例如在拜耳—孟山都这样的合并案当中，支付给律师事务所（如富而德）、审计师事务所（如普华永道）、公关公司（如富思博睿 Finsbury）的酬金高达 20 亿美元。在尚未完成的林德—普莱克斯合并案中，这类酬金预计将达到 9.4 亿欧元。① 除此之外，"审计师"的酬金来源还包括提供把合并后的集团法人住址迁到避税天堂等服务。②

少量股份，巨大影响？

令很多观望者百思不得其解的是，为什么贝莱德集团仅凭它在一家集团公司区区 3% 或 10% 的股份，就能获得那么大的操控权。贝莱德也一直宣称，他们只是财产受托管理人，只是为客户管理资产。然而从法律角度看，事实并非如此。因为当贝莱德用客户或者放贷机构的 1000 万或 5000 万美元（或者欧元）去成立一家皮包公司时，这家公司并非是以客户的名义，而是以贝莱德的名义成立的，比如 Blackrock Holdco 4 LLC、Blackrock Netherlands B.V.。除此之外，在股东大会上行使表决权的也是贝莱德，而不是它的客户。

贝莱德集团定期请各集团企业的董事会到纽约、旧金山或

---

① Wer an der Fusion von Linde und Praxair verdient, FAZ 29.9.2017.
② Neue Heimat Irland, HB 8.3.2017; Boerse online 24.11.2017; HB 7.2.2018.

者休斯敦参加公开演说并向他们施压，正如贝莱德总裁芬克所说："我们必须利用我们投票的权力与董事会、监事会谈判，有时候还要迫使他们作出根本性让步。我们就是这样做的，这是我们的工作。"① 意昂的总裁约翰内斯·泰森（Johannes Teyssen）对此这样描述："我们得随时听候召唤。"②

欧盟有明确的关于监事会成员监事义务的证券法，然而贝莱德根本不遵守。芬克与西门子、汉莎、意昂和德意志银行的监事会主席们都有私交。③ 贝莱德集团并不向监事会派遣成员，而是发出监事会通知，并在法外设立自己的决定程序。这在德国也是违反共同决定法的。④

▎产生影响的"工具箱"

要影响公司决定，贝莱德集团除了公开发表意见，还有其他手段：

第一，贝莱德集团了解所有重要的公司以及该行业的竞争情况。

第二，贝莱德集团是美国、德国、英国、法国、意大利、西班牙等西方最主要经济大国所有最重要的企业和银行的共同

---

① "Die Deutschen haben zu viel Angst", Spiegel-Gespräch mit Larry Fink, Chef des weltgrößten Vermögensverwalters Blackrock, Der Spiegel 12/2015, p. 77.
② Blackrock. Der Zauberer von OZ, WiWo 29.3.2018, p. 20.
③ Wie Blackrock die Konzerne kontrolliert, WiWo 2.4.2018.
④ Alexander Sekanina: Finanzinvestoren und Mitbestimmung, Mitbestimmungsreport 42, Düsseldorf 4/2018.

所有者，而且它对政府和金融机构都有影响力。

第三，贝莱德集团还是评级机构的共同所有者，这些评级机构会确定企业和国家的贷款条件。

第四，企业都依赖贝莱德集团提供的服务（风险分析、金融管理）。

第五，贝莱德公司可以操纵企业股价的走势并以此向公司董事会、监事会成员施压，而这些人的业绩都是通过股值来衡量的。此外，这些董事会和监事会成员的个人股票账户的价值也是由贝莱德集团决定的。

第六，三个最大的资本组织者贝莱德、先锋、道富，也就是所谓的"三巨头"，在股东大会的表决和其他措施的执行方面总是保持统一步调。①

养老金和房地产的私有化

贝莱德集团不仅利用现存的工业和金融资产，它还想把尽可能多的生活必需品变成可交易的垄断产品和私人商品，这就要打破原有的共有、集体的组织形式。

在美国，贝莱德总裁芬克与摩根大通、通用电气的老总都是养老金私有化的重要说客。芬克提出的建议非常激进，他认为国家应该强迫大众为养老而储蓄，但是这项建议未被采用。

---

① Jan Fichtner / Eelke Heemskerk: These 3 firms own corporate America, ttp://businessinsider.de/American-corporation-big-three-firms-2017-5?r=US&IR=T, 11.5.2017.

于是这些老总学会了为达目的而循序渐进的做法。虽然他们的建议在政治上行不通,但是他们可以先开个头:奥巴马政府从立法上推出了私人自愿储蓄(myRA=myRetirementAccount= 我的个人养老金账户)。针对那些雇主没有给缴纳养老金的人们,政府通过减税形式来资助他们缴纳养老金。如今,美国政府还为此设立了可交易的基金。① 贝莱德认为这为养老金私有化奠定了一个基础。通过这一步,保险和养老基金必然寻求高息,这就能给贝莱德带来数十亿美元的收益。②

房地产领域也是贝莱德处心积虑、意图染指的目标。贝莱德买下了位于纽约斯图文森镇的房地产综合项目,所包含的 110 栋建筑和 1 万套住房是该市人寿保险在二战后为战争老兵、教师、警察、消防员所建。贝莱德毫不理会市政为多年承租人提供的存续保护,但是这次的计划遇到了难题。承租人们将它告到法院,并且有 4400 个案件得到了法院的支持,贝莱德因此遭受了损失。③ 虽然贝莱德在美国房地产市场出师不利,但是我们之后将会看到,贝莱德集团纵身跃过大西洋来到西欧,来捕杀更大的猎物。

---

① Blackrock CEO: President Obama's new $ 12 Trillion regulation is a great thing, www.businessinside.de/ 15.4.2016.
② Blackrock. Der Zauberer von OZ, WiWo 29.3.2018, p. 20.
③ How Stuy town got a tourniquet while Blackstone gets Billions, http://gothamist.com/2016/03/31.

一小口民粹主义的金融蛋糕

现如今，贝莱德集团为"人民大众"开发了针对性产品，这种金融产品叫作 ETF 交易所交易基金。1993 年威廉姆·克林顿执政期间，类似的可投机"有价"证券在华尔街被发明出来，发明者是现在的第三大资本组织者道富。这款产品最初是为大投资者设计的，但后来被贝莱德做成了大众产品。它不是股票，而是投资在企业、房地产、自然资源等方面的资本基金的股份凭证，而这种股份凭证可以在证券交易所进行交易。

iShares 作为操控工具

iShares 是 ETF 中一种非常"亲民"的形式。作为 ETF 的一个子群，iShares 实际上是对股票指数走势的一场赌博，比如德国 DAX 指数、美国 S&P500 指数和纽约 MSCI 指数，其中共有 1644 家上市的跨国公司。这种凭证花几千欧元就能买到，手续费也很低。2000 年，贝莱德买下了英国巴克莱银行（Barclays）中发明这一金融产品的部门。贝莱德集团既发行拜耳、巴斯夫、西门子等 DAX 企业的 iShares，同时也发行军火集团的 iShares，如洛克希德（Lockheed）、雷神（Raytheon）、诺斯罗普·格鲁曼（Northrop Grumman）、赛峰（Safran）。[①] 当 DAX 股值或者洛克希德股值增长时，iShares 的价值也会相应增长。

---

① Facing Finance: Dirty Profits. Unser Geld für Rüstungsexporte in Kriegs- und Krisengebiete, Berlin, Juli 2018.

除了贝莱德，先锋和道富也在大肆交易 ETF 和 iShares。三巨头总共控制了全球市场的四分之三，规模大约在 4 万亿美元（截至 2017 年）。① 根据他们独家的内幕消息，他们按照日期、数量、企业、国别和其他因素操控 iShares 的发行、出售和回购。越来越多的操控开始由机器人借助算法来完成，机器人还能为客户提供"个性化"咨询。②

三巨头借助 ETF 和 iShares 摇身变成了相应企业的股东。这样，这些大资本组织者又为自己谋取了一个新的收入来源、操控来源和权力来源。他们让普通人参与到这个巨大的对国民经济有害而无益的生意当中，而这些普通人只能提心吊胆，祈祷着"股市"和"其他市场"能持续上涨。

在金融市场，人们会理所当然地推断这个到目前为止一直呈现上涨趋势的 ETF 交易会促成新的泡沫，并且不知何时又会引发一场新的金融危机。那些内幕知情人其实早已就他们这些即将崩溃的金融产品展开了一场新的赌局，就像上一次金融危机一样，只不过这次他们赌的是 ETF 的未来趋势会走下坡路。③

---

① "How Stuy town got a tourniquet while Blackstone gets Billions", http://gothamist.com/2016/03/31.
② Facing Finance: Dirty Profits. Unser Geld für Rüstungsexporte in Kriegs- und Krisengebiete, Berlin, Juli 2018.
③ Börsengehandelte Fonds werden immer beliebter, Süddeutsche Zeitung, 5.3.2018.

主权财富基金

很多国家也学会了贝莱德式的运作并创立了主权财富基金。几个海湾国家,如科威特、卡塔尔、阿联酋和沙特,都是用他们从石油和天然气的交易中所获得的收益来进行操作的。中国的巨额外汇储备由两大主权财富基金——中国投资有限责任公司(CIC)和国家外汇管理局(SAFE)来管理,他们也在国外收购公司股份,但是在美国和欧盟的银行及企业中的股权占比还很小。在德国,海湾主权财富基金的股份更高些:卡塔尔在大众、西门子和德意志银行,科威特在英飞凌(Infineon)均占有股份。

> **| 挪威主权财富基金(Norges)**
>
> 在西方资本主义企业中,如德国的30家DAX企业,挪威主权财富基金是最常见的持股人,它绝对称得上是"最大的"主权财富基金。
>
> 在全球范围内,挪威主权财富基金是72个国家的9000家企业的持股人。这些企业主要分布在美国、欧洲和亚太地区。在德国,除了30家DAX企业,它还持有167家企业、79个融资工具,以及柏林的克兰茨勒之角大楼(Kranzlereck)和慕尼黑的SZ塔(SZ-Tower)等16家房地产公司的股权。它在全球的所有资本投资总量超过

1万亿美元，已经达到贝莱德集团的六分之一。据说，挪威主权财富基金在2017年的利润率就已达到13.7%。[①]

挪威主权财富基金的产生与挪威丰富的石油天然气储备密切相关。1990年，挪威财政部用国家销售石油的收入成立了挪威政府石油基金，由挪威中央银行管理。"石油总有一天会枯竭，但是石油带来的国家收入会给挪威百姓带来好处。"2006年，挪威政府石油基金改组为全球养老基金。该基金声称，用这些钱所做的投资是长期的、负责任的、符合道德规范的。这听起来似乎很好，但事实却并非如此。首先，"养老基金"这个名称只能算部分正确。除了给退休的国家公务员发放养老金，其收益也可以流入国家财政。挪威央行作为贝莱德及其大股东PNC的共同所有者，它也对贝莱德的行事承担一定的责任。这样，挪威央行就为了它的股票，比如安联保险（Allianz）、大众、Vonovia、德国邮政（DHL）、费森尤斯（Fresenius）和西门子的股票，利用开设在荷兰的皮包公司，帮助它的客户逃税。

挪威央行将自己的资本投入到能源行业的领军企业，如孟山都和莱茵集团，矿业集团嘉能可（Glencore），还有石油集团埃克森（Exxon）、雪佛龙（Chevron）、荷兰皇

[①] www.nbim.no, abgerufen 1.3.2018; auch die weiteren Angaben von dieser Website.

家壳牌（Royal Dutch Shell）、道达尔（Total）和英国石油公司（BP）。当军火企业因生产原子弹而遭受批判时，挪威央行退出了波音、洛克希德和其他有关公司，但它仍是莱茵金属（Rheinmetall）、达索（Dassault）、雷神、戴姆勒和莱昂纳多公司（Leonardo，意大利最大的军火企业）等国际军火企业的持股人，而这些企业都参与了欧盟针对俄罗斯的军备扩充计划——"永久结构性合作"（Permanent Structured Cooperation，PESCO）公约。①

挪威央行还是亚马逊和麦当劳的持股人。对这两家企业违背人权的工作条件，挪威央行从未提出过批评。

挪威央行也是德国邮政的持股人。德国邮政不为邮递员和承运人提供劳动保障；在2015年，它还突然将1万名职工分到47个子公司（DHL Delivery）。这些子公司都是为了对抗与工会威尔第（ver.di）签署的协议而组建的，等待这些员工的只有子公司更低的薪资和更差的工作条件。这就是挪威央行的道德准则：拿走其他国家雇员的薪金连带部分养老金，再将其转化成利润，慷慨地用在挪威退休人员的养老金上。②

---

① "Wir verlieren Zeit", Interview mit Alessandro Profumo, HB, 15.5.2018.
② Post AG: Lohndumping, Streikbruch, Profitgier, https://arbeitsunrecht.de, 15.6.2015, abgerufen 3.4.2018.

西方资本主义 20 个最大的资本组织者

大金融集团在全球是几千至 1.7 万家企业、银行和其他金融机构的共同所有人。它们通过自己在其他国家的 20 至 40 个分支机构，分别管理着几万至几十万个放贷者和投资者。它们的排列顺序每年都会变，尤其是第 5 名、第 10 名以后的排名。下面表格列出的是截至 2018 年 3 月的统计数据（按照已公布的消息，但这些消息绝对不可信）。[①] 即使在细微之处也能看出美国的统治地位：贝莱德总裁芬克的基本薪金为 2500 万美元，而欧洲最大的资产管理公司东方汇理的总裁伊夫·佩里耶（Yves Perrier）的薪金只有芬克的十分之一，约 250 万美元。[②]

20 个最大的资本组织者（估测资本以万亿美元为单位）

名称	营业地址	税务住所	估测资本
贝莱德	纽约/美国	特拉华州	6.30
先锋	福吉谷/美国	特拉华州	5.10
道富	波士顿/美国	马萨诸塞州	2.80
富达国际（FMR）	波士顿/美国	百慕大	2.50
纽约银行	纽约/美国	特拉华州	1.90
PIMCO/安联保险	纽约/美国	特拉华州	1.75
美国资本集团	洛杉矶/美国		1.70

---

① https://google.de/search, abgerufen 3.5.2018. 美国公司的税收住址以 10-K 强制性通告的形式出现在美国证券交易委员会；有几个美国公司的税收住址没有查到。欧洲公司的税收住址与经营住址应该是一致的，但是不排除对税收天堂的其他形式的利用；因此，东方汇理在特拉华、都柏林和卢森堡都有住址。

② "Europa muss sich mehr als Macht begreifen", Interview mit Yves Perrier, HB, 4.5.2018.

（续表）

名称	营业地址	税务住所	估测资本
高盛集团	纽约/美国	特拉华州	1.50
保德信金融（Prudential Financial）纽瓦克/美国	新泽西		1.40
东方汇理	巴黎/法国		1.20
北方信托	芝加哥/美国	特拉华州	1.20
法通保险（Legal&General）	伦敦/纽约		1.00
威灵顿	波士顿/美国		1.00
法国外贸银行（Natixis Global）	巴黎/法国		0.99
普信集团	巴尔的摩/美国	马里兰州	0.99
Nuveen	芝加哥/美国	特拉华州	0.97
景顺（Invesco）	亚特兰大/美国	百慕大	0.93
安盛天平（AXA）	巴黎/法国		0.75
富兰克林邓普顿（Franklin Templeton）	圣马特奥/美国	特拉华州	0.75

德国股份公司的终结

在东西德统一之前，德国股份公司是指三大德国银行（德意志银行、德累斯顿银行、德国商业银行）与安联保险、慕尼黑再保险（这两家保险公司又与三大银行交织在一起）等组成的大型资本集团，它们是构成德国大型工业企业的主要所有者，如拜耳、巴斯夫、戴姆勒、豪赫蒂夫（Hochtief）、霍尔兹曼（Holzmann）、莱茵集团、西门子、曼内斯曼（Mannesmann）等。

当时，德国的三大银行在这些企业中占有最多达40%的高资产份额，它们从贷款中获利，操控着德国经济。为此，银行董事会、监事会大约40多个成员分别占领了企业的10多个监事会席位。在这个骨肉相残的商业帝国，其领导者们的行事都备受争议，比如领导德意志银行的赫曼·约瑟夫·阿布斯（Hermann Josef Abs），以及最后的掌权者希尔马·库珀（Hilmar Kopper）。① 这个帝国通过东西德的统一更加强大。也就是借助信托机构，德意志股份公司扩大到了前德意志民主共和国的地盘。②

政府规划"拆分德意志股份公司"

21 世纪初，时任总理格哈德·施罗德（Gerhard Schröder）领导下的社民党、绿党联合政府利用德国扩展之后的经济区域欢迎新投资者，前总理赫尔姆特·科尔（Helmut Kohl）领导下的基民盟—基社盟、自民党联合政府已经为此做足了准备。1990 年至 1994 年是走向美国领导的全球化的最重要时期，信托机构将前德意志民主共和国的企业私有化，而在这一过程中，美国的咨询机构取得了主导性地位。

1998 年德国联邦议会选举过后，一篇题为《德国——欧洲的病人》的文章掀起了一场论战。处于华尔街领导地位的高盛银行批判了这个慷慨的福利国家，并且要求其对社会体系进行

---

① Vgl. die seit 1990 bis 2005 erscheinende Standardwerk von Rüdiger Liedtke: "Wem gehört die Republik? Die Konzerne und ihre Verflechtungen. Namen-Zahlen-Fakten". Auch in der letzten Ausgabe von 2005 kommt Blackrock noch nicht vor.
② Werner Rügemer: Privatisierung in Deutschland. Von der Treuhand zu Public Private Partnership, Münster 2008, pp. 38ff.

彻底的改革，包括薪资计算的去中心化、养老金的降低和进一步私有化。另外，高盛强调，德意志联邦共和国虽然在经济上处于欧洲中心位置，但是如果增长疲弱，不进行改革，就会对欧元造成威胁。那样的话，对美国投资来说，欧盟作为美国产品的销售市场就没什么吸引力了。① 紧随其后的是在德国的美国商会和美国评级机构，他们则进一步要求取消对劳动市场的管制。②

1999 年至 2003 年，施罗德避开国家和私人的大众媒体，与华尔街保持密切联系。他的好朋友山福特·威尔（Sanford Weill）给他介绍了那里的私人关系——花旗集团的创始人和监事会主席，而花旗集团是当时西方世界最大的金融服务商。这位德国的社民党人（施罗德）和这位"银行界的太上皇""早在多年前就已经结下了互相信任的兄弟情义"。③

当施罗德被授予"环球领袖奖"时，这位"银行界的太上皇"还在约翰·霍普金斯大学（Johns Hopkins University）发表了对他这位朋友的颂词。第二天，华尔街排名第二的大佬级银行家汉克·保尔森（Hank Paulson），即高盛集团总裁，邀请了 17 位精选出的美国银行家及企业家们会面，他们得出的一致结论是："美国企业领导们认为，德国已经着手按计划执行改革，这非常

---

① The sick man of the euro, The Economist 3.6.1999.
② Werner Rügemer: Rating Agenturen. Einblicke in die Kapitalmacht der Gegenwart, Bielefeld 2. Auflage 2012, p. 93f.
③ HB, 25.11.2003.

重要。"①

▎拆分德意志股份公司

施罗德将与其意见相左的财政部部长奥斯卡·拉方天（Oskar Lafontaine）踢出了政府，并接受麦肯锡（McKinsey）、罗兰贝格（Roland Berger）和贝塔斯曼（Bertelsmann）基金会的咨询服务，之后就推出了"2010议程"，为企业减税，通过四部哈茨法令改革劳动市场，提高社会体系中被保险人的自有资本比重。埃森哲（Accenture）、永安（Ernst&Young，现称EY）、毕博（Bearing Point）等咨询公司也参与到了劳工局的改制中，宗旨就是"拆分德意志股份公司"。②

1999年以来，有众多吸引投资者的法律出台：减税法（1999，就未分配的利润降低公司所得税）；清税法（1999，对外国利润降税）；降税法（2000，出售公司股份免税；公司所得税率降至25%）；投资现代化法（2003，对冲基金和股票裸空交易许可）。劳动者们因这四部哈茨法令变得廉价，还丧失了诸多权利，如兼职、借工、雇佣期限、降低失业金以及对失业者的管控。

2004年，德国联邦政府授权发表了多条广告语："德国在行

---

① A Transatlantic Business Giant: Fred Irwin, The Atlantic Times, August 2007; Werner Rügemer: Warum Bundeskanzler Schröder an der Wall Street für die Agenda *2010* warb, junge Welt, 9.1.2004.
② Werner Rügemer / Elmar Wigand: Die Fertigmacher. Arbeitsunrecht und professionelle Gewerkschaftsbekämpfung, 3. erweiterte Auflage, Köln 2017, p. 181.

动"，"德国作为最具吸引力的投资地点，冠绝欧洲"。①

德国联邦政府任命前德意志银行行长希尔马·库珀为联邦外国投资专员，并提供给他一个多人组成的职权机构和每年 550 万欧元的预算。② 德国企业"敏感的"大型出售交易都事先向总理府说明情况，施罗德的继任者默克尔（基民盟）也传承了这一保密策略：德国经济的改造一直以来都由总理府决定，而非由联邦议会共同决定。

▎贝莱德总裁制定准则

20 世纪 90 年代中期，外国投资人持有德国 30 家 DAX 企业 20% 的股份。其后这一比例持续上升，到 2001 年上升至 33%，2005 年上升至 44%，2007 年涨到 53%，2012 年涨到 58%。30 家 DAX 企业中只有 34% 的股票是确定由德国人持有的，另有 8% 的股票未能与德国持有人对号。③ 这种状况一直在持续。

贝莱德总裁芬克是新资本组织者的不二代言人，他在达沃斯世界经济论坛上的亮相已经充分说明了这一点。"德国高管收到了一封金融市场最具权势的人的来信。"《商业报》报道，"贝莱德老板拉里·芬克要求高管们要有长远思维。"而所谓的"长

---

① Z.B. in FAZ, 30.12.2004.
② Bundesfinanzministerium: Bundeshaushaltsplan 2004, Einzelplan 09, 68683-642 Maßnahmen zur Darstellung des Wirtschaftsstandorts Deutschland im Ausland.
③ Focus Money online und Die Weltvom 10.5.2013 mit Berufung auf eine Studie von EY.

远思维"包括不为员工提供长期的职位保障。①

> **贝莱德集团作为 30 家 DAX 企业的共同所有者**②
>
> 2016 年以来，德国的经济媒体，如《南德意志报》（*SZ*）、《商业报》和《经济周刊》（*WiWo*），偶尔会报道贝莱德在 30 家 DAX 企业的份额，但却极少涉及其他大资本组织者的同期份额。数十万个小股东或公司职工股东的股票份额通常不过 1%–5%。这些企业不会自报股东姓名，而是把这叫作"零散占股"。
>
> 除了下表所列的大股东，通常"10 至 40 多个机构投资者"也是共同所有者，他们的份额一般不够执行德国 3% 的投票权的告知义务。贝莱德和其他大资本组织者的股份浮动很大，根源在于其股票投机交易的商业模式。比如从 2009 年到 2015 年，贝莱德在阿迪达斯的股份在 3% 至 15.25% 之间浮动，目前的份额是 5.65%。"其他所有者"的股份只有在大于贝莱德的股份时才被列入下表中。

---

① Weckruf an die Dax–Chefs, HB, 16.1.2018.
② 2018 年 3 月的百分比占比水平。这些数字来源不同，可追溯至 2017 年下半年。

集团公司	贝莱德	其他共同所有者
Vonovia	8.30	马萨诸塞金融（Massachusetts Financial）9.3、挪威央行、德意志银行、安盛天平、法国巴黎银行
费森尤斯医药	7.37	费森尤斯母公司（30）、挪威央行、安联国际
默克集团（Merck）	7.20	先锋、威灵顿、College America、富达国际、挪威央行
德国邮政	7.11	德国国家/德国复兴信贷银行（KfW，20）、挪威央行、德意志银行、先锋、景顺资产、德克（Deka）、富达国际
慕尼黑再保险	7.11	SEB、瑞信（Crédit Suisse）、中国人民银行、安联、伯克希尔·哈撒韦/巴菲特、挪威央行
安联	7.05	哈里斯协会（Harris Associates）、摩根士丹利、德意志银行、先锋、挪威央行、道富银行
拜耳	7.00	淡马锡（Temasek，新加坡主权财富基金）、永明、都汇置地、先锋、挪威央行、德意志银行
意昂	6.75	挪威央行、瑞信、摩根士丹利、法国兴业银行（Société Générale）
巴斯夫	6.61	挪威央行、先锋、东方汇理、德国资产（Deutsche Asset）、富兰克林道富、德克
德意志银行	6.51	C-Quadrat/海航集团（中国 7.9）、Praramount+Supreme Universal/卡塔尔主权财富基金、挪威央行、博龙资本
德国证券交易所	6.45	景顺、Capital Group、道奇·考克斯（Dodge&Cox）、Franklin Mutual、苏格兰皇家银行（Royal Bank of Scotland）、挪威央行、巴美列捷福
商业银行	6.01	德国国家/德国复兴信贷银行（15）、博龙资本、挪威央行、Capital Group
SAP	5.93	创始人霍普（Hopp）/普拉特纳（Plattner）/兹奇拉（Tschira）（23）、先锋、挪威央行、安联、德意志银行
西门子	5.84	西门子家族（6）、卡塔尔、先锋、挪威央行、德意志银行、道富、德克
阿迪达斯	5.65	GBL（Groupe Bruxelles Lambert，Albert Frere）、Elian、富达、挪威央行、Capital Group

（续表）

集团公司	贝莱德	其他共同所有者
Vonovia	8.30	马萨诸塞金融（Massachusetts Financial）9.3、挪威央行、德意志银行、安盛天平、法国巴黎银行
林德	5.60	挪威央行、永明、马萨诸塞金融、道奇·考克斯、APAM（Artisan Partners）
英飞凌	5.23	安联（5.7）、挪威央行、Capital Group、永明、科威特主权财富基金
莱茵集团	5.02	KEB+RW Holding①、先锋、挪威央行、Dimensional Fund、摩根大通、道富
费森尤斯	4.94	家族基金会（26）、安联国际、挪威央行
德国电信	4.92	德国国家/德国复兴信贷银行、德意志银行、挪威央行、先锋、道富、德克、Lyxor
科思创（Covestro）	4.81	拜耳股份（14）、拜耳养老基金（9）、高盛、挪威央行、标准人寿（Standard Life）
汉莎	4.50	法国兴业银行（5.1）、兰斯唐恩、挪威央行、德意志银行、坦普尔顿
海德堡水泥（Heidelberg Cement）	4.49	摩根士丹利、EuroPacific、Capital Group、挪威央行、APAM、First Eagle、Efiparind
戴姆勒	4.16	吉利（9.7）、科威特（6.8）、雷诺日产（Renault-Nissan）、挪威央行、哈里斯、先锋、德意志银行
大众	3.58	保时捷公司（30）、卡塔尔主权财富基金（14）、下萨克森州（12）、挪威央行、先锋
大陆集团（Continental）	3.22	舍弗勒家族（46）、哈里斯、先锋、挪威央行、德意志银行、亨德森国际（Henderson Global）、Oppenheimer、安联
宝马	3.10	科万特/克拉滕家族（46）、Capital Group、挪威央行、瑞信
汉高	3.08	MFS International（3.9）、先锋、汉高股份公司、瑞典银行（Swedbank）、安联国际、APAM、挪威央行

---

① Darin sind die ursprünglich in mehrfachem Umfang vertretenen Städte Nordrhein-Westfalens zusammengefasst.

（续表）

集团公司	贝莱德	其他共同所有者
Vonovia	8.30	马萨诸塞金融（Massachusetts Financial）9.3、挪威央行、德意志银行、安盛天平、法国巴黎银行
蒂森克房伯	2.82	克房伯基金会（21）、Cevian（18）、艾略特（Elliot,3）、Franklin Mutual、挪威央行
拜尔斯道夫（Beiersdorf）	1.49	maxingvest/赫兹家族（Herz）（51）、拜尔斯道夫股份公司（10）/挪威央行

德国政府目前是德国电信、德国邮政和商业银行的最大股东，下萨克森州暂时是大众的第三大股东，北威州的城市目前是莱茵集团的第二大股东。然而自从投资者介入以来，国家层面就放弃了对公司的参与，将主动权完全交给了贝莱德集团。

通过对上述列表中的公司的参股，贝莱德集团的影响力更强了。因为贝莱德、摩根大通、道富、富达国际、美国资本等也是表中所列公司其他股东的共同所有者，如德意志银行、安盛天平、安联、瑞信等；与此同时，挪威央行、威灵顿、先锋、道富、富达国际、摩根大通、摩根士丹利、都汇置地和马萨诸塞金融也是贝莱德的共同所有者。

DAX集团是贝莱德集团的战略基石。贝莱德集团同时还是德国另外几百家公司的共同所有者，例如莱茵金属、豪赫蒂夫、Rhön Kliniken、Jenoptik、Dörr、雨果博思（Hugo Boss）、德之馨（Symrise）、Delivery Hero、凯傲（Kion）、Mophosys、朗盛（Lanxess）、Scout24、Ceconomy（从麦德龙分离出来的real连锁超市）、Zalando、Scalable Capital、Kali&Salz、Zooplus和爱尔铃克铃尔；

另外还有几千个贝莱德投资的美国公司也参与到了德国和欧盟的行业和政治中来，如苹果、谷歌、微软、可口可乐、亚马逊、脸书、惠普、IBM 等。

2018 年年初，贝莱德在法兰克福的分支机构扩展到了 150 个员工，德意志银行的一位高管被任命为该分支机构的领导者。贝莱德在德国的投资在过去几年急剧增加，而且这一情况还将持续。正如这位高管所言："扩张在德国的业务是我们的战略重点之一。"①

出租房的最大所有者

德国股份公司的终结，恰恰在一个如今少有人关注的领域得到凸显——私人房屋出租。在这一领域，贝莱德集团同样具有绝对优势。

Vonovia 欧洲股份公司

德国最大的出租房集团当属 Vonovia，它在所有较大的城市拥有 35.5 万套住房。另外，它还管理着其他房主的 6.5 万套住房。但其扩张态势远未结束，2017 年年底，Vonovia 又收购了拥有 5.1 万套住房的奥地利公司 BUWOG。

Vonovia 集团借助私募股权投资进行了如下收购：（1）伦敦

---

① Früherer Deutsche-Bank-Manager wird Deutschland-Chef von Blackrock, www.boerse-online.de, 17.1.2018.

的 Terra 公司将英国军队撤走后留在德国的营房，私有化的铁路企业德国铁路股份公司的铁路员工住房，以及莱茵集团的员工宿舍，都统一归于德国阿宁顿股份公司（Deutsche Annington AG）名下。(2) Fortress 买下了德国联邦保险机构名下的 14.5 万套住房，以及德累斯顿市的 4.8 万套住房。(3) 博龙资本（Cerberus）收购了地区性柏林房产公司 GSW 的 6.5 万套住房。① 如今，所有这些住房都归于 Vonovia 名下。

自 2015 年股票发行后，贝莱德以其 8.3% 的占股成为 Vonovia 的最大股东，挪威央行占股 7.3%，之后是兰斯唐恩合伙公司（Lansdowne Partners）占 5.1%，马萨诸塞金融占 3%。Vonovia 的新东家将其由一个德国的股份公司改制成一个在欧洲法意义上的欧洲股份公司（SE）。该集团的财务经营活动被转移到了它的子公司 Vonovia 金融私人有限责任公司（Vonovia Finance B.V.），而这个子公司的注册地恰在避税天堂——荷兰的阿姆斯特丹。为了保险起见，该集团越来越多地从德国请来高层管理人员参与管理运营，比如德意志银行前董事会主席于尔根·费琛（Jürgen Fitschen），他以"在政界一流的人脉关系"被聘入 Vonovia 监事会。②

---

① Rainer Neef: Privatisierung großer Wohnungsbestände, www.gemeingut.org, 3.4.2014, abgerufen 24.2.2018; Berliner Mieterverein: Schwarzbuch Privatisierung, Berlin 2006.
② Fitschens Neuanfang, HB, 11.5.2018.

德国房产欧洲股份公司和 LEG 地产股份公司

另外还有两个房产集团：德国房产欧洲股份公司（Deutsche Wohnen SE）和 LEG 地产股份公司（LEG Immobilien AG）。德国房产是德意志银行于 1998 年成立的子公司，德意志银行当时买断了 Hoechst 制药集团的职工住房。后来德国房产欧洲股份公司通过各种并购最终挂牌上市。该公司有 16.07 万套住房，其中 10 万套在柏林。现如今，它的 9.94% 的股份属于永明金融，8.6% 属于贝莱德，6.93% 属于挪威央行。但贝莱德还有间接参股，因为 Vonovia 占股 4.99%。①

北威州的 LEG 地产股份公司有 9.1 万套住房，该公司于 2008 年被基民盟—自民党联合州政府卖给了两个对冲基金。自从贝莱德集团进入以后，它的股东及占比情况是：贝莱德 11.6%、马萨诸塞金融 9.3%、德意志银行 4.5%，安盛天平保险和法国巴黎银行各 3%。②

"城市群"：专赌住房紧缺

投资者们裁掉了许多工作岗位，导致公司在当地没有相应的联系人。即使租客可以拨打热线电话，也极少有人负责接听。物业服务被弱化，其他的业务则派给了低工资的分包商。投资者们还通过把公司改制成欧洲股份公司，使本国股份公司须设

---

① https://ir.deutsche-wohnen.com/aktionaersstruktur.html,abgerufen 8.2.2018.
② www.leg-wohnen.de/aktionaersstruktur/, abgerufen 8.2.2018.

立企业职工委员会的德国企业法令成了一纸空文。①

　　Vonovia、德国房产和 LEG 地产等公司经营着大城市的住房，如科隆、德累斯顿、斯图加特、柏林、汉堡、法兰克福和杜塞尔多夫，对郊区它们更倾向于放弃。而在"城市群"当中，由于迁入人口众多，像柏林这样的大城市就出现了房屋严重短缺的情况。房产公司"热心"地把资金投入到房屋的奢华翻修，借此提高租金，驱赶老租客。Vonovia 还打算买下瑞典维多利亚花园（Victoria Park）的 1.5 万套住房，因为"今后那里的住房市场比德国还要紧张"，集团总裁布赫（Buch）说道。②

　　对这些房地产商来说，维多利亚花园只是他们通往瑞典的敲门砖，接下来他们将按照德国模式占领瑞典市场。至于法国，Vonovia 总裁罗尔夫·布赫还得等"马克龙总统将住房市场进一步自由化"。③

　　2016 年，Vonovia 的房租平均涨幅为 9%。在 2017 年的前九个月，Vonovia 账面涨幅为 4.6%。然而这只是个平均值，有些地区房租涨幅甚至达到了 40%。④ 2018 年，一位租客在不来梅州法院二审中胜诉。Vonovia 因为翻修和更新节能能源想要提高 40% 的房租，而法律上只允许提高 11%。租客的律师瓦伦丁·韦

---

① Michael Stollt / Erwin Wolters: Arbeitnehmerbeteiligung in der Europäischen Aktiengesellschaft (SE), Düsseldorf 2012, p. 22.
② Vonovia steigt in Schweden ein, HB, 4.5.2018.
③ Expansion im Ausland, HB, 9.5.2018.
④ Erkaltete Liebe, HB, 19.2.2018.

斯（Valentin Weiβ）估计，被类似情况波及的租客仅在不来梅就有 1500 人。Vonovia 也想通过走翻修后加租这条路，绕过限制单纯提高房租的这项规定。①

贝莱德集团及其先驱者们在很大程度上造成了德国城市的房租大爆炸，而这些集团的利润自然也增长迅速。在 2017 年，Vonovia 又增加了给股东的分红，比上一年增长了 15%。②

当然，为了保障民生和政治的稳定，这些集团也针对不同的目标人群采取了一些措施。比如希尔德加德·穆勒（Hildegard Müller）被选进了监事会，这位基民盟女政治家是德国基督教中央委员会的成员和德国以色列经济联合会会长。再比如由大众娱乐去平息租客的不满。Vonovia 的运营地点在波鸿，于是它专门为鲁尔区传统的足球俱乐部"波鸿体育运动协会"（VfL Bochum）冠名赞助了"Vonovia 鲁尔体育场"。

国家把管理权交给了贝莱德

即便德国联邦政府是一些企业的大股东，它仍然将所有经营层面的决定权交给其他股东，比如贝莱德、美国资本集团、挪威央行、领先、先锋等。德国邮政 DHL 如此，前面提到的德国电信、商业银行、大众和莱茵集团也是如此。随之而来的，就是这些股东将邮政业务和员工全部粗鲁地分派到了 49 家子公

---

① Vonovia scheitert in zweiter Instanz vor Bremer Gericht, Weserkurier, 22.3.2018.
② www.deal-magazin.com/news，11.5.2018.

司。在子公司中，员工的工资更低，这种做法违反了与工会威尔第的协议。①

面对左翼政党有关邮政集团内劳动关系的质询，德国联邦政府财务部回应道：大股东没有权利和义务去核查被问询的事实情况。②

在德国电信股份公司和商业银行股份公司的问题上，德国联邦政府的行事方式也很类似。在这两个集团企业，德国联邦政府也是大股东，但是所有决定权都由其他共同所有者行使，如贝莱德、美国资本集团，包括集团的管理层以及他们经常委托的评级机构和"审计师"。③

德国的历届联邦政府当然不会把贝莱德集团大规模、有组织的逃税作为一个议题。德国金融监管局也像帮凶一样，对贝莱德的逃税无能为力。

德国：欧盟的桥头堡

在第一次和第二次世界大战以及欧洲大陆的社会主义阵营瓦解之后，美国的企业、银行和咨询机构就越来越多地出现在欧洲，而德国一直都是它们最重要的阵地。社民党政府更是在21世纪开端便通过"2010议程"，明确地以法律形式将大门开

---

① Werner Rügemer: Der deutsche Staat als Privatunternehmer, Hintergrund 3/2015, p. 68
② Kenntnis der Bundesregierung über die Arbeitsbedingungen bei der Deutsche Post AG, Bundestagsdrucksache 18/3796, 21.1.2015.
③ Rügemer: Der deutsche Staat als Privatunternehmer, a.a.O., pp. 69ff.

得更大。

20世纪90年代,国际货币基金组织和美国主导的军队肢解了南斯拉夫,[①]美国公关机构的行径大大激发了德国民族主义和种族主义情绪。[②]德国联邦政府在外交上承认了在极端右翼分子领导下的分裂主义国家(如克罗地亚),这在欧盟中扮演的是开路先锋的角色。西德的集团公司同化了民主德国的公司,德国于是成为新金融机构们的桥头堡,而他们重要的目的是在东欧和巴尔干地区站稳脚跟。

当时的贝莱德集团在国际舞台上还寂寂无闻,而大众、巴斯夫、拜耳、西门子都在民主德国和其他前社会主义国家(如波兰、匈牙利、乌克兰)建起了新的生产基地,主要是为了利用当地的低工资优势。仅仅在波兰境内他们就设立了300个经济特区,给予外国投资者特别的优惠政策。通用汽车、UPS、微软、孟山都也相继到来。

之后不久,贝莱德集团加入了进来,这样的行为逻辑得到了赤裸裸的展现。那些现存的、由其他集团公司创造的资本,无论是那些高素质却被压榨的劳动力,还是可进一步利用的工业剩余物,抑或是尽管贫穷却仍有潜力可开发的消费市场,都已经快被利用殆尽了。但是贝莱德外包工厂的地位,因秉承着

---

① Vgl. Hannes Hofbauer: Experiment Kosovo. Die Rückkehr des Kolonialismus, Wien 2008.
② Jörg Becker / Mira Beham: Operation Balkan – Werbung für Krieg und Tod, Baden–Baden 2008.

民族主义的右翼政府而得以保存。欧盟经常强调打击腐败，但却在右翼政府那里容忍腐败，甚至还帮助这些"民族主义者"。①国民经济衰退，上百万居民作为劳动移民往返或者干脆逃离此地。

法国：股份公司的终结

2016年10月，一个互联网媒体在法国提出了这样一个问题："谁是安盛天平、赛诺菲（Sanofi）、法国兴业银行、米其林、维旺迪（Vivendi）的大股东？"得到的回答是："啊？你还不知道啊？是贝莱德，它老板是劳伦斯·道格拉斯·芬克。没听说过？"②

法国一直都有一个观念：法国经济只能属于法国，法国企业只能属于法国。慢慢地，法国的经济发展与德国靠近——只不过晚了十年。法国前总统尼古拉·萨科齐（Nicolas Sarkozy）领导下的民族主义"保守派"政府从2007年后也开始向美国投资者倾斜。他的财政部部长克里斯蒂娜·拉加德（Christine Lagarde）曾在美国任国务卿詹姆斯·贝克（James Baker）的律师事务所贝克·麦坚时（Backer McKenzie）任职。萨科齐和拉加德为外国投资者提供高额税收优惠，但是没能落实哈茨法令。③

---

① EuGH: Hohe Kriminalität, Korruption, ineffiziente Justiz, FAZ, 31.10.2012.
② BlackRock, l'institution financière la plus puissante au monde, patron du CAC 40, http://www.agoravox.fr/actualites/economie/article/blackrock-institution-financiere-1895781.
③ Werner Rügemer: Gefährliche Großmachtpolitik, junge Welt, 29.12.2015.

直至"社会主义者"富朗索瓦·奥朗德（Francois Hollande）上台实行对金融、税收和劳动关系的管制政策之后，情况才极大程度地向有利于企业家的方向扭转。奥朗德在竞选中大骂"大资本"的同时，又对埃马努埃尔·马克龙的建议言听计从，而马克龙是活跃在全球的罗斯柴尔德投资银行的搭档。① 马克龙先后出任了法国总统府副秘书长和经济部部长。

到 2016 年年底，法国有 40 家 CAC 证券指数上市公司，贝莱德是其中 18 家集团公司的大股东，比如液化空气集团（工业气体）、米其林（汽车轮胎）、施耐德（电子）、安盛天平（保险）等。如同在德国，贝莱德在这些公司的持股数量在 3% 到 10% 之间。

ENGIE 集团在全球共拥有 15.3 万名员工，是石油领域之外的世界第三大能源集团。2008 年，法国政府促成了法国燃气公司（Gaz de France）和苏伊士（Suez）集团的合并，并占有 25% 的股份。Capital Research 和道奇·考克斯（Dodge&Cox）是第二大股东，接下来是先锋、挪威央行和贝莱德。公司服务被外包，工资被降低，给股东分红的资金是贷款来的，马克龙政府上台后甚至还计划出售国家股份。②

其他资本集团也开始活跃在众多法国大型企业的股东名单

---

① Michel Pincon / Monique Pincon-Charlot: La Violence des Riches, Paris 2013, pp. 96f., 106f.
② Engie et ses très chers actionnaires, Le Parisien, 18.5.2018; www.zonebourse.com, 4.7.2018.

中。比如在轨道机车生产商阿尔斯通（Alstom）集团，除了法国股东（如建筑集团布依格 Bouygues），贝莱德、先锋、威灵顿和施罗德投资（Schroders Investment）也是共同所有者。① 在最大的媒体集团维旺迪，跟在本地寡头波诺瑞（Vincent Bollore）之后的是贝莱德、兰斯唐恩、先锋、富达国际、道富。

正当这些金融机构忙于逐利的时候，中国的企业却把目标放在了获取知识和技术上。中国企业只选择某些单个企业，而这些企业的潜力正是他们自身持续发展所需要的。比如东风汽车成了 PSA（标志、雪铁龙、沃克斯豪尔、欧宝）的最大股东，同时还是日产、本田和起亚的持股人。

▎贝莱德将赌注押在了马克龙身上

短短数年，贝莱德就成为法国最大的资本家。它在 18 家 CAC 企业的资产值已经达到了 350 亿美元。与此同时，贝莱德在法国的公司总资产达到了 1500 亿美元（截至 2016 年年底）。②

马克龙在赢得总统大选几个月后，邀请了 21 个最大的资本集团到法国总统府爱丽舍宫，贝莱德、挪威央行等均受邀前往。这位前银行家以他在税收、劳动和社会方面的"改革"政策，呼吁这些资本集团在法国投资："请选择法国！"连铁路和

---

① www.4-traders.com, abgerufen 26.3.2018.
② Agoravox a.a.O., p. 2.

ENGIE 的法国国家股份也在出售之列。①

马克龙和美国前总统特朗普很合得来。在特朗普最喜欢的福克斯电视台，这位法国总统模仿了特朗普总统"美国优先"的口号："我要让法国更强大！"②贝莱德随即从 2018 年开始扩建其在巴黎的欧洲总部，增加经营基础设施和可再生能源方面的基金，支持马克龙的欧盟金融中心化和银行合并的计划，当然还包括跟德国政府唱反调。③

英国：更多地在美国资产手中

没有哪个资本主义国家比英国距离被外国掌控更近。众所周知，曾经规模巨大的英国汽车制造业已经被外国集团全数收购：宾利、捷豹、沃克斯豪尔等响当当的汽车品牌如今都归属宝马、大众、福特、丰田、本田、日产、标志雪铁龙和塔塔汽车。还有其他的新老工业、零售、基础设施（机场、港口、铁路、收费桥梁、发电站、水电站、医院）、护养院、媒体、土地和大城市房地产，大都已经属于全世界所有富裕国家和被剥削国家的投资商、寡头以及逃税者。④

---

① Le gratin de la finance mondiale à l'Élysée: Macron, president des patrons! www.europe1.fr, 26.10.2017.
② "Größter Trickbetrüger der Weltgeschichte", Die Welt kompakt, 26.4.2018.
③ Vermögensverwalter Blackrock drängt auf europäische Bankenunion, Spiegel online, 19.4.2018; Blackrock et Citigroup veulent se développer à Paris, Les Echos, 10.7.2018.
④ Alex Brummer: Britain for Sale. British Companies in foreign hands, London 2012, pp. 138ff., 178ff.

1979年开始,撒切尔夫人领导下的"保守党"政府推动了这样的"大拍卖"。这不仅与新自由主义的"芝加哥男孩"理论有关,同时这也是基督上帝的意愿("神圣的弗兰希斯库斯的祷告")。这次"大拍卖"的组织方有投资银行,如华平投资(Warburg)、瑞银集团(UBS)、罗斯柴尔德和施罗德;也有放贷机构,如汇丰银行、高盛集团和巴克莱银行;还有咨询机构,如普华永道和安理国际律师事务所(Allen&Overy)。它们驻扎在被称为"城中之国"的鲜有国家干预的城市伦敦,并从纽约来到这里建立分支机构。工会被削权,国家推动的逃税现象也是形成这种局面的附加因素。这些逃税主体的壳虽然在伦敦,但是逃税足迹却遍布从海峡群岛到维尔京群岛等十多个避税天堂。①

在第二次世界大战之后,美国投资者开始收购工业、银行和保险集团。因此英国银行中最经常出现的所有者还不是贝莱德集团,而是费希尔(Fisher)、Dimensional Fund、美国银行、纽约梅隆银行(Bank of New York Mellon)、Cambiar Investors。它们还是汇丰银行、巴克莱和苏格兰皇家银行的所有者,在美国都有驻地。

大型矿山集团力拓集团(Rio Tinto)和英美资源集团(Anglo American)的所有者也不是贝莱德,而是CGM Reality、Comer-

---

① Siehe Simon Jenkins: Thatcher & Sons, London/New York 2007.

ca、Delaware VIP Emerging、PMC、富兰克林、高盛集团和Arrowstreet，它们也都在美国有驻地。同时，英国在美国的直接投资比其他任何国家都多。

但是，贝莱德集团在最近几年已经赶超上来。如今，它已经是众多英国传统公司的股权持有人，如荷兰皇家壳牌、英国石油（BP）、阿斯利康（Astra Zeneca）、玛莎百货（Marks&Spencer）。贝莱德还买下了巴克莱银行的ETF部门，是这个部门发明了ETF，贝莱德成功地将ETF这项业务推向全球。贝莱德本身属于三家投资者，而这三家投资者将英国富时指数中100家最重要的英国公司的大部分资产都聚拢到了自己名下。另外，贝莱德还获取了一些规模较小的公司的信任，并以此收购了英国很多中小企业的股份。在资本方面，英国是与美国交织最紧密的国家，而贝莱德更强化了这种状态。

贝莱德请来了财政部部长

英国保守党天生就是贝莱德的同僚。2014年，时任英国财政部部长乔治·奥斯本（George Osborne）促成了贝莱德所要求的"养老金改革"，即养老金也可以存入贝莱德的特殊产品ETF中。乔治·奥斯本在任职期间，与贝莱德公司代表至少见过五次面。通过在美国投资机构的演讲，他还获得了以下额外收入：来自花旗银行的8.5万英镑，来自私募股权投资机构中桥（Centerbridge）的 6.8 万英镑，以及来自贝莱德的 4 万英镑。①

奥斯本的幕僚罗伯特·哈里森（Robert Harrison）在 2015 年 4 月改革之后，在贝莱德英国子公司得到了战略经理的职位。2016 年奥斯本的任期刚刚结束，贝莱德就迫不及待地将他请到了研究部门兼职资深顾问，作为瑞士前国家银行行长希尔德布兰德（Hildebrand）的一个补充。奥斯本当时仍保持着英国议会议员的身份，每月只为贝莱德工作四个工作日并因此获得每年 75 万欧元的报酬。而他的任务就是在布鲁塞尔的欧洲委员会也推进养老金改革。②

贝莱德集团在瑞士

贝莱德集团在传统避税天堂瑞士也占据了统治地位。瑞士最大的两家银行瑞银和瑞信管理着全球超级富豪的财产。瑞银集团排名前 15 位的大股东排序如下：马萨诸塞金融、瑞银、威灵顿、瑞信、先锋、Capital Global Investors、道奇·考克斯、富兰克林、费希尔、施罗德、苏黎世州立银行（Zuercher Kantonalbank）、摩根大通、富达国际、Invesco、德意志银行。金融巨鳄贝莱德虽然没有直接位列其中，但它却是瑞信、摩根大通和德意志银行的大股东。

---

① Buy, George? World's largest fund manager hires Osborne as advisor, The Guardian, 20.1.2017.
② Paulo Pena / Harald Schumann: Achtung, Rentenfresser, der Freitag 26/2018.

瑞信的 15 位大股东排名如下：美国银行、Earnest Partners、摩根士丹利、Brandes、安联保险、瑞银、北方信托、Thornburg、高盛集团、Parametric、Masters Capital、文艺复兴科技公司（Renaissance Technologies）、Dimensional Fund、Tocqueville Asset Management、SEI Investments。这里也看不到贝莱德的名字，但贝莱德却是美国银行、摩根士丹利、安联保险、瑞银和高盛集团的大股东。

让我们还是停留在贝莱德这里，下面是几个贝莱德直接做大股东的瑞士知名公司：雀巢、Lafarge Holcim（建筑材料）、阿第克（全球借工中介）、瑞士人寿保险、瑞士再保险、GAM（全球财产管理人）、立达（纺织机）、百乐嘉利宝（巧克力）、VAT（通风机）、乔治费歇尔（精密技术）、Temenos（银行软件）、福尔波（复合地板）、Galenica（IT 保健）以及领先的私有银行宝盛银行（Julius Baer）。[①]

贝莱德集团获得了瑞士养老和伤残保险 AHV/AVS 的资产管理权。AHV 是全球保险公司的典范，因为贝莱德集团给他们带来了更高的或者说比期望值更高的利润，如今贝莱德已经超过了瑞士两大银行瑞银和瑞信，成为 AHV 的最大资产管理者。瑞银和瑞信分别滑落至第二位和第三位，但是紧随其后的仍是贝莱德家族的老成员：施罗德、Western Asset Management、保德

---

① La montée en force de BlackRock en Suisse, Le Temps, 22.8.2016.

信金融（Pramerica）、古根海姆（Guggenheim）、道富。①

贝莱德掌握了瑞士的 iShares/ETF 市场，向瑞士股市出售四种有价债券。此外，贝莱德还向瑞士投资者出售一种特殊基金，这支基金纳入了部分瑞士头部企业的股份，如龙沙（Lonza）、合众集团（Partners Group）、迅达（Schindler）、帝肯（Tecan）、西卡（Sika）和士卓曼（Straumann）。

2016 年，贝莱德扩大了它在瑞士第二大城市日内瓦的分支机构。2012 年，瑞士国家银行时任行长菲利普·希尔德布兰德（Philipp Hildebrand）因"违规行为"必须离职，他却摇身一变成为贝莱德的欧洲代表，身价不降反升。

贝莱德集团在意大利

相比较而言，贝莱德在意大利的表现并不是很抢眼。这是因为在意大利，国家和富豪家族的牵连势力依然强大。在意大利 10 家最大集团公司中，有三家公司的国家占股异常地高，比如最大的军火集团莱昂纳多占 30%，能源集团意大利国家电力（Enel）占 23%，埃尼集团（Eni）占 4%。部分家族的占股也高得不同寻常，比如 Del Vecchio 之于奢侈品集团陆逊梯卡（Luxottica，60%），贝纳通（Benetton）之于建筑集团 Atlantia（30%）。

国际金融巨鳄们虽然也进驻了意大利的很多公司，但是深

---

① Le fonds de l'AVS confie davantage à BlackRock qu'aux grandes banques, Le Temps, 16.6.2016.

度和广度远不如在德法两国,它们将注意力仅仅放在了几个科技领先的公司:保险界的领头羊 Assecurazioni Generali 以及两个国际型大银行裕信(Unicredit)和联合圣保罗(Intesa Sanpaol)。意大利中部和南部还没有进入金融巨鳄们的目标范围。意大利电信占据了一个中心位置,法国媒体集团维旺迪是其有支配权的所有者,而维旺迪又有贝莱德、兰斯唐恩、先锋、富达国际和拉扎德的参股;美国对冲基金艾略特(Elliott)在意大利电信持有 9% 的股份,还有一家中国公司也持有意大利电信的股份。

意大利在金融危机中遭受沉重打击,从那以后,中国企业开始出现在意大利经济中其他的重要部分。华懋集团以 26% 的占股成为轮胎及化工集团倍耐力(Pirelli)的主要股东。出于战略考虑,中国企业还以较少股份参与了意大利国家电力、埃尼、Assecurazioni Generali、菲亚特克莱斯勒以及意大利电信。中国央行中国人民银行(PBOC)在三家日渐衰弱的银行裕信、西亚那(Monte dei Paschi di Siena)和联合圣保罗都购入了股份。①

那些新旧家族如阿涅利(Agnelli)、德尔维奇奥(Del Vecchio)、贝纳通、阿玛尼(Armani)、贝卢斯科尼(Berlusconi),曾经共同造成了意大利资本发展滞后和由此产生的政治民粹主义。但是我们可以推测,它们未来一定会将自己的新旧资本托付给

---

① Auf Shoppingtour, Süddeutsche Zeitung, 8.7.2015.

贝莱德集团，以求在有利可图的领域不断让自己的资本增值。①

贝莱德集团在美国和全球

从总额上看，贝莱德集团在美国的企业和银行所占股份自然比在欧洲更多。在二十多个金融巨鳄中，贝莱德、先锋和道富作为三巨头控制着整个指数基金行业，集中程度可以说非常之高。在S&P500上市的500家最大的美国企业中，三巨头是其中450多家企业的最大单一股东，比如苹果、可口可乐、埃克森美孚、福特、通用电气、通用汽车、谷歌、高盛集团、亚马逊、脸书和微软（截至2017年）。在另外的1700家最大美国企业中的1200家，贝莱德、先锋和道富总共持有40%的财产份额（截至2012年）。其他的S&P500大部分股份则掌握在一些较小的资本组织者手中，如资本集团、威灵顿、富达国际、Invesco、普信等。②

被大西洋两岸主流媒体奉为"传奇投资家"的巴菲特，他经营的伯克希尔·哈撒韦公司也早已在贝莱德集团的掌控之中。该公司两个最大的持股方是先锋和贝莱德，然后是盖茨基金会（Gates Foundation）、北方信托、富达国际、挪威央行和都汇置

---

① Ernesto Gallo: Italy in an age of authoritarian liberalism, https://braveneweuropa/com, 17.5.2018.
② These 3 firms own coporate America, theconversation.com, 10.5.2017.

地等。①

贝莱德集团：西方世界资本的超级卡特尔

贝莱德在 30 个国家拥有 70 个分支机构。② 最重要的战略要点在美国和欧盟，其次在亚洲。但实际上，亚洲的业务与欧美还有很大差距。早在 2012 年，贝莱德就已经是 300 家西方最大的资本投资公司（大多是美国集团公司）中 282 家公司的大股东，先锋（267 家）紧随其后，然后是道富（247 家）、富达国际（239 家）、摩根大通（219 家）和资本集团（172）。③

2017 年年底，贝莱德副总裁报告说，贝莱德已成为全球范围内 1.7 万多家企业、银行和其他资本组织者的股权投资人。④ 先锋、威灵顿、富达国际、都汇置地、挪威央行和摩根大通都在贝莱德有参股。德国反垄断委员会还提到，贝莱德同时也是道富和先锋的股东。⑤ 然而这个超级卡特尔却没有被西方任何一个裁定卡特尔的机构认定为卡特尔，旧资本主义的古老定义和监管已然不起作用，所能做的也只是徒劳地粉饰眼下的情况

---

① Berkshire Hathaway Inc.: http://finance.yahoo.com/quote/BRK-B/hdders/?guccounter=1, abgerufen 24.8.2018.
② Alle Angaben siehe www.blackrock.com.
③ Georgina Murray / John Scott: Financial Elites and Transnational Business, Cheltenham / Northampton 2012, p. 32.
④ Barbara Novick: Remarks at OECD Discussion on Common Ownership by Institutional Investors, Paris 6.12.2017, www.oecd.org/daf/competition/common-ownership-and-its-impact-on-competition.htm.
⑤ www.monopolkommission.de/images/HG21/HGXXI_Gesamt.pdf, p. 228.

而已。

作为卡特尔，贝莱德在拯救银行和国家方面为美国政府、国际货币基金组织、美国联邦储备系统、欧洲委员会和欧洲央行提供咨询服务，相当于承担了政府的责任。贝莱德的代表"在各国财政部进进出出，为世界重要的货币发行银行提供咨询。芬克认识他们中的每一位主席和 CEO"。①

在西方资本主义的其他重要地区，即使是在最重要的国家德国和日本，也不可能有与贝莱德等相匹敌的金融组织了。"在德国，我们没有可以与之相提并论的机构投资者。"德国股票机构抱怨说。② 只有在法国形成了东方汇理、那提西（Natixis）和安盛天平，在挪威形成了主权财富基金挪威央行这样与之类似的资本集团。

要形成一个新的贝莱德般的超级卡特尔需要很多条件。这种类型的投资者数量要多，它们相互交织在一起，在全球的美国体系中相互支持，所有权达到一定数量，内幕人身份、政府职能和为其他金融机构提供服务这三者要合为一体。除此之外，还要有宽广的人脉，能网罗跨国资本主义阶层中有影响力的权贵为己所用。

---

① Blackrock. Der Zauberer von OZ, WiWo, 29.3.2018, p. 20.
② Das Ausland setzt auf den DAX, HB, 26.4.2018.

股东的舞台

西方大集团公司一年一度的股东大会比以前更像一场可笑的闹剧。德国知名传统企业，如西门子和德意志银行，都有几十万"德国"小股东。这些小股东总是被人用小香肠和精装小册子就打发掉了。他们关注着董事长的讲话，期盼着那些微不足道的分红能比往年有所提高。但遗憾的是，每次股东大会他们都以充满希望开始，再以满腔愤怒结束。几个较大的小股东或者具有批判精神的股东代表会不时发出严厉的批评，然而他们那几个百分点的选票并没有话语权，对全局也影响甚微。而贝莱德集团的代表们会不加评论地对董事会提议表示赞同，因为他们早就已经在幕后协商好了。

高举道德旗帜，却毫无道德底线

贝莱德当然有一套豪华的道德法典：商业行为和道德规范，一份大写的"社会责任"和"高标准"。有声望的批评家对此曾给予很高评价，一向具有批判性目光的诺贝尔奖获得者约瑟夫·斯蒂格利茨（Joseph Stiglitz）也说："拉里相信，资本主义必须重新实现自我创造……他在为正确的事而奋斗。"[①]

然而在道德法典的第三段，伪善的面纱就不复存在了：最高目标是"要超越客户对我们的期望"。他们把员工看作"人力资本"，要通过专门的要求保持"高效率"，与此同时还着力培

---

① Blackrock. Der Zauberer von Oz, WiWo, 29.3.2018, p. 24.

养"高层经理和领导"。①

管理层的高收入

在贝莱德自己的公司内,高管的利润分成按照等级制度被严格地区分开来;在贝莱德投资持股的公司中,情况也是如此。比如德意志银行,近年来在全球范围内数百次被控告诈骗,被罚款数十亿欧元,高度负债且徘徊在破产边缘。尽管如此,自金融危机以来,其高层经理的收入依然增长迅速。705位经理的收入在百万欧元以上(2017年)。经理人数一年前还只是316位,随后便增长了50%。其中50位德国银行家2017年的收入在350万至800万欧元之间。②

环境毒害者

贝莱德集团"不想"毒害环境,但是它可以让别人去做,或者任由这种事情发生。莱茵集团燃烧褐煤,拜耳和孟山都使用杀虫剂,大众伪造汽车尾气值,印度和巴西的雀巢将水源私有化,而贝莱德集团正是这些企业的大股东。联合国已将免费获得清洁的饮用水列为人权的其中一项③,贝莱德却还在反其道而行之。

---

① www.blackrock.com.corporate/responsability/human-capital, abgerufen 19.3.2018.
② Mehr verdienen als der Chef, HB, 19.3.2018.
③ Wem gehört das Wasser? ARD, die story, 25.3.2015.

雇员的降级

"人权"在贝莱德的道德法典中已经被弱化得只剩下了少数几个按人力资源概念遴选出来的空洞词汇：包容和多样性。[①]其中没有提到任何国家的劳动法或者联合国劳工组织公约的内容。德国邮政的外包行为、启用随叫随到的借工、解散职工代表委员会，这些漠视劳动的不公正行为已经成了它们商业模式的一部分。

德国建筑集团豪赫蒂夫和法国建筑集团万喜在卡塔尔共同建造2022年足球世界杯的设施。近年来，它们不断剥削那些由国家组织起来的廉价劳动力，而这些廉价劳动力的工作和生活条件都极其不人道。他们没有联合国劳工组织公约中规定的自由的工会活动，没有劳动岗位上的保护措施，没有解雇保障，没有社保权利，也没有带薪假期权利。[②]贝莱德作为大股东，却对这些情况缄默不语。

军备和战争：有意识的梦游症

贝莱德、资本集团、先锋和道富均以超过300亿美元的资产成为军火企业的最大所有者，如洛克希德、波音、霍尼韦尔

[①] Rügemer / Wigand: Die Fertigmacher a.a.O., pp. 65ff.
[②] Amnesty International: The Dark Side of Migration. Spotlight on Qatar's Construction Sector Ahead of the World Cup, London 2013; 1,8 Millionen "moderne Sklaven" bauen die WM–Stadien in Katar, IGB und DGB: Pressemitteilung, 18.12.2018; Glenn Jäger: In den Sand gesetzt. Katar, die Fifa und die Fußball–WM 2022, Köln 2018, pp. 100ff.

（Honeywell）、诺斯罗普、通用动力（General Dynamics）、空客（Airbus）等，这些军火企业都参与了原子弹的生产。贝莱德的重点企业排列顺序如下：波音、霍尼韦尔、洛克希德、诺斯罗普（以上均为美国公司），空客（欧盟）、通用动力、赛峰（法国）和 BAE 系统（英国）。①

贝莱德集团同时也参与了其他军火企业，在德国，贝莱德是莱茵金属的最大股东。该集团通过外迁到南非和撒丁岛的生产基地，成功绕过德国法律规定的出口限令。坦克被运送给战争地区和漠视国际法的战争参与方，如沙特（用于对也门的战争）。② 莱茵金属的董事长 Armin Pappberger 赞同欧盟和北约针对俄罗斯的军备扩张："我们不能仅仅依赖美国，或者等到亚洲势力成长起来，欧洲必须独立展示自己的力量。"③ 莱茵金属与美国军备集团雷神合作，贝莱德同样也是雷神的最大股东，并且受委托管理雷神集团的养老基金。④

在一次枪击事件之后，公众批判史密斯威森（Smith & Wesson）生产的冲锋枪 M&P15 是近段时间以来随机枪击案中最常见的武器。2016 年，贝莱德掌控下的史密斯威森被更名为美国户

---

① International Campaign to Abolish Nuclear Weapons (ICAN) und PAX: Don't Bank the Bomb. A Global Report on the Financing of Nuclear Weapons, 2018, pp. 66f.
② Sofian Philip Naceur: Die Rüstungsrepublik, junge Welt, 4.5.2018.
③ Rheinmetall rechnet mit starkem Nachfrageanstieg, Focus online, 15.3.2018.
④ ARD, die story, 15.1.2018.

外品牌公司（American Outdoor Brand）。①

贝莱德集团绝对不会宣称自己"想"发动战争或者"想"杀人，他们的资本主义不是这样运作的。他们会非常专业地追逐着自己和客户的利润目标。针对内外冲突，他们不会站到第一线，但却会在背后推波助澜。

投资自身

贝莱德集团会对自己将要介入的公司的资产进行评估，他们投入资本，为的是使自己的以及投资人的资产得到增长。贝莱德参股的集团企业会从小股东手中尽可能多地回购股票，再从市场中取出。"这种行为的目的是减少股票流通，推动股价上涨。未来每股的利润都会增长，因为股份凭证会更少……此外，红利支出也会分配到更少的股票上，这样剩下的股东就能从每支股票分到更多红利。"比如贝莱德集团在Vonovia、费森尤斯、SAP、阿迪达斯、安联和西门子的持股越多，这些集团所遵循的上述操作方式就越会被强化。② 这会让这些集团的股值增长，更会让贝莱德集团操纵市场的权力得到加强。同时在"削减过剩产能"的号召下，国民经济也会持续萎缩。

---

① Where Do All The Assault Rifles Come From?, https://priceonomics.com, abgerufen 10.5.2018.
② Programme ohne Fantasie, HB, 28.5.2018.

挖空市场经济的根基

贝莱德集团是很多同行业大企业的股东。这些企业不断推进兼并与收购,如拜耳—孟山都、林德—普莱克斯、意昂—莱茵集团,还有美国化工集团陶氏和杜邦、科技集团西门子和阿尔斯通、雀巢和辉瑞、雀巢和星巴克、美国电信集团T-Mobile和Sprint。①

兼并与收购导致寡头和垄断。贝莱德集团的权力有时会遭到亲美的《法兰克福评论报》(*FAZ*)的批评:"贝莱德集团推行的兼并与收购限制了行业的竞争,给其自身的持股企业带来了更高的利润。但从中受益的主要是美国投资者,而且他们还会不断壮大。"这些"大投资商……正在挖空市场经济的根基"。②

在贝莱德顶端的欧盟

贝莱德经常向欧盟提出各种要求。那位欧洲的贝莱德副总裁希尔德布兰德强调:"欧洲存在一个结构问题,劳动市场和产品市场都被过度管制了。投资几乎没有利润……这需要在政治上有打破现有结构的意愿。"通过哈茨立法,德国已然变成了当时的典范,然而现在却在贝莱德严厉的目光中又弱化了:"在欧洲,德国必须走在前面。过去几年中,德国在结构改革方面的引领角色越来越弱……有些领域甚至出现了倒退,比如退休年

---

① Höttges' größter Coup, HB, 30.4.2018.
② Die neue Macht der Fondsgesellschaften, FAZ, 30.7.2016.

龄推迟至 63 岁。"①

这种影响公众是看不到的，但是它起的作用却是快速且清晰的：德国反垄断委员会、经济合作与发展组织和欧盟卡特尔监管会在 2017 年对贝莱德权力过于集中的危险现象进行了批评。贝莱德德国总裁克里斯蒂安·斯塔布（Christain Staub）（同时也负责奥地利、瑞士和东欧）针对这一批评向德国联邦政府提出了抗议。经济部事后将上述批评称为纯"理论推测"，直至讨论结束。②

贝莱德为欧洲委员会和中央银行提供咨询

在欧盟内所有重要政府中，不论其党派政治构成如何，没有比德国政府更唯命是从的了。2012 年，时任德国财政部部长朔伊布勒（Schäuble）不得不应奥巴马政府财政部部长蒂莫西·盖特纳（Timothy Geithner）的要求到叙尔特岛度假，以离开柏林接受单独"劝说"。在金融危机后，盖特纳委托贝莱德拯救银行和保险业。美国"为了一己私利"（《明镜周刊》这样写道），要求欧洲央行以美国为典范，用廉价资金来充斥欧洲金融市场，而贝莱德则变成了欧洲央行的咨询机构。紧接着，欧洲央行行长马里奥·德拉吉（Mario Draghi）就承诺，"会采取所有

---

① Schwaches Wachstum, lasche Behörden: Finanzriese Blackrock warnt vor Risiken in Europa, Interview mit Blackrock–Vizechef Philipp Hildebrand, SPON, 23.11.2015.
② Moritz Honert: Warum der Einfluss der globalen Geldverwalter gefährlich ist, Der Tagesspiegel, 5.5.2018.

必要的行动"。①

在购买企业债券和国家债券的规划方面，贝莱德一直以来都在为欧洲央行提供咨询服务。贝莱德受欧盟委员会委托，为欧盟内39家最大的银行做风险测试，而贝莱德本身就是其中多家银行的共同所有者。贝莱德同时也为爱尔兰、希腊、英国和塞浦路斯的拯救银行计划进行风险分析。

贝莱德一伙在雅典伪装成"日光项目"，在塞浦路斯化名为"克莱尔"（Claire）。在所有这些工作中，贝莱德作为内幕知情人，只是想直接或者间接地挽回自己的投入。②通过对欧洲央行提供咨询服务，贝莱德在处理危险贷款时还为自己谋取了"获得欧洲公司数据的独家通道"。③

芬克宣布说："欧洲储户缺乏可信的数据，缺少关于如何投资和规划未来的指导。"因此他才委任奥斯本帮助推进PEP-P"欧洲个人养老金"计划，就是那位帮助贝莱德在英国推动了"养老金革命"的财政部前部长。凭借贝莱德的质保印章，企业员工也可以在其他欧盟成员国购买所推荐的养老金融产品，只不过没有付现保障。为此，奥斯本现在成了布鲁塞尔的说客，并且从2017年开始，贝莱德每年为此支付他咨询费78万欧元。④

---

① US-Finanzminister Geithner bei Schäuble. Heimgesucht auf Sylt, SPON, 30.7.2012.
② Buchter a.a.O., pp. 72 ff.
③ Draghi holt der "König der Wall Street" als Berater zur EZB, Deutsche Wirtschaftsnachrichten, 27.8.2014.
④ Paulo Pena / Harald Schumann: Achtung, Rentenfresser, der Freitag26/2018.

另外一位贝莱德的说客——希尔德布兰德，他要求欧洲银行跨国界合并，削弱国家金融监管部门的权力，并设置一个受欧洲央行直接管辖的、集中的欧盟银行监管会[①]。但无论如何，仍要接受贝莱德提供的咨询服务。希尔德布兰德和贝莱德为此还要与马克龙和罗斯柴尔德会面。

[①] Blackrock-Vize Hildebrand attackiert Europas Bankenlobby und nationale Aufsichtsbehörden, Der Spiegel 25/2018, p. 5.

2
私募股权投资者

私募股权投资者的行事模式与贝莱德集团相似，只是规模相对小一些。他们也参与了德国股份公司、法国股份公司等的清偿，这直接加速了新财富极端不公平的分配。

这些私募股权投资者还从非常富有的客户、企业基金会、亿万富翁、百万富翁和家族企业那里聚敛资本，但是这些客户大多属于高净值客户，还不算超高净值客户。他们平均一次的投资额不会有 5000 万 ~ 1 亿美元或欧元，可能只有 500 万或者 5000 万。他们都追求高额利润，并每年为此支付给私募股权经理高额费用，约为所投资本的 1.25% 至 2%。

商业模式

那些由投资人用客户资本组成的单个基金，比如黑石不动产合伙公司Ⅰ、Ⅱ、Ⅲ，卡莱尔欧洲不动产合伙公司Ⅰ、Ⅱ、Ⅲ等，它们大多与贝莱德集团相同，都在某个避税天堂"安了家"。

私募股权经理们用这些秘密资本购买企业财产份额（产权＝企业投资份额），客户的资本和一起买下的公司股份都是基于信任由私募股权投资人管理。但是就像在贝莱德集团一样，他们才是这些资本法律上的代理人，会在银行用这些为以自己的名义抵款、购买公司股份和行使投票权做担保。而真实的放贷者，无论对外还是在企业内部，都是不为人知的。

私募股权投资者买下的不是大型股份公司，而是可以带来利润的中型企业和家族企业；这些企业大多不是股份公司，也没有上市。"我们感兴趣的是成熟的，营业额在10亿至20亿欧元之间，现金流稳定的国际型公司。"2004年，时任驻地伦敦的私募股权投资者Investcorp主管托马斯·米德尔霍夫（Thomas Middelhoff）这样说道。①

这些投资人并不会打理或者整顿濒临破产的公司，他们是在给自己挑一些"装饰品"，让白银变黄金。在之后的二至七年间再对这些公司进行再利用和重组，然后卖掉或者完成上市，这才是最终目的。又或者将这些公司加入大集团的重组中，咨询机构圈内的说法是"参与大企业的边缘业务"。② 私募股权投资者并不像贝莱德那样尽可能多地大面积收购企业，而是在短期内咬定少数几家。

---

① Wer kauft den deutschen Mittelstand? Impulse 3/2004, p. 14f.
② Stefan Jugel (Hg.) : Private Equity Investments. Praxis des Beteiligungsmanagements, Wiesbaden 2003, p. 263.

从总数上来说，私募股权投资者的管理规模都比贝莱德稍小些。比如目前最大的私募股权投资者黑石集团管理着 3330 亿美元的资本，相当于贝莱德的二十分之一。黑石有 2200 名员工，只有贝莱德员工数量的六分之一。但是相比较而言，黑石实际上需要更多员工，因为那些不太富有的客户的业务处理起来会更麻烦。

15% 至 40% 的利润率

私募股权基金的利润率总数较小，但可获得的利润却更高，周期也更短。这些投资者希望能达到远在传统资本利用形式之上的利润率，当然也希望在贝莱德集团之上。米德尔霍夫将"25% 的平均利润率"作为 2004 年的一个峰值，[①] 行业领军企业黑石宣布了"30% 的利润率"，[②] 英国投资者 Candover 为过去几年结算出了"33% 的年利润率"。[③] 个别投资基金，如璞米资本（Permira），甚至能创造 85% 的利润率。[④] 这种利润率的高潮大约持续到了 2007 年。

这么高的利润率要通过不同工具的组合才能实现，买入价格应该尽可能低。由于所涉及的公司并不是上市公司，因此也

[①] Die Welt, 30.11.2004.
[②] Finanzinvestoren nehmen das Schicksal der Deutschland AG in die Hand, FAZ, 31.3.2005.
[③] Interview mit Candover-Manager Marek Gumienny, FAZ, 7.6.2005.
[④] Finanzinvestoren nehmen das Schicksal der Deutschland AG in die Hand, Die Zeit, 31.3.2005.

不受股份公司的标准化估价约束，这样就能更容易地实现较低的买入价。在价格谈判的时候，私募股权基金会将现有所有者（额外的终身养老金和咨询合同）和主管经理们（他们将得到的资产份额和额外红利）将来所得的特殊优惠计算在内。这样，他们就更容易接受一个较低的售价。审计师，如普华永道、永安和毕马威（KPMG），以及律师事务所，如富而德、英国安理（Allen&Overy）和美国伟凯（White&Case），它们作为投资者们的长期咨询机构，会以专家身份将低位买入价确定下来。然后，投资者就会逼着待卖公司去贷款，以便投资者能实现其期待的购买价格：待卖公司会因此负债并背上压低成本的压力。

购买之后，"利用周期"就开始了。这个周期最长不超过七年：第一，通过裁员、降薪、减少工资协议外的工作、相同工资下增加工作量、更多地利用借工和外包等手段实现预期利润。第二，公司的部分资产，包括土地和房产，都可以变卖。第三，进行"税收合理化"，比如通过在避税天堂成立控股公司，这样就可以把法定注册地和税务地址迁移出去。第四，投资者提前支取利润，而这些利润也都是用贷款来支撑的。

然而，最重要的利润却应该在第三个阶段产生，即在三至七年后的退出阶段：将被紧缩又被重组过的企业卖给下一位投资者，或者上市变现。这是从一开始就计划好的，也是"利用周期"内所有的措施共同指向的结果。①

纽约和伦敦的银行家组建新的投资者类型

从 20 世纪 80 年代起，华尔街银行对改革时期（罗斯福新政，20 世纪 30 年代）的法规的批评逐渐增多。个别银行家在其银行内外组建了私募股权部门或者独立的私募股权公司。如高盛集团经理组建了私募股权子公司 Whitehall；投资银行花旗公司创办了花旗银行风险投资，后来改用商号 CVC；而 KKR 则是由投资银行贝尔·斯第恩斯（Bear Steans）的三名经理科尔博格（Kohlberg）、克拉维斯（Kravis）和罗伯茨（Roberts）共同成立的。

伦敦的巴林银行（Barings）成立了巴林资本，后来命名为 BC 合伙公司（BC Partners）；1986 年，英国中央银行英格兰银行与其他几家英国顶级银行共同组建了私募股权子公司 3i；伦敦投资银行施罗德于 1985 年成立了施罗德风险，并于 2001 年将其更名为璞米资本（Permira）。以抽象的、对公众毫无意义的词汇作为公司的名称，是这一行业非常典型的特征。

美国教授迈伦·斯科尔斯（Myron Scholes）于 1997 年获得了诺贝尔经济学奖的荣誉，而此时正是他的对冲基金美国长期资本管理公司（Long Term Capital Management，LTCM）破产前

---

① Wolfgang Lenoir: Gestaltung des Exits als begleitender Prozess, in: Stefan Jugel, a.a.O., pp. 237ff.

夕，其始作俑者也正因为逃税而被判刑。即便如此，他至今仍是私募股权投资者杰纳斯资本（Janus Capital）无可争议的总裁，①诺贝尔奖委员会也从未批评过他。

黑石塑造了这样的商业模式

1985 年，彼得·彼得森（Peter Peterson）和史蒂夫·施瓦茨曼（Stephen Schwarzmann）共同成立了私募股权公司黑石。彼得森曾于 1973 至 1984 年担任纽约投资银行雷曼兄弟的总裁，施瓦茨曼主管那里的企业合并部门。"黑石"这个名字正是由这两位创始人的姓名组合而成。在担任尼克松总统时期的贸易部部长时，彼得森就曾经尝试过放宽银行法律的限制，但很快就失望而返，并通过黑石亲自实现了管制解除。

从那时候开始，黑石在美国借助客户资本和银行贷款收购并利用了大约 600 家企业。黑石所管理的客户资产为 3330 亿美元，分散在美国、英国、德国等国家的 90 家企业。②黑石的 2200 名员工广泛分布在美国和一些海湾国家，以及伦敦、巴黎、杜塞尔多夫、马德里、东京、中国的北京和香港等城市。黑石还是富信（Intertrust）的所有者，富信专门介绍荷兰的皮包公司，③而荷兰又是美国投资者最经常提到的避税天堂。

---

① HB, 15.7.2014.
② Jakobs: Wem gehört die Welt?, a.a.O., pp. 104ff.
③ Wikipedia: Waterland B.V., abgerufen 13.1.2017.

黑石最初和其他大多数私募股权公司一样，只是个拥有少数投资人的有限合伙公司。但与其他大多数同类公司不同的是，黑石作为同行业中起着引领作用的投资者，于 2008 年率先完成了上市。

与政府和资本紧密联系

黑石及其商业模式的崛起一直以来都与最高层面的政治关系紧密联系在一起。在美国民主党总统克林顿执政期间，即 20 世纪 90 年代初，一些法律上的限制在表面上就被取消了。黑石的一名员工罗杰·阿尔特曼（Roger Altman）曾在雷曼兄弟工作，1993 年摇身一变成为克林顿政府的财政部副部长。他是达成北美自由贸易协定（NAFTA）的关键角色。①

黑石成立之后，彼得森开始向另外一个方向扩张他的政治关系网。1985 年，他成了美国外交关系委员会（Council on Foreign Relations，CFR）会长戴维·洛克菲勒（David Rockefeller）的继任者。这里有美国外交界的银行家、企业家、经济律师和公关机构。从 2000 年至 2004 年，彼得森还在纽约联储银行担任行长，对华尔街有监管权力。2007 年开始，他致力于彼得森国际经济研究所的工作。虽然自从黑石上市之后他就不再是该企业的共同所有人，但是他仍被称为"美国最富影响力的亿万

---

① Lori Wallach: Zwanzig Jahre Freihandel in Amerika, Le Monde diplomatique, 11.6.2015.

富翁"。[1]

史蒂夫·施瓦茨曼(Stephen Schwarzmann)

史蒂夫·施瓦茨曼先后毕业于耶鲁大学和哈佛商学院，后来成为雷曼兄弟的总裁。1985年，他成为黑石的共同创始人。黑石上市前，施瓦茨曼须根据美国法律首次公开他的薪酬。2006年，该数额为3.98亿美元。这是当时30家德国DAX上市公司所有老板的收入总和的四倍。[2] 随着公司上市，他以45%的占股成为最大股东，紧随其后的两位共同所有者乔纳森·格雷(Jonathan Gray)和汉密尔顿·詹姆斯(Hamilton James)，他们分别持有8%和6.3%的份额。作为重要高管，他们还奖励给自己公司利润的20%作为红利。对施瓦茨曼来讲，这在2015年大约为6.4亿美元。另外他还有1.6亿美元的奖金。[3] 他的个人资产估计有100亿美元。在纽约公园大道，他拥有一套有34个房间的公寓。在长岛、圣特罗佩(法国)、牙买加和佛罗里达州棕榈滩，他还拥有众多别墅级的庄园。

在政治上，施瓦茨曼是极右翼，比共和党还要右倾，

---

[1] Los Angeles Times, 2.10.2012.
[2] Blackstone–Chef streicht 400 Millionen Dollar ein, Der Spiegel, 11.6.2007.
[3] Hans–Jürgen Jakobs: Wem gehört die Welt? Die Machtverhältnisse im globalen Kapitalismus, München 2016, p. 108.

但是他也为民主党捐款。在施瓦茨曼 60 岁生日到来之际——当时他还没有从黑石总裁的位置上退下来，时任美国国务卿康多莉扎·赖斯（Condoleezza Rice）及其前任科林·鲍威尔（Colin Powell），还有财政部部长亨利·保尔森（Henry Paulson）和大主教爱德华·艾根（Edward Egan），共同给这位"华尔街的国王"庆祝了生日。为了助兴，施瓦茨曼还"买下"了流行歌手洛·史都华（Rod Stewart）和帕蒂·拉贝尔（Patti LaBelle）。①

当时任美国总统奥巴马建议，对私募股权经理的收入不再按较低税率的资本利得税征税（就像公司那样），而是按较高税率的所得税征税时，施瓦茨曼发了火："这就像希特勒侵略波兰。"②

让英国作为桥梁

这些新兴投资者开始在美国利用那些未上市的中型企业进行收购，他们同时也在英国活跃起来，英国一直以来都是美国资本在欧洲最受偏爱的投资地。20 世纪 80 年代的 10 年间，黑石、KKR、CVC 的收购活动范围差不多都只限于英国。在伦敦，这些集团纷纷组建了各自的分支机构。从 1981 年至 1989 年，

---

① Der König der Wall Street feiert Party, www.faz.net, 11.2.2007.
② "Wie Hitlers Angriff auf Polen", Süddeutsche Zeitung, 18.8.2010.

只 CVC 一家就在英国收购了 54 家公司。①

CVC 在欧洲大陆的收购行动最早于 1984 年在德国开始（HDI 保险、凯泽斯劳滕钢铁厂等）。后来 1986 年在法国、1988 年在意大利、1989 年在西班牙、1991 年在荷兰、1996 年在比利时等国整体的收购的数量一直很低。当然，CVC 在亚洲也在寻找合适的收购目标，尤其是在日本、韩国和印度尼西亚。其他的主要投资者如黑石、贝恩资本（Bain Capital）、Cinven、3i 和 KKR 都有类似的经历。

在德国，这些新兴投资者于 1984 年仅收购了 4 家企业，1985 年 6 家，1986 年只有 3 家，1987 年 14 家，1988 年 23 家，1989 年就已经达到了 25 家。德意志联邦共和国被收购的企业的数量远在英国之后，但在西欧其他国家中却遥遥领先。②

德国：信托机构之后的上升发展

德国前总理赫尔穆特·科尔领导下的基盟、基社盟和自民党联合政府请来美国咨询机构进入信托机构。这些咨询机构（麦肯锡、普华永道、毕马威、高盛、摩根大通）受命从 1990 年开始，帮助约 8500 家前民主德国的企业尽快进行私有化改造。罗兰贝格咨询管理作为德籍亲美派人士也加入了其中。

---

① http://cvc.com/Our-Portfolio/Historical-Portfolio.htmx?ordertype=5, abgerufen 2.3.2018.
② Paul Jowett / Francoise Jowett: Private Equity. The German Experience, New York / London 2011.

美国咨询机构用他们的专业知识完成了对前民主德国企业简单粗暴的估价:多数情况下,一家前民主德国的企业只值1马克,而这还是以国家3000万马克的初期补贴为前提的情况下。但是,如果买方不是基民盟经济顾问委员会的成员,收购的机会则非常渺茫。美国活动家可以提供咨询,但是不可以参与收购(况且他们也不想参与收购),因为前民主德国企业无法引起他们的兴趣。①

其间也有零星几家德国私募股权公司成立。摩根士丹利有一位曾在德国代理该银行的经理,他于1995年组建了权益资本合伙公司(ECM)。基民盟经济咨询委员会的延斯·奥德瓦尔德(Jens Odewald),曾作为考夫霍夫控股公司(Kaufhof)总裁被科尔委任为信托管理委员会主席。在信托结束之后,他于1996年成立了自己的私募股权公司Odewald&Compagnie。②

▎西欧和其他地方的效仿者

安联保险也组建了自己的子公司安联资本合伙公司(Allianz Capital Partners),法国保险安盛天平成立了安盛天平私募股权(AXA Private Equity)。瑞典最富企业宗族瓦伦堡(Wallenberg)家族所拥有的SEB银行(Enskilda Bank),甚至组建了三家私募股权公司:殷拓集团(EQT)、北欧并购资本(SAC)和工业资

---

① Werner Rügemer: Privatisierung in Deutschland. Eine Bilanz, Münster 2008, pp. 38ff.
② Werner Rügemer: Bis diese Freiheit die Welt erleuchtet a.a.O., pp. 163ff.

本（IK）。但是迄今为止，这些欧洲公司中只有极少数挤进了至今依然由美国主导的头部集团，殷拓集团便是其中之一。此外，阿拉伯海湾国家的主权财富基金也成立了私募股权公司，如迪拜国际资本（Dubai International Capital, DIC）。从 1990 年至 1998 年，在德国进行公司收购的主要是来自美国的私募股权公司，另有几家来自英国的，还有个别来自德国和瑞典的私募股权公司。收购数量从 1990 年（29 家企业）到 1998 年（67 家企业）不断增长，共有 299 家企业被收购。[①]

其他欧盟国家的情况也类似。这种势态受到各国政府和欧盟委员会的欢迎，但他们却没有仔细算过就业岗位、劳动关系、负债、环境和国民经济的账。这些投资者逐步打破了联邦德国和西欧的经济文化和法律现状，并且为 2007 年金融危机后到来的更大更有权势的参与者准备好了土壤，如贝莱德集团。

至今，在西方资本主义中活跃着大约 6000 家私募股权投资者，其中最大和最多的都在纽约。而在欧洲，伦敦是最受欢迎的地点。

社民党—绿党联合政府下的新助力

施罗德总理带领下的社民党—绿党联合政府，只会更快地推进"重组德国股份公司的独立"。科尔（基民盟）执政期间，

---

① Paul Jowett / Francoise Jowett: Private Equity, a.a.O., siehe die Tabellen zu den einzelnen Jahren 1990 bis 1998.

西德在前民主德国的投资给东德带来的是失业、低薪和依赖性；而施罗德（社民党）执政期间开始引入的美国在前联邦德国的投资，给统一后的德国带来的是更高的失业率、更低的工资和更大的依赖性。

2002 年，社民党—绿党联合政府在反对党（基民盟、基社盟和自民党）的支持下，决定对私募股权投资者的营业利润和分发的利润采取免税政策（《公司所得税法》第 8b 条），这也是 2010 议程的组成部分。①

从其他方面来讲，投资者们可以更多地买入。他们出手越来越频繁、越来越粗暴，这引起了越来越多的公众的关注。工会终于苏醒过来了，并且在最初的几年主流媒体也开始对此进行报道。

博世 –Telenorma/Tenovis

从 1999 年开始，第二大私募股权投资者 KKR 在德国非常活跃。"KKR"是由其创始人和所有者科尔博格、克拉维斯和罗伯茨的名字的缩写组成的。KKR 收购了西门子的子公司利多富（Nixdorf）、涡轮机生产商 MTU、德国二元回收系统（DSD，垃圾再利用）和博世子公司 Telenorma（2000 年），Telenorma 致力于建造和出租电话设施。

---

① Stefan Jugel（Hg.）：Private Equity Investments, a.a.O., p. 224f.

案例：博世 –Telenorma/Tenovis

我们还是继续关注 Telenorma 的案例。KKR 给这家收购来的企业取了一个别称 Tenovis。公司内挂满小旗子，上面写着："我们创造共同的未来。"大家互相之间只能用"你"称呼，这似乎在某种程度上意味着美国资本平民主义掌握了领导权。

完成收购之后，KKR 在泽西海峡群岛为 Tenovis 成立了 Tenovis 金融有限公司。而在法兰克福实际经营的 Tenovis 有限两合公司从这家皮包公司贷款 3 亿欧元，用于偿还 KKR 的收购款。为了这个贷款，法兰克福的 Tenovis 有限公司抵押了它最值钱的 5 万份租赁合同和维修合同。Tenovis 有限公司转手又将这笔贷款借给了它法律上的所有者 Tenovis 德国有限公司，而 Tenovis 德国有限公司又归 KKR 所有。这样，KKR 在银行的负债就被还清了，而所有的债务如今都被转嫁到了被收购的企业身上。[1]

如同其他私募股权投资者一样，KKR 还可以通过以下操作获得更多盈利：投资者以 5000 万欧元的价格，向自己的子公司 Tenovis 德国有限公司出售了法兰克福公司地皮上的继承/转让建造权；这 5000 万欧元自然是装进了 KKR 的腰包。为此，Tenovis 有限两合公司需要每年向 KKR 支付 600 万欧元的租金。为了执行这些操作，KKR 委派了自己的咨询师。他们从 Tenovis 那里总共获得了上千万欧元的服务费。

---

[1] Nils Klawitter: Brutale Investoren – Wie KKR ein Unternehmen skelettiert, SPON, 14.4.2004.

为了突破可能因重组而产生的阻力,投资者用总计 5% 的股份将 70 位经理变成了联名股东,这也是一种常见的操作方法。① 如果这些经理没有足够的钱购买这些股份,投资者会提供给他们便宜的贷款,这样他们就成了(小)企业合伙人,代价是对企业的依赖并且需要顺从。2002 年,他们用保留工作岗位的承诺换来了员工放弃 12.5% 的工资。然而在 9000 名员工中,却有 3600 名被辞退。2004 年,KKR 以 6.35 亿美元的价格,将这个"骨瘦如柴"且负债累累的企业卖给了美国 Avaya 集团,KKR 获得的利润总计约 5 亿美元。② 从 2003 年年中至 2004 年年底,KKR 卖出了大约十几个企业,它的客户们分到的利润达到 90 亿。③

▍统一的德国作为"香蕉共和国":塞拉尼斯案例

化工企业塞拉尼斯的案例非常好地说明了这一问题。一位对冲基金经理在针对黑石的诉讼程序中胜诉,破例地曝出许多细节。"金融投资者们在我们这里,借助可疑的方式,通过买卖被过低估价的公司敛财,而塞拉尼斯已经成了这一现象的同义词。"《经理人杂志》这样总结了这种强盗行径。④

---

① Peter Zaboji: Change! München 2002, p. 205.
② Vgl. Werner Rügemer: Investitionen ohne Arbeitsplätze, WSI-Mitteilungen 1/2015, pp. 49–54I.
③ "Wenig Wettbewerb ist immer gut". Interview mit dem KKR-Europachef Johannes Huth, Die Welt, 31.1.2005
④ Der Raubzug', manager magazin 5/2005, p. 58.

该杂志将德国描绘成了任由美国投资者切割的"香蕉共和国"。还有一种与美国经济联系在一起的观念，即工人的权利虽然不受保护，但是股东的权利是受保护的（股东价值）；而这一观念在德国被完全放弃了，黑石残酷地"掌控"着德国股东。

黑石是如何贿买低收购价的

2002年，塞拉尼斯大股东科威特石油公司宣布退出。这时，黑石救世主般地出现并宣布："我们加入，你们又有了一个强大的伙伴！"两年时间里，塞拉尼斯董事会为了谈判，多次飞到黑石的纽约办事处。

为了压低收购价格，黑石委托了一群昂贵的咨询机构。就像第一梯队的投资者们一样，这种"审计"机构一般是安永和普华永道，抑或德国最重要的律师事务所恒乐（Hengeler Mueller, 长期客户有德意志银行）和高盛。高盛还为黑石提供了收购塞拉尼斯的贷款。这个私人助力部队与投资者们交织在一起也依赖于投资者。安永、普华永道、毕马威（KPMG）、德勒（Deloitte）都长期为黑石提供咨询、鉴定以及财务证明服务。

通过这种方式拿下的低收购价当然要付出高额的代价，但相对于获得的报酬也只是微不足道的一笔小钱而已。塞拉尼斯的董事和监事会认可的收购价格越低，他们得到的报酬就会越高。"这些高管都参与促成了交易的成功。黑石作为金融投资者，为这家企业花钱越少,这些高管赚得就越多。"①

经理们的额外酬金

谁在收购后退出,谁就会得到最高至四年的年薪。退出的董事会主席拿到了380万美元,新的董事会主席得到了800万美元。黑石新任命的董事会成员美国经理戴维·魏德曼(David Weidman)和林顿·科尔(Lyndon Cole)只在2004年第一年就拿到了1000万美元和560万美元,包括底薪、分红和股权分配。

塞拉尼斯曾在纽约和法兰克福上市,但黑石让塞拉尼斯从美国股市退市,并在德国设置了新的监事会。这个新的监事会只需要按照德国法律假装自己是一个监事会,点头同意黑石的所有决定即可。为此,黑石请来了德国电信原总裁罗恩·佐默(Ron Sommer),他曾于2002年因企业的私有化和高负债被迫辞职。但是为了几十万美金,这样的人甘愿参演"监督机关"的这场戏。

有很多"德国"的小股东曾是塞拉尼斯的员工,比如纽约对冲基金经理约翰·保尔森。在黑石计划加入塞拉尼斯的时候,保尔森快速购进了塞拉尼斯11.4%的股份。"投资人保护者给这两家纽约投资者如此命名:大蝗虫和小蝗虫",《经理人杂志》这样报道。而后他们最终在法院碰头了。保尔森公开了黑石操纵股值和公司价值的事实,并在2005年5月19日奥伯豪

---

① Ebd., p. 62.

森（Oberhausen）的股东大会上，就增加股东补偿款的反提案说明了理由。①

保尔森的提案没能通过，因为大多数股份已经成了黑石的资产。但是对大蝗虫来说，与小蝗虫的这场公开的争论实在令人不快，因此双方在纽约的法院和解，黑石向保尔森支付了3亿美元，而德国股东却什么也没有得到。

强盗行径

黑石为收购塞拉尼斯支付了6.5亿美元。收购后不久，黑石给自己支付了一笔5亿美元的"特殊分红"。另外，黑石还收了一笔1.1亿美元的咨询服务费。第二年，黑石又将塞拉尼斯在纽约上市，并从卖出的部分股份中赚得8亿美元。至2007年，黑石将剩余股票卖出，获得17亿美元。减去收购价格，在差不多一年的时间内黑石净得利润29亿美元。②

这种结果只有在多方参与的情况下才能实现，这是一个"投资者、高管和咨询机构组成的联盟共同导演的一场串谋的游戏，而其代价则是股东的利益"，《经理人杂志》这样写道。

投机商保尔森向法院递交了指责黑石诈骗的资料，并以此获得了3亿美元，然而德国证券监管并没有理会这些资料。美

---

① Gegenantrag zur ordentlichen Hauptversammlung der Celanese AG am 19. Mai 2005 in Oberhausen, Pressemappe von John Paulson & Co., Inc., www.presseportal.de/story_rss.htx?nr=680819, abgerufen 24.5.2005.

② David Carey / John Morris: King of Capital. New York 2010, p. 205.

国证券交易委员会（以下简称 SEC）展开了调查，最终却不了了之。连权力相对更大的美国证券监管也拿黑石的做法毫无办法。

加入与成功消失

私募股权投资者首先在英国和瑞典庆祝了自己的最大成果。从 1999 年到 2005 年，它们在德国收购了大约 2000 家大中小企业和集团子公司。美国金融投资者成了购入"德国经济这块肥肉"的"新东家"。①

黑石、KKR 集团起初是以伦敦、纽约为基地进行运作的；如今，它们在德国也成立了分支机构。德国高管纷纷投向这些投资者，比如海因茨·约阿希姆·纽伯格（Heinz-Joachim Neuberger）从西门子董事会跳到了 KKR。② 黑石将企业和政府曾经的首席咨询师罗兰·贝格请到了自己的监事会里。③ 这一行为具有象征性的意义：2004 年，德意志银行出售了 50 栋写字楼给黑石，然后再租回来。这样，德意志银行就使这位定调子的美国投资者获得了 15% 至 25% 的利润率，而这个利润率是阿克曼（Ackermann）行长长久以来一直追求却从未实现的目标。④

在私募股权投资者加入的时间里，从 1999 年开始，《商业

---

① Neue Herren, WiWo 48/2004, p. 43.
② Die Helfer der Firmenfledderer, SZ, 15.3.2007.
③ HB, 21.10.2004.
④ Der Spiegel 7/2004, p. 75.

报》、《法兰克福评论报》、《世界报》(Die Welt)都对德国著名公司的收购案做了详尽的报道，如 Telenorma、塞拉尼斯、德马格（Demag，起重机建造）、ATU（翁格尔汽车零部件）、罗敦司得（Rodenstock）、格雷斯海默玻璃（Gerresheimer Gias）、MTU、Dynamit Nobel、Tank&Rast，等等。很多时候，连这些原本亲资本的媒体都对"德国企业被打劫"的行径感到反感。尽管如此，安永的一份调查表明，私募股权投资人"打劫"德国其实是从2005年开始的。①

▎社民党主席弗朗茨·明特菲林（Franz Muenterfering）批判"蝗虫"投资者

2005年发生了一起突破性事件。《图片报》发表了时任社民党主席、大联合政府劳动部部长弗朗茨·明特菲林的一个看法："有些金融投资者从来不会为失去工作岗位的人们费脑筋。它们不透露自己的姓名，不公开亮相，它们就像蝗虫一样大肆抢夺企业，将企业吃光，然后飞向下一家。我们必须与这种形式的资本主义作斗争。"②明特菲林援引《圣经旧约》中的故事，蝗虫被视为埃及的灾难和伊甸园的破坏者。

明特菲林没有对投资者指名道姓，但是他作出如此批评的

---

① Wer kauft den deutschen Mittelstand? Impulse 3/2004, p. 14ff.; Viele Okkasionen, Interview mit Investcorp–Partner Thomas Middelhoff, p. 24ff.
② BILD am Sonntag, 17.4.2005.

逻辑很清晰：在明特菲林的故乡藻厄兰地区（Sauerland），浴室配件行业的国际领军企业德国高仪（Grohe）于1998年被BC合伙公司收购，又于2004年被转手卖给了Texas Pacific Group（TPG）。两家投资者残酷地掏空了高仪。"被TPG任命的公司新总裁裁掉了近四分之一的员工，将产品数量下调了三分之二，将供应商数量打了对折……让高仪背上了11亿欧元的贷款，每年的利息负担就高达8000万欧元之多。"①

就此，《明星周刊》（Derstern）发表了标题文章《血腥的资本主义——贪得无厌》，将标题页绘成了一支行进中的穿着经理人西装的蝗虫军队。在文章《蝗虫的名字》中，提到了以下收购案：安佰深（Apax）收购德国有线（Kabel Deutschland），BC合伙公司收购哥伦布电信（Telecolumbus），黑石收购塞拉尼斯和Sulo，CVC收购Vitera Energy，KKR收购德国双兀回收系统、MTU和Dynamit Nobel，璞米资本收购迪比特，Cognis收购罗敦司得。文中还提到，西门子、利多富和Tenovis"通过皮包公司、贷款与还贷、支付租金以及支付给KKR咨询师数百万酬金，无情压榨那些被收购的公司"。②

反犹太人运动

历史学家迈克尔·沃尔夫松（Michael Wolffsohn）谴责明特

---

① Grohe: Viel Geld der Investoren versenkt, WiWo, 8.3.2016.
② www.stern.de, 28.4.2005.

菲林，说"蝗虫"这一名称使用了纳粹时期的修辞法："60年后的今天，又有人将人与动物画上了等号，潜台词就是要把它们'作为灾难'消灭、根除掉……如今这种'灾难'被称为'蝗虫'，纳粹时期则被称为'老鼠'或者'犹太猪'"。①

自民党主席基多·威斯特威勒（Guido Westerwelle）对这场辩论作出了反应，并在2005年5月科隆自民党党代会上抨击了这些针对投资者们的批评，称这种批评是反犹太人、反美国人的。他反过来把批评投资者的工会干部称为"蝗虫""灾难"。②

之后，社民党和明特菲林将他们的公开批评撤回，取消了一场本已计划好的针对这一话题的会议。反犹太人主义和反美国主义的"帽子"，给针对这一话题的公众关注画上了句号。明特菲林和社民党的民众信任度原本并不高，而后社民党领导下的政府邀请这些投资者时，明特菲林又亲手把连锁加油站Tank&Rast卖给了投资者安佰深。

巴伐利亚州政府官员作为"反犹太主义"原告

下面这一案例很有启发性：针对巴伐利亚州政府前总理弗朗茨·约瑟夫·施特劳斯（Franz-Josef Strauss）那些类似纳粹论调的抨击，这位德国/以色列历史学家沃尔夫松选择了完全沉默。

1968年以后，施特劳斯不断地将那些亲社民党、支持维

---

① Münteferings Heuschrecken. Streit um Wolffsohns Nazi-Vergleich, SPON, 3.5.2005.
② Westerwelle im Abseits, SPON 3.5.2005.

利·勃兰特（Willy Brandt）改革、主张和解政策的知识分子与动物相提并论。在1978年的竞选中，施特劳斯大骂这些知识分子是"红色的老鼠"、"红色的田鼠"或者"老鼠"和"青蝇"。"有勇气的人民必须将这些红色老鼠驱赶到它们应去的地方，那里才是它们的洞穴"。这是当时阿登纳（Adenauer）共和国的一个传统：经济部部长艾哈德（Erhard）辱骂知识分子是"无耻之徒和小人物"。① 连施特劳斯的亲信、基社盟秘书长爱德蒙德·斯托伊贝（Edmund Stoiber）也辱骂笔会会长瓦尔特·延斯（Walter Jens）、VS作家协会会长柏恩特·恩格尔曼（Bernt Engelmann）和马丁·瓦尔泽（Martin Walser）是"老鼠"和"青蝇"。②

沃尔夫松却从未对施特劳斯和斯托伊贝的动物比喻进行过攻击。1981年，关于"老鼠"的辩论高潮刚刚退去，沃尔夫松就被位于慕尼黑的联邦国防军的一所大学任命为教授，而这所大学正是由施特劳斯提携的。在家庭传记中，沃尔夫松表达了他长久以来对阿登纳政府的好感，而对于该政府治下的政府、行政部门、企业、无数前纳粹分子和犹太人迫害者，他却从没觉得反感。③

---

① Zusammenstellung unter: Franz Josef Strauß: "Ratten und Schmeißfliegen", Der Tagesspiegel, 8.5.2015.
② Das deutsche Wort. Was veranlasst Strauß, Gegner als "Ratten" zu diffamieren?, Der Spiegel, 25.2.1980.
③ Michael Wolffsohn: Deutschjüdische Glückskinder. Eine Weltgeschichte meiner Familie, München 2017.

默克尔和黑石改变了德国资本主义

反犹太主义辩论使对私募股权投资者的公开批评戛然而止。在此之后它们才开始真正地放开手脚，只在金融危机期间稍有中断。金融危机过后，私募股权投资者"老店重开"，掠夺依旧。

黑石加入德国电信股份公司

2006年年初，黑石收购了德国电信股份公司4.5%的股份。正是这一小宗股份引起了后续深远的变化。

一年后，《金融时报》（Financial Times）英语版总结道：新特征下的美国强盗式资本主义与德国的社会市场经济，两种截然相反的"文化"在德国电信猛烈地碰撞到了一起，这是前所未有的。冲突的结果是：以施罗德继任者安格拉·默克尔（Angela Merkel）为代表的联邦政府，与黑石一起共同改变了"德国的资本主义"。[1]

有些人会觉得这不太可能。只通过一家公司4.5%的股份，就可以彻底改变欧洲最重要的资本主义国家的整个体系？

幕后

自从1995年德国电信被私有化之后，国家将它的股份逐步转让给外国投资者，此行为被称作"分散持股"，然而这些外国

---

[1] Private Equity. How Merkel and Blackstone changed German capitalism, Financial Times, 2.7.2007.

投资者的名字从来没有被提起过。德国电信的股票一度被认为是"人民股票",每个人都可以放心大量购买。在不久之后的联邦总理科尔时代,这些新人民股东就赔钱了。不过这已经是很久以前的事了。

2005年,默克尔领导的基民盟、基社盟、社民党大联合政府开始寻找一个重量级投资者,一个能将德国电信变成真正国际型"玩家"的股东。三家私募股权投资者——阿波罗(美国)、BC合伙公司(英国)、General Capital(德国)共同给出了30%股份的非公开报价。这应该能为国库带来至少160亿欧元的收入。

但是,默克尔不想惊动社民党和工会。同时,在大西洋的另一边,最有影响力的私募股权投资者的老总也听说了这个报价。施瓦茨曼给在柏林的联邦总理打了个电话,西方资本主义运作就是这么简单。几天后,施瓦茨曼带着一份花哨的PPT出现在了总理办公室。①

又过了一个星期,财政部部长佩尔·施泰因布吕克(Peer Steinbrueck)就被"约请"到了纽约的华尔街。花旗集团安排了一场有重要银行家参加的晚宴,正如几年前德国联邦议员在通过"2010议程"前夕,花旗集团总裁桑迪·威尔(Sandy Weil)为联邦总理施罗德做所的一样。社民党人施泰因布吕克与黑石

---

① Die Darstellung folgt, wenn nicht anders vermerkt, der Financial Times vom 2.7.2007.

总裁很快达成一致：威尔第工会作为德国历史的珍宝，考虑到其在电信界一贯强势的地位，黑石的股份不能占比过多，德国国家资本还是最大股东，持有超过25%的少数股份以保留否决权，这样就可以有效地支持第二大股东黑石。黑石将在监事会得到一个席位，联邦政府默默地"在幕后"支持黑石的改革，为黑石在德国和欧盟的其他投资提供帮助。黑石曾想介入意大利和西班牙的电信企业，但未能成功。

潜在的"蝗虫"问题

对黑石来说，加入德国电信并不是一个典型案例：获得相对较少的股份，让人们对工会甚至对政府内部发出非同寻常的质疑声音。然而，施瓦茨曼看到了与欧盟内最重要的政府结成秘密同盟的好处。谈判细节是由德国国家复兴信贷银行主持进行的，按照约定，复兴信贷银行让黑石的竞争者们退出了竞争。

明特菲林把KKR和黑石等投资者比喻成"蝗虫"一事，好像深深触动了被揭了底的黑石老总。默克尔在一次与国际高管的会面中，称赞德国是一个具有示范作用的基地。这一说法获得了广泛认同。只有施瓦茨曼起身问道：她的一位政府成员把他称为昆虫，怎么会有这样的事情发生？默克尔连忙安慰他。[①]明特菲林没有再重复那段批评之语，社民党和左翼政党都保持了沉默。

---

① Daniel Schäfer: Herrscher der Welt GmbH, FAZ, 21.11.2006.

▎夺工会的权、削减工资、延长工作时间

黑石以 27 亿欧元买下了 4.5% 的股份。这笔款的大部分也是投资者通过贷款得来的。作为交易的一部分,一半以上的贷款须来自德意志银行。为了不使那 5% 的利息给黑石带来过重的负担,联邦政府安排从德国电信账户上给黑石汇款 1.38 亿欧元,用于向德意志银行支付全年的利息。黑石派劳伦斯·古菲(Lawrence Guffey)加入德国电信组成的监事会。古菲在伦敦控制着黑石集团在电信行业的股份。在监事会他总是尽可能地少说话,却又总是友好地征求拉里的意见。为此,他事先要在幕后与施泰因布吕克和总理府商量好。最重要的是他要求将董事会主席卡伊 - 尤韦·里克(Kai-Uwe Ricke)、财务董事卡尔 - 格哈德·艾克(Karl-Gerhard Eick)、监事会主席克劳斯·楚文科(Klaus Zumwinkel)免职。监事会内的工会成员尤其觉得震惊:一个少数派代表怎么可以如此大放厥词?在提这些要求时,古菲突然加快语速,语调也变得很不友好,于是当时的工会成员赶快戴好耳麦,以便跟上翻译。代表联邦的国务秘书们以神秘的微笑作为回应,最终的结果是里克和艾克必须离开,而楚文科可以留下,因为他同时还是被私有化了的德国邮政的总裁,对他免职似乎太过激了。

古菲和施泰因布吕克在短期内就"变"出了一个里克的继任者,一位有抱负的年轻人——雷内·奥博曼(Rene Obermann)。他介绍了一份改组计划,当然这份计划只靠他自己是难以拟定出来的。该计划要对5万名固定员工降薪12%。工会威尔第组织了一次为期数周的罢工。与之相反的是人事主管托马斯·萨特博格（Thomas Sattelberger）——以前的德国共产主义劳工同盟（KABD）共同创建人，如今的黑石追随者。[1] 罢工的结果是，5万员工被转移到了子公司T-Service，工资"只"降了6.5%，工作时间延长了4个小时，虽然可以灵活调整。股市上"一片欢腾"。[2]

在这个最重要的企业，工会本来是以高组织化程度出现的，如今它却被严重弱化了。这实际上更明显地表明了：国家首先代表的不是员工的利益，社民党的劳动部部长也不是工会的朋友。这些所谓的人民党都成了私人少数派利益的代表。

退出

黑石保证会持股两年，"几乎没有一家德国企业能像德国电信这样，能让人们这么近距离地观察全球化的进程。国际投资者夺了集团总裁的权"。[3]

在"蝗虫"论辩以及黑石加入德国电信之后，施泰因布吕克在2006年命人评估私募股权的经验。接受委托的是安−克里斯廷·阿赫莱特纳（Ann-Kristin Achleitner）教授，保罗·阿赫

---

[1] Rügemer/ Wigand. Die Fertigmacher a.a.O., p. 72f.
[2] Telekom-Mitarbeiter fühlen sich von Gewerkschaft verraten, SPON, 20.6.2007.
[3] Amerikanische Verhältnisse, HB, 24.11.2006.

莱特纳（Paul Achleitner）的妻子。保罗·阿赫莱特纳曾代表高盛为信托机构提供咨询服务，自 1998 年开始成为安联董事会成员，安联曾作为相关投资者以其子公司安联私募股权合伙公司（APEP）的名义开展相关业务。阿赫莱特纳夫人曾是慕尼黑科技大学企业融资教研室的主任，该教研室是德国国家复兴信贷银行资助的基金会教研室。阿赫莱特纳教授是与美国伟凯律师事务所共同完成这一任务的，而美国伟凯正是为私募股权投资者提供咨询服务的。研究结果：私募股权对德国有好处，但是政府应当继续为投资者们减税。①

如今，投资者们在德国已经完全掌控了局面。批评的声音已经消失。保罗·阿赫莱特纳后来成了德意志银行监事会的主席。

"经济危机"后新的增长

黑石在德国电信取得突破性进展之后，投资者们都闻风来到了模范基地德国。2007 年和 2008 年成了它们创纪录的好年景，每年都有 300 至 500 家公司被收购和利用。

投资者们筹措的收购总额中，有 70% 至 80% 来自银行贷款。2007 年那些提供贷款的银行（如德意志银行、高盛、花旗集团、

---

① Christof Kaserer / Ann–Kristin Achleitner u.a.: Erwerb und Übernahme von Firmen durch Finanzinvestoren, insbesondere Private-Equity-Investoren, 2007, hier zitiert nach Jowett, Private Equity, a.a.O., p. 502 und 530.

瑞银、雷曼兄弟和摩根大通）的危机导致了短暂的回落。这些银行和私募股权投资者发放和接受高额贷款，最终导致金融危机爆发。

虽然银行给市场和社会都带来了危害，但是国家还是出手救了它们；私募股权投资者自2010年也回到了快速上升的轨道上，欧洲央行通过低息贷款助推了私募股权交易。

国际私募股权说客

2014年至2015年，那些活跃在德国的投资者将重心转移至欧盟，德国114家、奥地利和瑞士23家、英国22家、法国以及荷比卢三国17家、北欧4家；另外，还有美国的40家。从被收购和利用的公司的资金规模和大小来看，来自美国和伦敦的投资者们的统治地位仍是不可动摇的。①

在美国，共有10个游说协会，其中最重要的是美国投资委员会（American Investment Council），而黑石、KKR等便是在这个协会中定基调的角色。② 1983年在英国成立的英国私募股权与风险投资协会（British Private Equity &Venture Capital Association，BVCA）是历史最久的一个协会，共有700名会员。③ 德国股份投资公司联邦协会（Bundesverband deutscher Kapitalbeteil-

---

① Unternehmen als Ware. Internationale Investoren dominieren, Böckler implus 6/2015, p. 7.
② www.investmentcouncil.org.
③ www.bvca.co.uk.

igungsgesellschaften，BVK）在德国也有几百个会员，其中包括了美国的 KKR、璞米资本、贝恩、安宏资本（Advent International），以及法国的 Ardian 等企业的德国子公司，还包括富而德、普华永道等咨询公司。①

除了美国、英国和德国，当属法国的投资者最活跃。法国投资协会（Association Francaise des Investisseurs en Capital，AFIC）有 480 个会员公司，其中最大的是 Ardian，它是由保险集团安盛天平组建的，在卢森堡、泽西岛、苏黎世、法兰克福、伦敦、纽约和北京都有分支机构。它管理的 600 亿欧元的客户资本主要投在了西欧的企业中，也有部分投去了美国和中国。私募股权资本目前放在大约 6000 家法国企业中。②

德国作为投资地最受热捧

2001 年，私募股权投资者在德国已参与到了 5758 家企业中；2012 年增加至 6622 家。由于在这期间又有数千家企业被转售，投资者以其他方式退出（外部管理团队收购、上市），因此整体上数量有所上升，从 1999 年到 2018 年应该至少有 1 万家。③

2017 年是一个值得业内共同庆祝的创纪录的年份。投资者以 113 亿欧元买入 1100 家企业的股份，这个交易数额较上一

---

① https://bvkap.de/unsere mitglieder, abgerufen 24.2.2018.
② www.franceinvest.eu/en/private-equity-in-france/key-figures.html.
③ Howard Gospel u.a.（Hg.）: Financialization, New Investment Funds and Labour, Oxford University Press 2014, p. 158.

年翻了一番。如此，这些投资者就成了"5000多家企业"的共同所有者。它们越来越多地把注意力放到了规模较小的企业上：其中九成企业的员工数不足500人。有创新想法的小型创业公司更受欢迎。①

另外，投资者变得谨慎起来。收购总额中，平均贷款比例不再像初期那样达到70%，而是只有40%。收购之后二到三年就准备退出，但同时他们也做好了长期投资的思想准备。这是因为中国投资者在德国和欧盟变得越来越受欢迎，因为他们的投资方式更具建设性。

▎劳动降级

到2006年，在德国就已经有大约100万名雇主被私募股权投资者控制了，所涉及的都是非常多产的领域，占国内生产总值的7%。② 2011年至2015年是资本行业崛起的时期，平均每年有11.5万名公司持有人会被更换。③

▎企业职工委员会走开！降低工资！

不同于最初10年黑石、KKR、TPG所实施的粗暴的抢劫，如今的投资者们变得缓和了很多。但这都是表面上的，投资者

---

① BVK: Beteiligungskapital auf Rekordniveau, Pressemitteilung, 27.2.2018.
② Finanzinvestoren sind überall, FAZ, 8.12.2006.
③ Christoph Scheuplein / Florian Teetz: Private-Equity-Aktivitäten in Deutschland 2014/15, Hans Böckler-Stiftung, Düsseldorf März 2017, p. 104f.

仍可以对劳工权利以及人权进行血腥的践踏，并且这种情况往往是悄悄地发生，因此没有人提出异议。从2005年开始，逐步实施的哈茨法令为投资者们带来了好处。

被弱化了的工会迄今为止都没能搞懂贝莱德或黑石的做法，因此也无力与之分庭抗礼。即使工会抗议，也从没有过能够解决的机会。

逆来顺受的德国雇员

KKR的欧洲负责人解释说："我们对企业共同决策有着良好的经验。"但是紧接着他就不再表述正面的评价了。他抱怨德国"工资附加成本"太高。他把共同决策看成是一种管教工具，因为"在法国或者其他国家，潜在冲突要大很多。而在德国，雇员在早期就已经参与其中了"。[①]

如果投资者在企业的利用周期结束后将该企业转售或者筹划上市，那么"没有企业职工委员会"或者"降低工资"这样的特征就会有利于利润增长。投资者通常在进入一家企业之后，就会朝着这样的结果不断努力。通过下面三个案例，我们可以看清这具体是怎样操作的。

---

① "Wenig Wettbewerb ist immer gut". Interview mit KKR-Europachef Johannes Huth, HB, 31.1.2005.

连锁牛排餐馆 Maredo

股权资本管理有限公司（Equity Capital Management GmbH，ECM）自称是一家独立的德国私募股权投资者。它的注册地在法兰克福，专注于买卖规模较小，但较为成功的中小企业，特别是食品行业。它的"收藏品"中包括连锁面包房 Kamps，该连锁面包房于 2015 年被转售给了法国 Le Duff 集团，1000 名员工中只有 450 人留了下来。①

2008 年，ECM 收购了运营良好的连锁牛排餐馆 Maredo。这家连锁餐馆成立于 1973 年，属于家族企业，由 60 家餐馆组成。1800 名员工中，大部分是兼职工人且工作时长不同，员工中有很多女性和外国人。

▎企业职工委员会要求引入最低工资

Maredo 的工会组织对投资者来讲是再理想不过了，因为它几乎等于没有。这在餐饮业很普遍。但是就在它的一家分店，位于法兰克福购物街"Fressgass"的最大的分店里，几乎 100% 的员工都是 NGG 工会会员。20 年以来，这里一直都会选出一个由三人组成的企业职工委员会。该委员会实施了适当的提薪，达到了比餐饮业和其他 Maredo 分店都要高一些的水平。雇员们的工作水平也确实很高，在全德国，这家分店也属于客人较多

---

① http：//finance-magazin.de/deals/private equity-private-debt/peinvestor-ecm-verkauft-kamps-13241179/, abgerufen 3.3.2018.

的餐馆。

随后几年，在德国引入最低工资标准的呼声越来越高。早在 2011 年，Maredo 的企业职工委员会就已经大胆地提出了 8.5 欧元的计时工资的要求。这比立法者的决定早了三年，直到 2014 年，立法者才最终将最低工资确定在了这个可怜的数额上。企业职工委员会的成员之一，同时也是黑森州 NGG 工会工资协商委员会的成员。另外，在北威州的奥斯纳布吕克（Osnabrueck）的一家稍小的分店，几个员工联合组成了一个企业职工委员会，也提出了提薪的要求。

然而投资者甚至不能容忍这一点点柔弱的萌芽，因为那里潜藏着可能会毁掉整个体系的威胁。ECM 在收购时，用 15% 的股份将这个三人管理团队变成了共同所有者。[①]他们也第一次对法兰克福选举企业职工委员会表示了反对，紧接着就是针对奥斯纳布吕克的委员会。

投资者的平民私人部队

投资者将一支平民私人部队派遣到战斗中，人们可能会觉得这太过分了。然而，在冲突真正出现时，员工的对手却突然变成了其他人。因为投资者自己从来不露面，也不会被媒体报道提及，相关报道也少之又少。

---

① www.ecm-pe.de/deutsch/gep_III/content_03.htm, abgerufen 28.6.2013.

安全与律师事务所

2011年11月26日午夜，法兰克福分店的大灯关掉了。① 出口站满了私人安保服务公司的壮汉。员工需要交出自己的手机，一个小时内不许离开房间。企业职工委员会的三位成员被赶出来并被控制在总经理办公室里。

雇员对眼前的情形感到吃惊和害怕。专注于中小企业劳动法的律师事务所 Buse Heberer Fromm 的一位律师向这些雇员宣布，有证据显示这里发生了多次盗窃。若有人此时不在备好的解雇通知或者解聘合同上签字，就会被控告盗窃。雇员中大部分是外国人，他们都很害怕，又因为企业职工委员会被隔离了，所以他们也不能向委员会询问建议。在这种情况下，有13人签了字，19人没有签。最终这19个人真的被指控盗窃。

两家经济侦查办公室

虽然根据法律程序应先对企业职工委员会进行问话，但公司管理层认定有不法行为发生在先，因此他们请来了两家经济侦查办公室。慕尼黑经济侦查办公室 EAAP 先悄悄地装了一套视频监控系统；美因茨经济侦查办公室 Euro Team 则派了一名员工做密探，公司领导层把他伪装成了一位短期的雇工。

侦查办公室提供了盗窃的"证据"：多年来，凭着企业职

---

① Ausführlich in Werner Rügemer / Elmar Wigand: Union Busting in Deutschland. Otto Brenner-Stiftung, Frankfurt/Main 2014, pp. 92ff.

工委员会的首肯和分店领导的默许，雇员们有时可以饮用店中的矿泉水且无需付费。他们也可以食用或者外带法式长面包头，因为这种面包头是不允许拿给客人的。除此之外，他们还可以带走不符合规定的土豆，这些残次土豆也是不会被厨师们用于烹饪的。

这是多年来不成文的习惯，公司领导层却悄悄把它定义成盗窃。侦查办公室的密探把有"盗窃行为"的人物，"盗窃"的时间和具体地点和赃物都记录了下来。秘密摄像机都被装在了臆想出来的盗窃地点：接饮料的地方、切面包的地方、厨房、窄柜。一个月后，侦探摆出了"证据"，律师把每个员工的录像都挑了出来。同时，奥斯纳布吕克分店刚选上来不久的企业职工委员会主席，也以各种各样的理由被解雇了。

▌媒体事务所，公关机构

企业职工委员会通知了法兰克福的 NGG 工会。它们还成立了一个团结互助委员会，开设了自己的网站，并且每周六到该分店门前去示威，时间长达 18 个月之久。2012 年 4 月，该委员会组织了一次全国范围内的抗议，地点选在所有 Maredo 门店前。RTL 电视台等一众媒体对此进行了报道，而左翼和地区媒体的关注很可能将此事演变成跨地区公众的关注焦点。

大多数因为害怕而签了解聘合同的员工走出来抗议，那些被指控盗窃的员工也采取了同样的行动。法兰克福和奥斯纳布吕克的法庭审理演变成大型的公众活动。2012年5月8日，法兰克福的劳动法庭因为过于拥挤，不得不将四个小时的审理移至法院大楼内最大的活动大厅进行。

公司领导层请来了高层公关代理人米迦勒·克莱默（Michael Cramer）帮忙。他以极强的应变能力证明了自己不愧是德国电视一台（ARD）政治脱口秀"Sabine Christiansen"的主编。在这个脱口秀结束之后，他模仿美国的电视节目，为联邦总理默克尔（基民盟）办起了一个远程市政办公室：民众提问，总理回答。克莱默组建了Alt/Cramer公关代办处。当瑞享（Movenpick）连锁酒店向执政党自民党捐款百万的丑闻在短期内迅速发酵时，克莱默就曾为系统餐饮界企业协会Dehoga提供了公关咨询服务。①

Maredo公司领导层委托克莱默的代办处控制着媒体。在Maredo员工一开始被突袭式地监禁起来的时候，克莱默作为潜入的公关代理人就在现场。他与公司领导层一起准备好了媒体文件，并在法庭分发给媒体代理人。他记下了这些代理人的联系方式，并承诺给他们独家消息，之后又与他们进行了电话联系。曾对Maredo有过批评言论的黑森州的政治家也被说服了；议员托斯腾·舍费尔-君贝尔（Thorsten Schafer-Gumbel）和左党议员珍妮·威斯勒（Janine Wissler）就此发表批评道："我们

---

① Spende an die FDP: Hohn und Spott für die "Mövenpick-Partei", SPON, 19.1.2010.

要求您，远离这种做法，收回您的声援表态。"①

2011年2月12日，RTL电视台在黄金时段"explovis"节目中对此事做了报道。柏林媒体事务所Schertz Bergmann，曾经代理过很多知名政治家和企业家，如绿党的约施卡·菲舍尔（Joschka Fischer）、奥本海姆银行（Bank Oppenheim）和戴姆勒总裁于尔根·施伦普（Juergen Schrempp）。这次受Maredo公司领导层委托，针对RTL电视台获得了一个临时指令：这个节目不能按原计划重播。原因是这个节目是围绕Maredo一个员工所作的声明，而这个员工对于他的计时工资的表述有误，其中存在几分钱的误差。最终RTL没有重播这个节目，后来也没有进行持续报道。德国电视二台的WISO节目的编辑已经就这一事件做了多次采访，预告了节目播出的时间，然而这个节目也始终未能面世。

企业职工委员会折磨殆尽

三位企业职工委员会成员受到了极其猛烈的攻击。最终当他们得到了劳动法庭的公正判决的时候，却也收到了一份解聘通知。他们只是在很小的左派媒体采访中做了很短的陈述，却收到了公司领导层的一封多页的信函，信函中将他们的陈述称为诽谤。

将近两年后，Maredo与企业职工委员会和多个受到严重攻

---

① Werner Rügemer / Elmar Wigand: Union Busting a.a.O., p. 99.

击的员工进行和解，但是他们不能透露补偿费的数额，否则就要追回这笔款项。那些员工没有再次回到那家分店。其中几个雇员无论是身体方面还是社会关系方面都遭受了重创，店里大部分雇员也都被替换掉了。

投资者的超级私人部队将一个有着几十年历史的工会堡垒成功地摧毁了，而这个堡垒所做的也只是充分利用了为数不多的法律上的可能性而已。企业为此花掉了数十万欧元。然而对投资者而言，这就是一个原则性问题——他们只追求谋取尽可能多的利益。

退出：下一位投资者

此次事件产生的余波持续了9年，最终导致11家分店被关闭，300名雇员被辞退，"危险的"企业职工委员会也被拔除。这样，ECM就能在2017年完好地将这个精益化的企业转售给下一位投资者了。两个律师事务所、两个侦查办公室和一个公关公司，连退出阶段的咨询机构也都从买卖双方赚到了好价钱，比如德勒的审计师、华尔街律师事务所美邦（Milbank Tweed）和Hadley&McCloy。

最终，新投资者Perusa决定继续委托久经考验的公关机构Alt/Cramer，该机构随后宣布：将与新投资者一起走向光明的未来。①

---

① Perusa erwirbt Maredo und setzt auf weiteres Wachstum durch Roll-Out des modernisierten Steakhouse-Konzepts, www.ecm-pe.de/artikel_verkauf-maredo/10.5.2017, abgerufen 15.2.2018.

说到底，不管是牛排店，还是政治家、私募股权，它们都是一路货色。

德韧汽车系统

另一个例子是，即使涉及一个地区的数千个工作岗位，州政府、公共广播电台仍然可以充耳不闻、视而不见。让我们通过一个大型汽车配件供应商的例子来说明这件事。

▎投资者 Patriarch Partners

美国投资者 Patriarch Partners 拥有全球 75 家企业，跨越众多行业：民用和军用直升机、时装、化妆品、汽车电子。自 2010 年以来，该投资者在美国、德国、法国、捷克、葡萄牙、罗马尼亚、印度、日本、韩国和中国收购了多家汽车配件供应商，并将它们都整合到了控股公司德韧汽车系统名下，员工总数达到了 1.2 万人。

Patriarch 的总裁是亿万富翁林恩·蒂尔顿（Lynn Tilton）。作为银行家，她从高盛集团和美林（Merrill Lynch）银行赚得了自己的第一桶金。她是美国制造运动（Made in America Movement）的倡导者。据《福布斯》的报道，这位女版特朗普经常对着她的雇员大吼大叫，她也曾跟西尔维奥·贝卢斯科尼（Silvio Berlusconi）一起开派对，还曾对英国前首相托尼·布莱尔（Tony Blair）举止暧昧。她在意大利的科摩湖、佛罗里达、亚利桑那、新泽西和夏威夷都有住所。① 她曾称赞特朗普，因为他重视"美国劳动者"，还采取了有关措施抑制中国产品充斥美国市场。② 然而，Patriarch Partners 的网站上展示的只是美国工人与蒂尔顿女士挨肩搭背的亲密照片，而对她在印度、中国和欧盟的工厂却只字不提。"美国优先"的煽动言论在这里也许只意味着：美国投资者不应只关注美国，而应放眼全球。

削减工作岗位，也没有劳资双方协调计划

德韧的大部分基地都在德国，总共有 4000 个工作岗位：杜塞尔多夫、道恩/艾弗尔山、艾恩贝克、罗腾堡、赛尔贝克、普勒滕贝格。德韧的客户包括一些著名的汽车集团：福特、通用汽车、戴姆勒、宝马、沃尔沃、大众等。最大的基地普勒滕贝格（藻厄兰）在被收购时有 2600 个工作岗位。

在最初的两年，位于普勒滕贝格的基地被削减了 570 个工作岗位，后续又裁员 900 人。蒂尔顿提出了另外一套方案：企业职工委员会可以以 1 欧元买下工厂。然而企业职工委员会要维持工厂运转，却又不能从任何银行得到贷款，因此也不可能买下工厂。于是 Patriarch 就威胁要执行已经宣布了的裁员计划，拒绝任何关于劳资双方协调计划的谈判。与此同时，工人在周

---

① Lynn Tilton: Is she really a Billionaire?, www.forbes.com/sites/jennagoudreau/2011/04/11, abgerufen 30.10.2016.

② Right to Focus on American Manufacturing, www.patriarchpartners.com 22.3.2017.

末也必须加班。在这种情况下，企业职工委员会拒绝了这个要求。公司领导层还想使用借工，但被劳动法庭否决，原因是企业职工委员会对此事有共同决策权。①

▍葡萄牙劳务合同工被空运过来

Patriarch 想要继续折磨剩下的 1400 名员工。2016 年 10 月 7 日，Patriarch 让其葡萄牙卡雷加杜分公司的 280 名工人飞到普勒滕贝格。从这天起，这些葡萄牙工人开始了周末加班。

Patriarch 聘请了由马库斯·博瑙（Markus Bohnau）博士领导的 Kliemt&Vollstaedt 律师事务所，共同拼凑了一个劳务合同方案，② 得到了哈姆州劳动法院的认可。该方案"批准"通过了葡萄牙劳务合同工的周末加班，一个由新员工组成的法律意义上的新企业成立了。劳务合同属于企业的自由（LAG Hamm 13 TaBVGa 8/16）。劳务合同有效期为 3 个月，至 2016 年 12 月 31 日。

哈姆劳动法院的判决是法律界的丑闻，原因有很多：首先，在一个老公司中构建了一个"新"公司；其次，葡萄牙工人有双重身份：他们是集团在葡萄牙的雇员，同时又是同一集团在德国的劳务合同工。这个法律上新成立的劳务公司没有自己的工作设备，而是与正式员工使用相同的工具和机器。

---

① 参见地方报纸的实时报道 Süderländer Tageblatt, 23.1.016, 9.4.2016, 7.7.2016.
② Arbeitsrechtlicher Streit: Dura setzt sich mit Kliemt Vollstädt gegen Betriebsrat durch, www.juve.de/nachrichten/verfahren/2016/10/, abgerufen 31.10.2016.

▎ 公关机构：假情报

投资者绝不会按企业管理的方式核算成本，而是会不顾成本地把昂贵的权力斗争进行到底。葡萄牙工人只能周六工作，因为市政局不允许工人在周日工作。这些葡萄牙工人被安置在两个较远的酒店，因此他们每次上下班都需要走一个半小时，大约88公里的路程。周一到周五以及周日，这些葡萄牙工人可以去散步、吃自助餐，有充足的时间怀念着家乡的太阳。他们的工作有很多瑕疵，客户经常将零部件退回到普勒滕贝格。

Patriarch Partners聘请了公关机构布伦瑞克（Brunswick）。2016年夏天以来，一位布伦瑞克员工一直以德韧集团发言人的身份出现。他向当地媒体提供针对五金工会（IG Metall）的指控。[1] 投资者每半年更换一次当地的总经理。如今，投资者已经将专利和许可卖给了一家英国公司。[2] 这种争论既消耗精力又折磨人。

在拥有2.6万居民的普勒滕贝格以及其所在地区，几年来人们一直在为本地的不平静感到害怕，究其原因则涉及当地最大的雇主。2016年8月，150名员工通过夜里封锁道路阻止了一台设备被运往葡萄牙。

---

[1] "IG Metall verspielt die Zukunft vieler Mitarbeiter und ihrer Familien", Süderländer Tageblatt 13.7.2016.
[2] Mitteilung des Betriebsrats in der Niederlassung Plettenberg vom 1.2.2017.

> 挖苦讽刺和公然沉默

Patriarch 加入德韧八年之后，普勒滕贝格最初的 2600 个劳动岗位就只剩下了一半，约 1300 个。但是这还远远没有结束。公司对此的解释极尽讽刺之能，还假装出友好的口吻："德韧汽车系统目前没有待招空位。但是我们仍然欢迎你的自主求职。"[1]

五金工会曾向当时的社民党—绿党领导的北威州州政府求助，然而没有得到任何回应。连五金工会在法兰克福的总部也对藻厄兰地区的同僚置之不理。

Median 康复医院

麦肯锡多次称赞欧洲的卫生领域是"私募股权的黄金机会"。[2] 在这一领域活跃着的有：Advent、Cinven、CVC、殷拓集团、安佰深、凯雷（Carlyle）、BC 合伙公司、工业资本投资、北欧资本（Nordic Capital）、美国橡树（Oaktree），等等。在整个欧洲，他们收购、利用、转卖了数千家养护院、医院、医疗护理中心、康复医院、门诊护理服务站和家庭护理公司，避开公众视线建立了很多连锁机构，比如伦敦桥点（Bridgepoint），它将 20 个国家 340 个透析中心的共 1 万名员工整合到了卢森堡德瑞（Diaverum）控股有限责任公司。[3] 这些投资者很大程度上影

---

[1] https://karriere-suedwestfalen.de/dura, abgerufen 19.2.2017.
[2] Rainer Bobsin: Finanzinvestoren in der Gesundheitsversorgung in Deutschland. *20 Jahre Private Equity– Eine Bestandsaufnahme*. Hannover 2018, p. 5.
[3] Eebd., p. 38.

响了质量。

下面我们来看一下荷兰私募股权投资者 Waterland 私人有限责任公司。这一投资公司成立于 1999 年，其出资人主要来自美国、西欧、亚洲和海湾国家，其客户包括两位比利时亿万富翁：欧米伽制药的创始人马克·库克（Marc Coucke）和地毯商人菲利普·巴尔坎（Filip Balcaen）。[①]

Waterland 的网站上这样写道："Waterland 凭借优越的市场地位，通过收购以及成规模的快速发展，帮助企业家们在这些市场上实现继续扩张。"从创建以来，Waterland 实现的利润就比同等投资者多（所谓"高于平均水平的业绩"），这正是它引以为豪的。[②]自成立之日起，Waterland 共收购了 400 家各类企业。目前，Waterland 仍是 35 家企业的共同所有者，主要集中在荷兰、德国和比利时，在波兰和英国也有零星几家。[③]

与麦肯锡一起彻底改造卫生事业

2011 年以来，Waterland 在德国收购了几所属于不同运营者的医院。这些医院主要侧重于康复和精神病治疗。Waterland 把他们整合到了一个医院连锁中，取名 Median。该连锁医院共有 1.5 万名员工，作为最大的康复集团和德国五大医院集团之一，

---

① Fincieele Dagblad, 28.8.2017; derijkstebelgen.be/de-lijst, abgerufen 19.2.2018.
② Median: Übernahme der AHG. Median Geschäftsführung zu Vorständen der AHG AG bestellt, Pressemitteilung, 21.11.2016.
③ http://waterland.be/de/, abgerufen 19.2.2018.

它成了 Waterland 的骄傲。①

为此，Waterland 聘用了一批昂贵的咨询机构：大型律师事务所恒乐为其提供法律咨询，伦敦投资银行罗斯柴尔德为其提供贷款管理方面的咨询，来自洛杉矶的全球最大的房地产服务商世邦魏理仕（CBRE）查验建筑物的技术结构和财务价值。在减免税收方面，由毕马威负责提供咨询服务。②

最重要的咨询机构当数麦肯锡。Waterland 的德国总裁卡斯滕·卡尔夫斯（Carsten Rahlfs），其职业生涯就是从麦肯锡开始的。卡尔夫斯不仅是经理，还是 Waterland 的共同所有人。连 Median 连锁的 CEO 安德烈·施密特（Andre Schmidt）也曾在麦肯锡学习过。麦肯锡在其下属医院研究所提出了卫生领域私有化的建议，将美国视为这一领域的典范。按照该建议，应组建私有连锁医院。业务外包应不仅适用于清洁、洗涤和餐饮，还应适用于临床领域。③

拉尔夫斯和施密特在 Median 一直遵循这一方案。该方案引入了针对每种疾病和每台手术的单病例付费，加速了医院的商业化；④病人必须尽早出院（"带血出院"），这样病人对于出院

---

① http://waterland.be/de/, abgerufen 19.2.2018.
② Deal in Focus: Waterland sticks to buy-and-build strategy with Median, 15.8.2016, http://unquote.com/uk/analysis/3001475/.
③ McKinsey: Das Krankenhaus der Zukunft. Healthcare Systems and Services 2016, https://hospitalinstitut.mckinsey.de/files/publications.
④ Verein demokratischer Ärztinnen und Ärzte（VdÄÄ）: Was ist falsch am Fallpauschalensystem?, https://krankenhaus-statt-fabrik.de/122, 16.2.2018.

后的康复需求就会增加。

狗粮、赌场、穷与富的康复病人

对 Waterland 来讲，任何可触及的人类需求都可以是利用的对象。待康复病人与赌徒、饿犬一样，都是目标客户。被收购的企业活跃在以下领域：垃圾和焚烧炉灰的再利用、运动营养、猫狗干饲料、冷冻烘焙食品、比赛场地、收债（委托）、保险中介、度假旅游、高尔夫比赛。

以下领域也属于此类范畴：识别癌症的试验室、受孕医院、康复医院和急诊医院。另外，Waterland 还扩大了卫生领域中的高端部分，被称为"Median Premium"的"高端医疗服务、一流酒店的环境"，这一部分备受称赞。它们招揽的目标客户是国内外购买私人医疗保险的病人和自费病人，他们通常对个性化有较高要求。

医院建筑物的利用

Waterland 以 7.7 亿欧元的价格卖掉了 40 栋 Median 医院的建筑物，买家是美国房地产基金医疗不动产信托（Medical Properties Trust，MPT）。因此，Median 必须将这些建筑物从 MPT 手中租回来，租期为 27 年。Median 每年支付售价的 8% 至 11% 作为租金，外加 1% 的年通货膨胀附加费。在租期的最后一年 2043 年，租金将上涨至售价的 35% 至 38%。承租人要负责建筑物的维修和保养，而 MPT 作为建筑物的所有者和房东却不对此负责。①

为了利用不动产，Median 和 MPT 共同组建了一个子公司，其中 MPT 占股 5.1%。按照税法的特殊规定，MPT 就不需要缴纳房产购置税了。德国牺牲了自己的利益为这些对国民经济有害的交易提供了便利。仅仅在这一桩交易上，国家就损失了数千万欧元。

除了 Median 及其出资人的利润，连 MPT 过高的租金也需要 Median 医院来负担，特别是那些被雇佣的或者被外包的员工及养老金支付机构。

没有工会，政治右倾

MPT 作为 40 栋 Median 建筑物的所有者绝对不是什么福利公司，它的行为准则也是充分利用避税天堂，并且尽可能远离工会。MPT 在欧洲的扩张极为快速，2003 年以来，它的营业地点在阿拉巴马州，但是法律上它的住所却在美国的避税天堂特拉华州。② 在一份给证券监管机构的报告中，该公司称："本公司没有任何员工是工会成员。"③

---

① Charles Kingston: US REIT in $900 takeover of leading German healthcare provider, refire-online.com, 10.11.2014.
② Annual Report *2014*, SEC Form 10-K, p. 1.
③ SEC Form 10-Q, Quarterly Report 9-Nov-2016, https://biz.yahoo.com/e/161109/mpw10-q.html.

Waterland 的创始人、主要所有者罗布·蒂伦（Rob Thielen）在政治上偏向右倾。2014年，他资助了荷兰自民党政治家汉斯·范·巴伦（Hans Van Baalen）的竞选。荷兰自民党批评国家的福利制度过于宽泛，意欲限制移民，希望借此纲要成为执政党。① 在英国，蒂伦也积极参与到了政治中。2016年，他为英国保守党捐款5万英镑。英国保守党推行了零工时合同：这是一种特殊的劳动合同，按照这种合同，员工必须随时待命，没有权利要求得到一定时长的工作时间保障。

企业职工委员会走开！

百达律师事务所（Beiten Burkhardt，杜塞尔多夫）与三位劳动法专业律师签订了一份长期委托合同，旨在削弱企业职工委员会，限制不安分的员工，对抗威尔第工会。Waterland 老总上位后立刻解除了一系列合同，拒绝与威尔第谈判。② 每家医院都应通过"灵活的工资模型"确定雇员的工资，与当地的市场行情相匹配。

2016年6月30日，公司管理层关闭了一家位于巴特奥尹豪森的威悉医院（Weserklinik），但这并不是出于经营方面的迫不得已，原因可能在于医院中经验丰富又好斗的工会。这个工会

---

① VVD in wikipedia.
② Daniel Behruzi: Medien–Profitmaximierung durch Tarifflucht, www.arbeitsunrecht.de, 23.11.2016.

的主席也是位于巴特萨尔佐夫伦被收购的奎勒霍夫医院的企业职工总委员会的成员。①

这位工会主席在劳动法庭抗议公司强制退休的决定并最终得到了法庭的支持。但是，投资者不会认可法院的判决。当这位 63 岁的工会主席想要回到自己的工作岗位时，公司领导层让人没收了他的钥匙，还告他非法侵入他人住宅。②

▎低薪进来！

Median 通过企业咨询公司德凯达（DEKRA）的专家移民医疗中介项目，招来阿尔巴尼亚、黑山、波黑、乌克兰和塞尔维亚的廉价劳动力。他们在德凯达学院速成班拿到"德语 B2+ 护理"证书，即掌握必要的德语常用语，接受简单的护理入门指导。③

▎医疗质量下降

Median 一方面通过德凯达学院为富有的国际客户增加超值服务，另一方面也在削减标准服务的开支。④

---

① Median - "Unwürdig, unanständig und empörend", Verdi Fachbereich 03: Infodienst Krankenhäuser 75/2016, pp. 22ff.
② Jörg Stuke: Median-Klinik setzt Betriebsrat vor die Tür, Neue Westfälische, 24.10.2016.
③ www.dekra-akademie.de/de/expert-migration-healthcare-kurz-kompakt/, abgerufen 19.2.2018.
④ Die Darstellung dieses Abschnitts folgt Joern Kersten: Finanzinvestoren bei Rehakliniken, ARD, plusminus, 28.3.2018. Widerspruch durch Waterland/Median wurde nicht bekannt.

所有需要做理疗的病人被归到一个大组群当中，同时进行理疗。这样的话，从 20 岁到 60 岁有着完全不同康复需求的病人就要被迫一起锻炼。不属于狭义治疗范围内的伤病就得不到护理。另外，多个相距很远的医院也必须共用一家实验室，因此血样有时因存放太久得不到化验，而导致红细胞坏死、化验结果失准。一位实验室助理就因为不认同这种做法而失去了工作。

> 病态的卫生企业

这样，投资者就在一定程度上造成了诸多乱象：医院领域形成垄断，无视工资标准，降低劳动所得，带来欧盟内的劳工移民，房地产市场上要价过高的售后回租而导致的额外负债，还有逃税。这种康复医院和精神病院在极端资本化的环境下，药物和心理治疗质量究竟如何发展，至今为止也只是进行了初步的公开科学研究。[①]

符腾堡金属制品厂与德国消费者研究协会

若论知名投资者们的粗暴措施是如何在西方民主的舞台上悄无声息地上演的，那还真是别具特色。我们可以通过两个大型德国企业的实例来进行说明。尽管当地工会绝望地抗争着，所能发出的声音依然是微弱的。

---

① Rainer Bobsin, a.a.O.

WMF 案例

2012 年，KKR 收购了餐具和厨房用具领域的德国市场领军企业——成立于 1853 年的符腾堡金属制品厂（以下简称 WMF）。在盖斯林根（Geislingen）及周边地区，WMF 是有重要影响力的雇主，拥有约 6000 名员工。然而，就是这样一家历史悠久又利润丰厚的企业，却在"德国股份公司改制"的一开始，就被一些较小的私募股权投资者盯上了。

首先是瑞士的 Capvis，而后扮演最重要角色的还是做事"有始有终"的 KKR：400 个工作岗位被裁，多个城市的销售分店被关闭，传统品牌奥威（Auerhahn）和爱丽飞（Alfi）被卖掉。KKR 将 6 亿欧元的售价作为债务强加给 WMF。2015 年，KKR 将 WMF 强行退市，并通过一家皮包公司将其变更为有限公司。①

2016 年，KKR 又把有限公司改回了股份公司，然后通过开曼群岛的一家皮包公司将 WMF 卖给了法国厨房用具生产商赛博集团（SEB），售价为 16 亿欧元，KKR 所得利润接近 10 亿欧元。但在该收购流程进行完之后，欠款始终没有还清，这也使新东家迫于压力继续降低成本。②

这样，KKR 又为欧盟内继续形成垄断"作出了贡献"。法国赛博通过收购 WMF 可以继续扩展它的"藏品"，其中包括德国著名品牌好运达（Rowenta）、克鲁伯（Krups）和法国万能

---

① Küchenspezialist verabschiedet sich von der Börse, HB, 23.3.2015.
② Thomas Baumgartner: Hohe Rendite in kurzer Zeit, Frankfurter Neue Presse, 19.3.2016.

(Moulinex)。所有的品牌名称都像 WMF 一样得以保留。

▍德国消费者研究协会（GfK）

2017 年最大的交易之一就是 KKR 收购德国消费者研究协会（GfK）了。GfK 成立于 1935 年，创始人之一是后来的联邦德国财政部部长路德维希·艾哈德（Ludwig Erhard）。该协会一直以来都保留着它建立之时的初衷。GfK 在法律意义上的所有者是位于避税天堂荷兰的 KKR-Fonds Acceleratio Capital N.V.。在此之后投资者立刻将 GfK 强行退市，以限制信息披露义务。之前的公司领导层几乎被全部解职。如今的总裁是彼得·费尔德（Peter Feld），他刚刚完成了对于 WMF 的利用。GfK 在全球有 1.3 万名员工，其中的 7000 人将在今后的两年内被解雇。①

▍1999 年至 2008 年德国的私有股权交易（部分）②

以下列表虽然只涵盖了 20 世纪 90 年代末以来发生在德国的约 1 万宗交易中的一小部分，但所涉及的行业和企业仍可见一斑。还有一点很清楚，即使是私募股权投资者，

---

① KKR-Europachef verteidigt Umbau der GfK, Capital, 22.3.2018.
② 投资者的股份一般在 30% 至 70% 之间摇摆，100% 也很平常。这个比例取决于怎样最好又最低成本地发挥影响力。有些时候，两个或者两个以上的私有股权投资者会联起手来。这些数据来自经济出版物，投资者、企业或地区媒体通告；这些数据并不一定总是可靠的。

也绝不是满世界漫无目的地播撒虚拟货币,而是非常明确且深入地进入整个实体经济中。这里不包括中国收购商,因为他们的行事方法与众不同。

年份	被收购企业	买方
1999	西门子 利多富	KKR
	博世 Telenorma	KKR
	Honsel(轻金属结构)	卡莱尔
	Asbach Uralt/ 迈夏尔(Metaxa)	CVC
	Weru(窗户制造商)	Triton(奥本海姆银行 +IKB)
2000	弗兰德(Flender,变速器制造商)	CVC
	贝鲁(Beru,汽车火花塞)	卡莱尔
	Vinnolit(PVC 生产商)	安宏国际
	联邦印刷厂	安佰深
	仙童—多尼尔(Fairchild Dornier)	安联资本 + 克杜瑞(Clayton Dubilier&Rice)
	凯毅德(Kiekert,汽车门锁系统)	璞米资本(施罗德银行,伦敦)
2001	梅塞尔格里斯海姆(Messer Griesheim)	安联 + 高盛
	佳美航空(Gate Gourmet,膳食)	TPG
	科宁化工	璞米资本
	Kabel Baden-Wuerttemberg	黑石
	Kloeckner Pentaplast	Cinven+ 摩根大通
	Sanitec(浴室)	BC 合伙公司
	德之馨(Symrise,香料)	殷拓集团(瓦伦堡,瑞典)

（续表）

年份	被收购企业	买方
2002	兰吉尔（Landis+Gyr，电表）	KKR
	德马格（起重机建造）	KKR
	斯泰必鲁斯（Stabilus，气弹簧）	蒙塔果私募股权（Montagu Private Equity）
	HDW（德国造船厂）	One Equity Partners
	爱德夏（Edscha，汽车零配件供应商）	卡莱尔
2003	格雷斯海默玻璃（Gerresheimer）	Investcorp+摩根大通
	罗敦司得（Rodenstock，眼镜）	璞米资本
	毛瑟（Mauser，包装）	One Equity Partners
	穆勒（Moeller，开关设备）	安宏国际
	MTU（推进系统）	KKR
	SULO（垃圾处理）	黑石+安佰深
	贝塔斯曼斯普林格（Bertelsmann Springer，出版社）	Cinven+Candover
	德国有线（Kabel Deutschland）[①]	普罗维登斯（Providence）+安佰深+高盛
	Unity Media（有限）	BC合伙公司
2004	德国高仪卫浴产品	TPG+瑞信
	德联覆铜板（Isola，线路板）	TPG
	Ruhrgas Industries（意昂）	CVC
	Viterra（15万套房屋）	Terra公司
	GSW（6.5万套房租）	博龙资本+Whitehall（=高盛）
	GEHAG（1.7万套住房）	橡树资本
	Gagfah（8.1万套住房）	Fortress
	WCM（3.1万套住房）	黑石
	Kloeckner&Co（钢铁贸易）	BVT

---

① 德国电信子公司。

（续表）

年份	被收购企业	买方
2004	Zanolli（图书批发）	3i
	倍达医药（Betapharm，医药）	3i
	德国双元回收系统（绿点）	KKR
	翁格尔（连锁汽车修理厂）	KKR
	德司达（Dystar）	Platinum Equity
	Acetex（醋酸）	黑石
	塞拉尼斯（化学）[①]	黑石
	拜耳—血浆	博龙资本
	贝鲁/卡莱尔	利普伍德控股（Ripplewood Holdings）
	迪比特（移动网络供应商）	璞米资本
	HT Troplast（塑料）	卡莱尔+安宏国际
	Sportfive（体育权利交易）	安宏国际
	兰吉尔/KKR	Bayard Capital（澳大利亚）
	CBR（时装连锁）	安佰深+Cinven
	派格（Peguform，汽车配件供应商）	博龙资本
	Dynamit Nobel[②]（军备）	KKR
2005	NILEG（2.8万套住房）	Fortress
	一级方程式/巴伐利亚州立银行	CVC、Bambino*
	格雷斯海默玻璃/Investcorp	黑石
	Mobilcom Freenet	TPG
	Aldiana（度假俱乐部）	安宏国际
	Paion（制药）	3i
	德国万特（Wendt，磨床）	3i
	南方化工（Suedchemie）	One Equity Partners

---

① 由赫希斯特股份公司分离出来。
② 由德国金属股份公司分离出来。

（续表）

年份	被收购企业	买方
2005	蒂森克虏伯海事系统	One Equity Partners
	友联（Francotyp，盖邮戳机）	四方资本（Quadriga Capital）
	穆勒（开关设备）	Doughty Hanson
	汤米·希尔费格（Tommy Hilfiger，时装）	安佰深
	M+W Zander（微芯片）	泉水资本（Springwater Capital，瑞士）
	Sanitec/BC 合伙公司	殷拓集团
	AHBR（地产抵押银行）	孤星基金（Lone Star）
	柏林出版社（报纸）	Mecom+Veronis Suhler Stevenson
	Versatel（互联网服务）	安佰深
	卡尔·蔡司视觉（光学）	殷拓集团
	Nordsee/ 安佰深	Kamps（连锁面包房）
	Tans-o-flex（物流）	Odewald&Cie.
2006	Woba（4.8 万套住房）	Fortress
	ZPF International	Auctus
	德国电信	黑石
	Brenntag（化学品贸易）	BC 合伙公司
	思乐（Schleich，玩具）	华盖资本（HG-Capital）
	CABB（化工集团）	安盛天平股权合伙公司
	Iglo（冷冻食品）	璞米资本
	艾诺（Alno，厨房生产商）	德国资本（German Capital）
	Kabel BaWue/ 黑石	殷拓集团
	麦克林（Maerklin，模型）	Kingsbridge
	凯傲（Kion，叉车）①	KKR+ 高盛

---

① 由林德股份公司分离出来。

（续表）

年份	被收购企业	买方
2006	ProSiebenSat.1（电视台）	KKR+ 璞米资本
	OranginaSchweppes	黑石 +Lion Capital
	Eurotax Glass（汽车贸易）	Lion
	Tognum（柴油发动机）①	殷拓集团
	Pfaff Silberblau	殷拓集团
	世泰科（H.C. Starck，稀有金属）②	安宏国际 + 卡莱尔
	RWE Solutions（原子能技术）	安宏国际 + 卡莱尔
	欧洛普卡（Europcar，汽车租赁）	法国欧瑞泽基金（Eurazeo）
	阿尔塔纳（Altana，制药）	北欧资本 + 黑石
	德国核化学和冶金公司（Nukem）243③	安宏国际
	WMF（厨房用具）	Capvis
	Pfaff（工业技术）	殷拓集团
	凯毅德 / 璞米资本	Bluebay+SilverPoint+ 摩根士丹利
	安美特（Atotech，电子化工）	卡莱尔
2007	雨果博思（Hugo Boss）	璞米资本
	毛瑟（包装）	迪拜国际资本
	HAT Troplast/ 卡莱尔 / 安宏	雅卡（Arcapita）（巴林，Bahrein）
	德之磬 / 殷拓集团	上市出售
	Kloeckner Pentaplast/Cinven	黑石
	Interhotel（前东德的 10 家酒店）	黑石
	CBR/ 安佰深 +Cinven	殷拓集团
	Baubecon（2.7 万套住房）	博龙资本

① 由戴姆勒股份公司分裂出来。
② 由拜耳股份公司分裂出来。
③ 由西门子股份公司分裂出来。

（续表）

年份	被收购企业	买方
2007	Lahmeyer（工程服务）	Capiton
	Takko/璞米资本	安宏国际
	Kampa（预制装配式房屋）	Triton（奥本海姆银行）
	Czewo（化妆品包装瓶）	Argantis（奥本海姆银行）
	申克（Schenck，测量技术）	工业资本（瓦伦堡，瑞典）
	巴伐利亚（Bavaria，船艇建造）	贝恩资本
2008	LEG（9.3万套住房）	Whitehall（高盛）
	德国Woolworth房地产	博龙资本
	Alloheim（老人院）	Star Capital Partners
	迪比特/璞米资本	Freenet
	Techem/BC合伙公司	麦格理（澳大利亚）
	格雷斯海默玻璃/黑石	上市出售
	Jost（卡车配件）	Cinven
	Tognum/殷拓集团	上市
	派格/博龙资本	保利泰科（Polytec，奥地利）
	Ruetgers（化工）①	Triton（奥本海姆银行）
	Pfaff/殷拓集团	哥伦布 – 麦金农（Columbus McKinnon）
	Strauss Innovation	殷拓集团
2009	贝塔斯曼音乐权	KKR
	Schuelerhilfe（连锁补习）	Paragon Partners
	Orangina/黑石+Lion	三得利控股（Suntory Holdings，日本）
	Unity Media/BC合伙公司	Liberty Global
	W.I.S.（安全服务）	Argantis（奥本海姆银行）
	巴伐利亚/贝恩资本	橡树+Anchorage

① 由赢创股份公司分裂出来。

（续表）

年份	被收购企业	买方
2010	Synlab（连锁试验室）	BC 合伙公司
	德司达 /Platinum Equity	Kiri Industries（印度）
	德国工业银行（破产银行）	孤星基金
	Cognis/ 璞米资本	巴斯夫
	Wild（Capri-Sonne, Zentis）	KKR
	布鲁格（Beluga, 海运公司）	橡树
2010	斯普林格 /Cinven+Candover	殷拓集团
	Kamps/ 安佰深	ECM
	汉莎金属制造（Hansa Metallwerke）	工业资本投资
	德国双元回收系统 /KKR	Solidus Partners + HIG Capital
2011	德国狼爪（Jack Wolfskin, 户外运动）	黑石
	莱卡（光学）	黑石
	Kabel BaWue/ 殷拓集团	自由全球（Liberty Global, 伦敦）
	SLV（照明）	Cinven
	派格 / 保利泰科	Motherson（印度）
	RHM（康复医院）	Waterland（荷兰）
2012	飞德莱（Pfleiderer，木材加工）	Atlantik S.A.（卢森堡）
	BSN 医疗（橡皮膏）	殷拓集团
	道格拉斯（贸易集团）	安宏国际
	TLG（联邦不动产）	孤星基金
	WMF/Capvis	KKR
	HT Troplast/ 雅卡	隐峰资本（Hidden Peak Capital）
	Ameos（医院）	卡莱尔
	KloecknerPentaplast/ 黑石	战略价值合伙公司（Strategic Value Partners, 对冲基金）
	1&1 Versatel/ 安佰深	KKR

（续表）

年份	被收购企业	买方
2012	上贝尔吉施格拉医院（Oberbergische Klinik）	Odewald&Cie.
	Strauss Innovation/ 殷拓集团	Sun Capital Partners
2013	斯普林格科学（Springer Science）/ 殷拓集团	BC 合伙公司
	Ista（读表/结算机构）	CVC 资本
	Aenova	BC 合伙公司
2013	菲利斯第一（Fitness First）	橡树
	Plus Server（企业云）	Cinven
	赛琅泰克（Ceramtec，工业陶瓷）	Cinven
	ProSiebenSat.1/KKR+ 璞米资本	上市出售
	Conergy（太阳能技术）	Kawa（美国）
	Alloheim（老人院）	卡莱尔
	Studienkreis（连锁补习）	Aurelius
	NKD（服装折扣店）	Op Capita
	雨果博思/ 璞米资本	上市出售
	海德堡人寿保险（Heidelberger Lebensversich.）	Cinven
	德国有线/ 安佰深	沃达丰（Vodafone，英国）
	卡尔·蔡司视力/ 殷拓集团	卡尔·蔡司股份公司
2014	凯傲集团	KKR+ 高盛
	LEG/Whitehall	贝莱德等
	高仪	骊住（日本）
	毛瑟/ 迪拜资本	克杜瑞
	翁格尔/KKR	中桥（Centerbridge）+ 巴布森资本（Babson Capital）
	Capri–Sonne, Zentis/KKR	阿奇尔丹尼斯米德兰（Arche Daniels Midland，美国）
	CABB（化工集团）	璞米资本

（续表）

年份	被收购企业	买方
2014	Vinnolit（PVC 生产商）	西湖化工（Westlake Chemicals，美国）
	Median（连锁康复医院）	Waterland（荷兰）
	Arago（人工智能）	KKR
	Fotolia（图片库）	KKR
	Trainline（火车票预订）	KKR
	赫塔（Hertha）BSC（足球俱乐部）	KKR
	勒维（Loewe，电视机）	星际之门资本（Stargate Capital）
	西万拓（Sivantos，西门子助听器）	殷拓集团
	西门子水技术（Siemens Water Technologies）	殷拓集团
	Ada 化妆品	Ardian
	Weru/Triton	HIG 资本
	德国双元回收系统 /HIG+Solidus	HIG+Bluebay
	Backwerk（连锁面包店）	殷拓集团
2015	Tank&Rast（服务区餐馆）	安联资本等
	Synlab/BC 合伙公司	Cinven
	Iglo/ 璞米资本	Nomad Foods（美国）
	道格拉斯 / 安宏国际	CVC
	Parship（婚介）	奥克利资本（Oakley Capital）
	Elitepartners（婚介）	奥克利资本（Oakley Capital）
	Chal-Tec（电子商务）	Ardian（法国）
	Kamps/ECM	Le Duff（法国）
	Zanders（纸、标签）	Mutares（德国）
	奥托博克（Otto Bock，矫形外科学等）	殷拓集团
2016	Office First/IVG（房地产）	黑石
	索尔维（Solvay）Acetow（纤维素）	黑石

（续表）

年份	被收购企业	买方
2016	Interholtel/ 黑石	喜达屋资本（Starwood Capital）+i-Star
	Host Europe（域名服务）	Go Daddy
	Plus Server（企业云）	Go Daddy
	翁格尔/中桥	Mobivia（法国）
	安美特（化工）	卡莱尔
	KAP 参股股份公司①	卡莱尔
	Klenk 木材股份公司	卡莱尔
	巴克杜尔（过滤系统）	Mutares（德国）
	BSN（橡皮膏）/殷拓集团	SCA（瑞典）
	SLV/Cinven	Ardian
	WMF/KKR	赛博集团（厨房用具，法国）
	GetYourGuide（导游）	KKR
	Neuraxpharm（药品）	安佰深
	临床供应管理（Clinical Supplies Management）	Great Point Partners
	骏宝（Gimborn，饲料）	高瓴资本（Hillhouse Capital Group）
	欢迎酒店（Welcome Hotels）	Terra 公司
	舍恩（Schoen，17 家医院）	卡莱尔
	Parship-Elitepartners/奥克利	ProSiebenSat.1
	迪碧（d&b，音响技术）	Ardian
	Boellinger（质量保障）	Ardian
	AHG（康复医院）	Waterland
2017	史达德（Stada）	贝恩资本+Cinven+艾略特
	Voelkl（滑雪板生产商）	KKR

---

① 由拥有 2500 名员工的 13 家中型企业共同组成。

（续表）

年份	被收购企业	买方
2017	空客国防电子（Airbus Defense Electronics）	KKR
	亨索尔特（Hensoldt，军备—航空电子学）	KKR
	GfK 德国消费者研究协会	KKR
	Plus Server/Cinven	BC 合伙公司
	赛琅泰克 /Cinven	BC 合伙公司
	维塔纳斯（Vitanas，连锁养老院）	橡树
	Alloheim/Star Capital Partners	北欧资本（瑞典）
	德国狼爪 / 黑石	贝恩资本 +CQS
	Studienkreis/Aurelius	工业资本
	Cloudreach（云运营）	黑石
	Frostkrone（冷冻食品）	Emeram 资本
	Utimaco（网络安全）	殷拓集团
	西万拓（助听器）	殷拓集团
	Ostertag Solutions（互联网）	Triginta Capital
	Infinigate（IT 安全）	H.I.G. 欧洲资本
	Transporeon（云物流）	TPG
	Concardis（支付往来）	安宏国际 + 贝恩资本
	凯莱（Xella，建筑材料）	孤星基金
	嘉迈铠（Gemaco，广告）	capiton
	Backwerk/ 殷拓集团	Valora（连锁烘焙店 Ditsch，服务门店）
	申克 / 工业资本	黑石
	Klenk 木材 / 卡莱尔	Binderholz（奥地利）
2018	Biontech（癌症治疗）	Redmile 等
	Techem（电气表读数）	合众集团（瑞士）

(续表)

年份	被收购企业	买方
2018	德国北方银行（HSH Nordbank，破产银行）	博龙资本+Goldentree+Flowers
	coeo（收账）	Waterland
	Swyx（软件，中小企业）	Waterland
	施普林格·自然（Springer Nature）/BC 合伙公司	上市

50家最大私募股权投资者列表（2017）[①]

全球约6000家私募股权投资者管理着来自各大洲的数十万，甚至上百万富有客户的资本。被投资者们收购的企业并不知道这些实际出资人是谁。那些大型且资历深的投资人，比如黑石和KKR，坐拥数千亿资产，而且在收购公司时，还会通过银行贷款获得更多的资产；这些投资人至今已收购并利用了数百家企业，当前仍是大约100家企业中有决策权的共同所有者。欧洲最大的活动家分别排在第24位（Ardian，法国）、第31位（殷拓集团，瑞典）和第33位（合众集团，瑞士）。

名称	地点
黑石	纽约
KKR	纽约

---

① Private Equity International: Liste der größten Private Equity Investoren für 2017（PEI 300），www.privateequityinternational.com/database/#/pei-300, abgerufen 24.2.2018.

（续表）

名称	地点
卡莱尔集团	华盛顿
Texas Pacific Partners（TPG）	沃斯堡，得克萨斯/美国
华平投资	纽约
安宏国际	波士顿/美国
阿波罗全球	纽约
EnCap 投资	休斯敦/美国
路博迈（Neuberger Berman）	纽约
CVC 合伙公司	伦敦
贝恩资本	波士顿/美国
Thoma Bravo	芝加哥
Vista Equity Partners	旧金山
安佰深私募股权投资	伦敦
克杜瑞	纽约
Cinven	伦敦
Leonard Green & Partners	洛杉矶
锐盛投资（Ares Management）	洛杉矶
BC 合伙公司	伦敦
璞米资本（Permira Advisers）	伦敦
立合斯顿控股（Riverstone Holdings）	纽约
高盛资本（Golden Sachs Principal）	纽约
银湖资本（Silver Lake）	门洛帕克
Ardian	巴黎/法国
Hellman & Friedman	旧金山
安博凯直接投资基金（MBK Partners）	首尔/韩国
Stone Point Capital	格林威治/美国
泛大西洋投资（General Atlantic）	纽约
Platinum Equity	比弗利山庄/美国

(续表)

名称	地点
NGP Energy Capital	Irving/ 美国
殷拓集团	斯德哥尔摩 / 瑞典
L Catterton	格林威治 / 美国
合众集团	巴尔—楚格州 / 瑞士
布鲁克菲尔德资产管理（Brookfield Asset Management）	多伦多 / 加拿大
Energy & Minerals Group	休斯敦 / 美国
Inventis Investment	上海 / 中国
美安盛投资（American Securities）	纽约
俄罗斯直接投资基金（Russian Direct Investment）	莫斯科 / 俄罗斯
RRJ Capital	香港
Insight Venture Partners	纽约
The Abraaj Group	迪拜 / 阿联酋
博龙资本	纽约
桥点	伦敦
华盖资本	伦敦
Alpinvest Partners	阿姆斯特丹 / 荷兰
Onex	多伦多 / 加拿大
TA Associates	波士顿 / 美国
Energy Capital Partners	夏特山 / 美国
BDT Partners	芝加哥

总结：私募股权的影响

在政界和工会半明半暗的环境中，黑石集团比贝莱德集团还要活跃。因为黑石的目标是中小企业，而非上市企业，所以公众的关注相对较少。正因如此，他们通过打击工会等手段行事更加粗暴，目无法纪。

国家税收损失

与贝莱德集团相同，黑石集团的经营地也都在大银行所在的城市，如纽约、伦敦、法兰克福、巴黎、米兰、斯德哥尔摩、苏黎世、维也纳。但是注册则都在诸多的避税天堂当中。这些避税天堂同时也是基金的注册地，那些富豪客户的资本就藏在这里。黑石还是富信集团（阿姆斯特丹）的共同所有者，富信集团是欧盟内为皮包公司提供中介业务的最大的企业。

从很多方面来看，国家税收都遭受了严重损失。投资者和他们的出资人都最大程度利用避税天堂，大多数被收购企业负债累累，因此在投资者利用被收购企业的周期内，被收购公司往往不能赢利，更不能缴税。私募股权投资者还可以利用利息来扣税。[1]

贫穷化与发横财

黑石集团在其收购和利用的目标企业内裁撤了许多仍有必要的工作岗位。通过外包、借工等形式，虽然在数量上似乎创造了"更多的工作岗位"，但随之而来的是劳动力利用率不足和

---

[1] Bund verschont Private Equity bei Zinsbesteuerung. Beteiligungsbranche profitiert von Ausnahmeregel, Financial Times Deutschland, 5.12.2006.

劳动权利弱化。

然而，这却为少数被收购企业中共同所有者的高管创造了高收入，尽管这种收入是严格按照等级分层的。对众多咨询机构、律师事务所、审计公司、企业咨询机构和公关机构而言，情况也是如此。2016 年，私募股权投资者及其出资者在德国的情形是这样的：被投入的资本的利润率平均在 14%。投资者从中平均分大约一半给他们的出资人（7.8%）。①

于是跨国资本主义的逐利阶层，还有它们的高薪私人集团越来越多。这让那些本就非常富有的超级富豪更能不断实现自我升值的终极目标。

弱化工会和企业职工委员会

投资者对中小型企业员工本就很小的共同决策权做出了进一步的限制。即使企业中有企业职工委员会，投资者也只向其透露部分战略计划，并通过分离企业、转售部分企业以及工作外包进一步弱化企业职工委员会。在投资者撤出投资之前，转卖给第二位、第三位或者第四位投资者，而这些新投资者会延续上面的措施，加剧了工会和企业职工委员会地位的弱化。②

尽管投资者如此残酷的行径已经持续了二十年，德国工会

---

① Siehe Christoph Scheuplein: Private Equity Monitor 2017, Hans Böckler-Stiftung, Düsseldorf 2018.
② Studie: "Finanzinvestoren bleiben in Deutschland auf Einkaufstour", Reuters, 27.12.2017.

却从来没有认真解决过此类情况。对这种共同决策权遭限制的现状，偶尔也会有抱怨的声音，比如在汉斯·伯克勒基金会（Hans-Boeckler-Stiftung）的周期性私募股权监测中。然而，在这些声音中却鲜有要改变现状、打开新格局的意愿。

▎对国民经济的有害性

私募股权这种商业模式遵循的原则是，对现有企业资产的利用优先于创造新资产。这种类型的投资并不以实现充分就业为终极目标。另外，中小企业间的竞争也被进一步削弱。"少些竞争总是好的"，KKR 的欧洲负责人如此解释。①

收购公司所必需的资金中，40% 至 70% 都来源于贷款；而这些贷款又被转嫁给了被收购公司。这就导致被收购企业与提供贷款的银行承受高额负债，为下一个金融泡沫埋下了伏笔。

▎太多贪图利润的资本

投资者展览会每年举行一次，2017 年的主题是"超级回报"。在这里，2300 位私募股权高手无关痛痒地互相讨论着："金融投资者们有一个很奢侈的问题，那就是钱太多，太多太多了。以前他们必须费尽心思去争取用于公司并购的资金，如今他们拥有的这些新基金经常都是超额的。"②

---

① "Wenig Wettbewerb ist immer gut"，HB, 31.1.2005.
② Klaus Max Smolka: Ringen um die Rendite, www.faz.net, 31.3.2017.

第一和第二梯队是如何互相配合的

贝莱德和黑石虽然分处不同的领域，但是它们之间并非完全没有交集。在数以万计的企业中，两者同时是某一企业的共同所有者。

Zalando 案例

Zalando 自称是"欧洲服装线上平台的领军者"。这一邮购贸易连锁公司组建于德国，拥有 1.1 万名员工；该公司在瑞士、丹麦、奥地利、英国、比利时、瑞典、波兰还有 4000 名员工。德国员工主要集中在柏林，位于布里塞朗（Brieselang，勃兰登堡）的仓储部门也有 1250 名员工。在大型出资者的帮助下，Zalando 还在继续扩张。

所有者

Zalando 的所有者阵容由不同类型混合而成。3 个私募股权投资者占了最多的股份：最大股东是 AB Kinnevik 投资，瑞典最富有的企业之一，持股 31%；第二大股东是来自伦敦的巴美列捷福，持股 6.8%；第三大股东是 Zerena 有限公司，其前身是全球创始人资本（Global Founders Capital）的创始人 Samwer 兄弟。Samwer 兄弟也是 Zalando 的创始人，持股 4.99%。

Zalando 的较大所有者群体由两个家族企业构成：Tengelmann/Haub（4.97%）和 Bestseller（10%），它们都是位于丹麦的欧洲最大服装企业之一。这些所有者将它们的公司股份放在了各自的皮包公司。其中，Kinnevik 最大的皮包公司是位于卢森堡的 Vendere 有限公司。

Zalando 还有两个来自第一梯队的所有者：先锋和安联资产管理，占股比例分别为 3.03% 和 3.02%。

劳动关系

与亚马逊相同，Zalando 的公司领导层也拒绝按照贸易劳资协定支付员工工资。大多数员工在巨大的库房中整理预订产品，每天要步行约 20 公里，不但被要求快速工作，还要接受电子监控。这给员工的身体和精神都带来了极大压力。

Zalando 为这类工作支付每小时 10.12 欧元的薪金。如果每周全职工作 40 小时，员工每月的税前工资只有 1754 欧元。这样的低工资已经决定了现在，甚至预示了退休之后的贫穷状态。按照贸易劳资协定，仓储工作的应得工资是每小时 11.99 欧元，按照这样的标准，月薪还会有 1978 欧元。但是公司领导层坚决拒绝就此谈判，员工的多次罢工也丝毫没有效果。相较之下，辅助工种的薪酬待遇似乎不错，公司领导层认为可以保留至今为止的工资条件，只是对于这类员工有更复杂的要求，他们每年被要求额外增加 96 个工时。①

---

① Erneut Streik bei Zalando, https://handel-bb.verdi.de/einzelhandel/betriebe-unternehmen/zalando, 29.10.2017.

这里需要考虑到的是，公司领导层已经实行了各种各样灵活的合同种类。三分之一的员工只得到了有固定限期的劳动合同。公司根据临时需要再请来借工，工作完成之后可以直接遣散。

在全球范围内，Zalando 仍在坚守这种不平等的劳动关系。Zalando 坚决拒绝加入旨在改善国际供应链上工作条件的联盟，这一联盟是由联邦政府发起的，加入条件并不严苛。①

紧抓国家现款

企业所有者在国家管制中捍卫自身自由的同时，也在最大程度上利用国家。他们无比狡猾地编出各种理由，以说明自己获得国家资金的必要性。就这样，他们从联邦州柏林获得了 1060 万欧元，从图林根州获得了 2240 万欧元，从勃兰登堡获得了 250 万欧元，甚至连爱尔兰的 20 万欧元他们也绝不嫌弃地纳入囊中。

多数情况下，它们用创造就业岗位作为申请资金的理由。而具体是工作岗位，劳动关系和薪金如何，却是由公司领导层自己定义的。另外，它们还申请并获批了用于各种科研的国家经费。尤其是关于"绿色"的主题（被高度强调的经济学重点）：当前的一个科研申请名目是"智能绿色仓库"。② 可以想象这将

---

① Textilbündnis in Not, HB, 2.8.2018.
② https://corporate.zalando.com/de/unternehmen/foerdermittel-fuer-zalando.

会是一个巨大的仓库，仓库的屋顶和四周满是绿色植物等附着物。而实际上在这种仓库中，工作的节奏只会朝着逐利的方向越来越快。

▎从合租房到欧洲股份公司

　　时髦、便宜、年轻、实惠——这些容易获得消费者认同的感觉都要尽量体现出来。于是一个"神话"被精心策划了出来。

　　创办 Zalando 的灵感据说诞生于一套合租房，这在 2008 年是很符合底层民主原则的想法。在这个"神话"中，我们还可以看到，在我们的社会中，一群友善又聪明的年轻人，是怎样借助国家和其他资助，快速变成有害于社会的贪婪的人的。

　　如果真是涉及民主规则和劳动权益，人们就喜欢批评国家"官僚主义"；但如果有利可图，人们又会主动去利用这种不透明并消耗巨大的官僚主义。创始人 Samwer 兄弟和其他投资人为了在适合的避税天堂运营各自的皮包公司，不惜花重金聘请律师和受托管理人。

　　即使在一个很小的分店，比如位于埃尔福特仅有 52 名员工的 Zalando Content Creation SE &Co KG，也要非常官僚地组建一个法律部门。能如此成功且机智地把一套合租房变成规模巨大的事业——一家欧洲股份公司还是很让这几位激进创始人骄傲的。利用这个根据欧盟法律创办的股份公司，可以绕开德国的企业组织法。在 Zalando 欧洲股份公司的监事会，坐着 6 位资本方的成员，3位雇员方的成员。这也不符合德国的共同决策法。企业职工委员会只有听证权和信息权，而在例如加班和引入倒班制度等问题上则无权参与决策。

▍企业职工委员会也无济于事

高管米迦勒·林德斯科格（Michael Lindskog）被升职为集团企业职工委员会主席，这一进程违背了德国法律，因为只有四分之一的员工参加了选举。林德斯科格使用了听起来很讨巧、却没有任何法律约束力的经理人语录："我希望能与管理层（也就是与他自己）进行坦诚的、有建设性的对话。"①

一些员工却不为这些废话买账。继2014年布里塞郎和另外两个分支机构之后，埃尔福特也选出了一个属于自己的企业职工委员会，并且是按照现行法律规定，即52个员工中有48人参加了选举。②

---

① Verdi kritisiert Betriebsrat bei Zalando, Der Tagesspiegel, 7.1.2015.
② https://handel-bb.verdi.de/einzelhandel/betriebe-unternehmen/zalando,abgerufen 2.3.2018.

3
对冲基金：桥水集团

如同贝莱德和黑石一样，对冲基金也是利用富有的客户、基金会的资本和银行贷款来运作的。但不同的是他们会逐步进行操作，在较短时间内专门对单个企业的股票、股份、国债、原材料和外汇进行有针对性的单次投机交易。对冲基金甘愿冒高风险，违背其应该具备的"保障"特性。讽刺的是，它能保障的只有高风险。对冲基金的这种操作方式被模糊地称为"变相投资"，也就是说它们的投资方式与传统投资有着极大不同。

乔治·索罗斯：量子基金

提到对冲基金，人们就会想起量子基金创始人之一的乔治·索罗斯。1992年，这位美国公民通过英镑贬值的投机交易，赚得了他人生的第一个10亿美金。他把自己的量子基金和其他基金安放在避税天堂，如库拉索（Curacao）和维京群岛（Virgin-islands）。

即使是在2007年金融危机时，索罗斯在其他国家的投机交易也都很成功。限制金融投机家自由的整治措施遭到了索罗斯的公开反对，虽然他偶尔也会因为内幕交易等受到处罚。① 他通过哲学家卡尔·波普尔（Karl Popper）"开放的社会"这一理论，在意识形态上把自己的行为鼓吹得极为高妙，还因此获得了牛津（英国）和耶鲁（美国）两所精英大学荣誉博士的殊荣。他组建了开放社会基金会（Open Society Foundation）和文艺复兴（Renaissance）基金会，通过众多美国国内的子基金会，资助公民抗议行动和那些如乌克兰一样为金融机构开绿灯的国家机构。② 他还以基金会资助者的身份参股其他金融机构，比如乌克兰的北约公关部门。③

作为非银行金融机构的对冲基金

对冲基金同样是20世纪90年代美国反对政府干预经济的参与者。2000年，对冲基金在全球范围内的交易规模大约为5亿美元；到了2014年，这一数字已经翻了六倍，达到30亿美元。④

与贝莱德和黑石相同，对冲基金也没有明确的法律定义，因此它几乎不受任何法律的约束。英国金融监管机构形容对冲基金在法律概念上没有直接规定，法律地位也不明确，是"具

---

① Urteil gegen Soros bestätigt, manager magazin, 6.10.2011.
② Matthias Holland-Letz: Die Macht des George Soros, SWR2, 8.11.2017.
③ Werner Rügemer: Jazeniuk made in USA, Ossietzky 9/2014, pp. 293f.
④ Financial Conduct Authority（FCA）: Hedge Fund Survey, London June 2015, p. 11.

有全球系统意义的非银行、非保险类金融机构"。①

2006 年以来，所有在美国设有经营场所的对冲基金都必须在美国证券交易委员会（SEC）注册。但是这只涉及那些稍大的对冲基金，而且相关法令很少。这主要是基于过往的经验，防止投资人被骗。②至于对冲基金如何运用这些资金则是没有规定的。

在德国，社民党—绿党联合政府于 2004 年批准销售和投资对冲基金。德国《投资现代化法》模糊地把对冲基金称为"有额外风险的特殊资金"，允许比如有价证券的空头交易，并就贷款作出了几项规定。然而这项很表面的限制规定却并不适用于外国对冲基金。

德国联邦财政部认为，对冲基金的特点在于它"基本上不受到或者极少受到任何投资规章的管制，并且可以利用任何形式的资本进行投资。对冲基金还会使用空头交易和杠杆（高贷款，WR）技术。与普通投资基金相比，无论空头交易还是杠杆，都会导致投资资产伴随更大的风险，但也可能实现更高的绝对利润率"。德国政府不加批判地重复着对冲基金的这种自我描述。③对冲基金受德国联邦金融监管局管辖，然而如同贝莱德和黑石一样，对冲基金丝毫不会感受到金融监管局在实施监管。

---

① Financial Conduct Authority a.a.O., p. 3.
② Security Exchange Commission, Release No. I A-2333: Registration under the Advisers Act of Certain Hedgefonds Advisers（2005）.
③ www.bundesfinanzministerium.de/Hedgefonds, abgerufen 27.2.2018.

1985年，欧洲议会与欧盟委员会颁布了85/611/EWG号法律指引，宣布了可转让证券集合投资计划（UCITS），这个极其抽象的表述也宣布了对冲基金的准入。就在德国颁布法律的前一年，德累斯顿银行、德意志银行和梅茨勒（Metzler）银行售出了规模约100亿欧元的对冲基金投资证书。梅茨勒银行是一家规模小、素以艺术赞助者闻名的私人银行。[1]

小型与大型对冲基金

数百家基金大多都是由个人运作的，它们一般会聚集数十位经理。但高盛、摩根大通、德意志银行等传统银行也采用了对冲基金的方法，并设置了相应的部门。在金融危机期间，德意志银行就让其对冲基金经理格雷格·李普曼（Greg Lippmann）在纽约赌抵押贷款有价证券会下跌，并将它们抛出。李普曼在为德意志银行"赚了几十亿美元"之后，于2010年创办了自己的对冲基金——Libre Max Capital。[2] 贝莱德集团通过自己的部门重复此类关于对冲基金的操作；黑石陆续成立了一些小型对冲基金。[3]

与贝莱德和黑石相比，对冲基金的所有者和少数高管为自己抽取的利润比例更高。对冲基金购买者所交的管理费为2%

---

[1] Hedgefonds werden zum Modeinstrument, FAZ 20.5.2003.
[2] Unaufhaltsamer Aufstieg, HB, 29.2.2012.
[3] Alternative Anlagen. Risikokapital für junge Hedgefonds, HB, 3.5.2018.

（两倍于贝莱德），外加给基金经理的最高至 20% 的"交易完成费"，这个价格是相对于远高于平均水平的利润而言的。对冲基金的透明度更低，这使内幕交易隐蔽性和对客户的蒙蔽成为可能，只不过这是在框架内允许的，而且参与者也是知晓的。通过这种方式，个别的创始人和总裁们迅速成为亿万富翁。①

这个领域一直由几个巨头控制全局。10 家最大的对冲基金掌握着 83% 的市场份额；前 20 家最大的对冲基金占有 92% 的市场份额。② 2016 年，市场领先者桥水集团的利润增长率为 17%，Two Sigma 为 28%，文艺复兴科技甚至达到了 42%。因为风险极高，有时候损失也是极大的。投入的资本波动很剧烈，有的基金甚至会破产，因此有几个如保尔森（Paulson）一样名噪一时的对冲基金没有出现在下面的排行榜中。

12 家最大的对冲基金（2016）③

名称	总裁/创办人	营业场所	投入资本
桥水	瑞·达里奥（Ray Dalio）	韦斯特波特（美国）	1220 亿美元
AQR	克里夫·阿斯内斯（Cliff Asness）	格林威治（美国）	690 亿

---

① Liste der 45 reichsten Hedgefonds-Milliardäre: www.forbes.com/pictures/ghm45/mfmk, abgerufen 14.3.2018.
② Financial Conduct Authority, a.a.O., p. 13（Stand 2014）
③ Die Angaben zu den Gewinnen stammen aus folgenden Quellen: Business Insider.de 26.6.2017; Pensions & Investments http://www.pionline.com 19.9.2016; https://www.investopedia.com 5.7.2017, abgerufen 10.3.2018. Die Zahlen können sich schnell ändern. So gibt die Forbes-Liste für 2018 für Bridgewater 160 Mrd. eingesetztes Kapital an.

(续表)

名称	总裁/创办人	营业场所	投入资本
摩根大通	玛丽·欧朵思（Mary Erdoes）	纽约	450亿
文艺复兴科技	詹姆斯·西蒙斯（James Simons）	东锡托基特（美国）	420亿
Two Sigma	大卫·西格尔（David Siegel）	纽约	390亿
DE Shaw	大卫·肖（David Shaw）	纽约	350亿
千禧（Millenium）	伊斯雷尔·英格兰德（Isreal Englanger）	纽约	340亿
英仕曼集团（Man Group）	卢克·埃利斯（Luke Ellis）	伦敦	340亿
奥氏资本（Och-Ziff）	丹尼尔·奥克（Daniel Och）	纽约	330亿
元盛资本（Winton Group）	大卫·哈丁（David Harding）	伦敦	320亿
艾略特（Elliot）	保罗·辛格尔（Paul Singer）	纽约	310亿
贝莱德	劳伦斯·芬克	纽约	280亿

苹果对冲基金

企业集团也经营对冲基金。2005年，苹果公司成立了对冲基金布雷本苹果（也是以一个苹果的品种命名）。这支基金的所在地是美国著名的税收天堂之一——内华达州，距离硅谷库比蒂诺的集团总部不远。那里不会对企业利润征税，这一点与加利福尼亚州有着明显不同，在加州此项税率为8.84%。

在降税战略中，苹果公司将那些没有支付给股东（如贝莱德）的利润转移到布雷本苹果。按照对冲基金的方法，布雷本苹果从 2680 亿美元的管理资金中"获得利润"，还为母公司每年节省了数百亿美元的税款。税收的损失则由 20 个美国联邦州以及大多数欧盟国家承担了。①

对冲基金在德国和欧盟

由于立法原因，德国于 2013 年批准了 36 个本国的小型对冲基金，而率先于 1997 年成立的另类投资联邦协会（Bundesverband Alternative Investments，BAI）则有 178 名会员。该协会的会员不仅有出售对冲基金产品的商业银行、德意志银行、黑森州立银行和新教银行，保险集团安联和 Talanx，还有通过自己的对冲基金部门加入该协会的高盛、摩根大通、瑞银、法国巴黎银行、罗斯柴尔德和施罗德等非德国的银行。法国最大的私募股权投资者 Ardian 的对冲基金部门也在其中，贝莱德、威灵顿和东方汇理也都格外重视该协会的会员身份。②

重点避税天堂：开曼群岛

与贝莱德和黑石集团相同，对冲基金的营业场所也在各国的金融中心，如纽约、伦敦、巴黎、法兰克福、米兰。但是，配有客户资金的单个子基金却都把法定注册地设在了某个避税

---

① How Apple Sidesteps Billions in Taxes, New York Times, 28.4.2012.
② https://bvai.de/mitgliederverzeichnis, abgerufen 28.2.2018.

天堂。

很多对冲基金都对同一个避税天堂情有独钟：有 69% 都在开曼群岛安了家。开曼群岛这个名义上的国家是英国的海外领地，将英国女王视为国家元首，主要靠这些隐蔽的收入来养活自己。

瑞·达里奥（Ray Dalio）

瑞·达里奥，被称为"全球最成功的对冲基金经理"。[①] 在 1975 年刚从哈佛商学院毕业时，他就创办了对冲基金——桥水投资。他对这种投资者类型有着深刻的影响，还引来了很多模仿者。在他看来，投资本身与人们如何理解投资没有多大关系。投资不需要创造就业岗位，也不需要收购、成立企业，或者扩大企业规模。相反，投资就是利用各种金融工具，把赌注放在股票、外汇、原材料、贵金属、国债市场上，这些赌注被视作有价证券出售出去。这些操作绝不是在"真空"中进行的。达里奥在少有的一次公开亮相中提到，他为欧洲感到担忧。《商业报》也表达了同样的担忧："欧盟内的劳动力平均比美国贵两倍……因此欧洲必须尽快地把自己变得更有竞争力，并且

---

① Dennis Kremer: Der rücksichtslose Mr. Dalio, FAZ, 11.4.2016.

少些官僚主义。"①

对冲基金赌博也是以剥削人类有形劳动力为基础的。2017年，达里奥以220亿美元，用他的Pure Alpha基金赌那些正忙于裁员的欧洲企业股价会下跌，比如德意志银行、西门子、安联、巴斯夫。《法兰克福评论报》报道说，桥水集团自成立以来已经赚得500亿美元，这就把对冲基金投机商乔治·索罗斯比了下去，索罗斯只赚了440亿美元。②

特朗普的当选让达里奥很兴奋。这位新总统的政府很可能对世界产生极其深刻的影响，甚至比里根、撒切尔和科尔那一代政治家更甚：这几位政治家虽然成功地"瓦解了社会主义政权"，但是特朗普更能极大地"激起动物精神，吸引到有效资金"。这个对商业有利的政府"通过政治稳定性、保护财产所有权和低企业税，为想赚钱的人或有钱人创造了独一无二的诱人条件"。③

达里奥在靠近纽约的韦斯特波特有1500名员工。到2018年，他把这些人发展成了对他个人宣誓效忠的邪教组织。他命人把公司内的所有谈话全部记录下来，对员工进行"绝对控制"。④这样，他以177亿美元的个人资产

---

① Europa bleibt nur noch wenig Zeit, HB, 16.2.2015.
② Dennis Kremer: Rücksichtslos, superschlau, superreich, FAZ, 19.2.2018.
③ Ray Dalio on Trump, www.businessinsider.de/bridgewater, 20.12.2016.
④ Dennis Kremer: Rücksichtslos ebd.

爬上了"福布斯富豪榜单"第 67 位和"最富的美国个人"第 26 位。①虽然贝莱德总裁芬克和黑石总裁施瓦茨曼能调动的资金比达里奥多很多,但是达里奥的这两个排名要比芬克和施瓦茨曼靠前得多。

时代变了,达里奥准备带着桥水集团向中国扩张,因此他又转而批评特朗普退出《巴黎气候协议》的决定,以及与中国发生的贸易冲突。达里奥意识到,中国的领导人比美国时任总统眼光更长远、更具有战略性。②于是桥水领导层将公司共同所有者队伍扩大了,不仅有新加坡主权财富基金的加入,还有国际货币基金组织。他们要在争夺中国市场、在与针对中国的斗争中,把跨国资本主义范畴内的各个领域与其手段和潜力都捆绑在一起。③

"通过国家的失败谋利"

在濒临破产的国家和企业等待有可能被救助的空档期内,存在着一个有利可图的商业领域,因为哪里有震荡剧烈的行情,哪里就值得押上赌注。《法兰克福评论报》的投资人崇拜者丹尼斯·克雷默(Dennis Kremer)谈到对冲基金是如何"从国家的

---

① https://forbes.com/profile/ray-dalio, 20.12.2018.
② Hedge Fund Billionaire RayDalio calls Trump's Trade War Talk "Political Show", www.forbes.com/sites, 5.3.2018.
③ Bridgewater plans to Become a Partnership as Ray Dalio Takes a Step Back, NYT, 28.6.2018.

失败中赚钱"时充满钦佩。①

以在希腊出现的情况为例：希腊政府与欧盟各国财政部部长和"三驾马车"就是否援救进行了长达数月之久的谈判。而就在这个时候，对冲基金登场了。只要贷款的下一部分金额还不明朗，那么之前的贷款是否可用或者是否必须做（部分）扣除就还不确定。那么对冲基金经理们就会买卖那些崩溃的国债和处境危险的信贷保险。只要希腊的破产仍存在较大的可能性，那么这些国债或者信贷保险的价格就会很低。但是后来经过数月"艰苦谈判"，这个国家（暂时）得救了，那些国债和信贷保险突然之间又值钱了，而这些对冲基金也就赚到了数十亿欧元。②

在"三驾马车"与希腊每次扣人心弦的谈判中，这样的游戏都会上演，例如在2010年、2012年和2015年。一些对冲基金在处于危险境地的希腊企业和银行的长期贷款中采取了同样的流程操作。在此期间，参与其中的对冲基金时而威胁希腊要将其告到欧洲人权法院（EGMR），目的就是强迫希腊在被强加的债务减值方面作出妥协③——这简直太讽刺了！对冲基金和人权竟然交织在一起！这一切既帮助不到这个国家，也帮助不到企业，却只能将它们更加牢固地捆绑在没有尽头的国际贷款和

---

① Staatsanleihen: Zocken mit den Griechen, FAZ, 27.7.2015.
② Griechenland–Pleite. Hedgefonds werden für Ausfälle entschädigt, HB, 9.3.2012.
③ Hedgefonds drohen Athen mit einer Menschenrechtsklage, FAZ, 20.1.2012.

投机交易旋涡中。巴德尔银行（Baader-Bank）的专家断言："在希腊衰落的过程中，对冲基金会赚得盆满钵满。"①

这一切还在继续。2012 年，对冲基金 RBR 从负债的西班牙获得了高达 30% 的利润率；2016 年它又发行了希腊基金。同年，Worldview、贾布里（Jabre）、PVE 和 VR 也加入了该项目。② 然而，投机失败也是有可能发生的，比如美国前总统克林顿的女婿马克·梅兹文斯基（Marc Mezvinsky），他的对冲基金 Eaglevale Hellenic Opportunity 就于 2016 年破产。③

希腊之后是乌克兰

乌克兰备受欧盟和北约宠爱，据说欧盟和北约也要救助乌克兰，即便出发点可能是为了针对东面的俄罗斯人，但这个充满危机的国家还是成了投机商的猎物。乌克兰在破产与（暂时）被救助之间，为投机商提供了类似于希腊的利润可能性。

这里活跃着的是新金融机构的各个阶层，它们在同一领域按劳动分工。在 2014 年，大资本组织者坦普尔顿从欧洲央行获得了一笔零息贷款并以此买进乌克兰国债，乌克兰为此支付坦普尔顿 12% 的利息。然而，这个国家经济正在走向崩溃，有着极高的军事开支，因此并不能确定它能否持续负担这笔利息。

---

① Profit mit Pleite. Spekulationen gegen Griechenland, ZDF, frontal*21* 31.1.2012.
② Hedgefonds wetten auf Griechenland, HB, 7.5.2016.
③ www.boerse-online.de 30.5.2016.

对冲基金 Greylock 和 Golden Tree 以及私募股权投资者卡莱尔买下了价值 450 亿欧元这种国债。经济媒体说："这是乌克兰的机会。"① 但其实正确的说法应该是：这是对冲基金的机会。

Greylock 自 2002 年以来已经利用多个处于危险境地的国家做成了自己的生意，例如阿根廷、科特迪瓦、菲律宾，这让它很是自豪。《法兰克福评论报》对此评价道："也许人们会觉得这种做法很无耻，但是对冲基金在世界上已经是一种得到了认可的投资类别。"②

巨头们的吸血鬼

史达德股份公司（Stada AG）是一家成功的药剂公司，其运营地在德国的巴登菲儿伯尔（Bad Vilbel），1.1 万名员工为其生产的品牌药剂和仿制药在 30 个国家进行销售。销售较多的是 Grippostad 和 Ladival。在罗斯柴尔德银行的咨询建议下，贝恩和 Cinven 这两家资深私募股权投资者以 54 亿欧元买入了史达德 64% 的股份。为了能用上那些使利润增长的普遍技巧，需要其他股东（共 75%）通过一份与史达德的母公司尼达保健有限公司（Nidda Healthcare GmbH）签订的利润支付与控制合同。

正因为当时大多数德国股东都很矜持，因此亿万富豪保罗·辛格尔（Paul Singer）的对冲基金艾略特（Elliott）抢到了

---

① Die Hedgefonds kommen – Chancen für die Ukraine, WiWo, 27.3.2014.
② Dennis Kremer: Staatsanleihen. Zocken mit den Griechen, a.a.O.

方向盘。在贝恩和 Cinven 的下行阶段，它迅速地购进了 15% 的股份。由此，它便能够敲诈两大巨头，从中获取了数千万利益。就这样，在 2018 年 2 月 2 日的非常规股东会议上，它得到了多数选票。那些不甘心情愿的小股东也只能被榨干。[①] 现在，贝恩和 Cinven 可以按照自己私募股权的方式慢慢地对该企业加以控制了。其他共同受益者是贝莱德家族的成员挪威央行和美国银行，它们是继贝恩和艾略特之后史达德的第三和第四大共同所有者。这轮操作之后，艾略特可以将它已经升值的股票卖出以获得高额利润，然后转而窥探下一个好像已经纳入囊中的战利品。

艾略特扮演的是"积极的股东们"的先锋，这就是经济媒体口中的吸血鬼。它们快速、秘密地买进即将分裂或合并的集团的大宗股票，掌握主动权，然后从巨头们那里获得奖励。艾略特就是这样操作的。另外，在蒂森克虏伯（Thyssen Krupp）当中，它还与瑞典私募股权投资者 Cevian 有分工。如此成功的案例使对冲基金备受鼓舞："充满进攻性的对冲基金发现德国真是个好地方。"[②]

---

① Hauptversammlung stimmt Beherrschungs- und Gewinnabführungsvertrag mit der Nidda Healthcare GmbH zu, Pressemitteilung der Stada AG, 2.2.2018.
② Aktivisten schüren Fusionsfieber, HB, 22.6.2018.

总结

对冲基金比私募股权投资者的攻击性还要强,这让美国经济模式的仰慕者和受益者都产生了一点点畏惧。西门子总裁乔·凯撒(Joe Kaeser)这样表述他对"赌场资本主义"的愤怒:"西门子通过37.7万人辛苦地工作才获得了60亿欧元的利润,但是有些对冲基金获得同样多的利润却只需要100人。哪一个60亿欧元才是更好的60亿?当然是我们的,因为我们同时创造了就业和社会附加值。这些是对冲基金所没有的。它们只会让本就已经很富有的投资客户更富有。"[①]

《图片报》风格的"未来基金"

贝莱德示范了资本组织者如何利用廉价的大众金融产品ETF让新的收入阶层参与进来并从中获取利润和权力。

《图片报》前主编卡伊·帝特曼(Kai Dietmann),曾多年以其主编身份扮演"小人物的维护者",同时也报道上流社会的纸醉金迷。之后他成立了一支"人民基金",并煽动攻击哈茨4救济金的接受者,甚至出版了一本新的《人民圣经》,在罗马将其交给了极端保守的教宗本笃;后来他与一位被撤职的前银行家走到了一起。经济媒体称赞他们是"梦之队",因为他们共同组建了一支"未来基金"。[②]

---

① "Nur Starke können Schwachen helfen", HB, 23.4.2018.
② Zwei Sonnyboys und ihr Milliardentraum, HB, 15.3.2018.

"不积小流无以成江海",这正是发行量百万的小报的成功经验。现在,这一"未来基金"要将小百姓们的钱聚集起来,这些小百姓多年来失望地握着自己的零息储蓄本无所事事。"与老年贫困作斗争"是一个符合经济形势的口号,帝特曼和他的银行家朋友就是借此为自己宣传的。

与帝特曼合作的银行家叫莱昂哈德·费希尔(Leonhard Fischer),在这支基金的广告中被称为"莱尼"。他曾设法在摩根大通做一番事业,之后又在德累斯顿银行和瑞信工作过,但每次都差一点达到顶端。如今,他在"人民基金"项目中再次进行尝试。莱尼和卡伊在比勒费尔德的天主教海军学校就曾是聪明的小家伙,一起创办了德国最成功的学生报,这样的经历应该可以帮助他们做成"未来基金"这个聚集小人物的亿万级项目。只要支付1.4%的年费,每个"笨蛋"都可以参与进来。[①]硅谷粉丝帝特曼曾是出租车数字服务商优步的咨询师,在全球范围内造成了很差的劳动关系,导致劳动者当下和未来的贫困。

---

① Ziemlich beste Freunde, HB, 15.3.2018.

4
精英投资银行

另一个行在暗处的相关行业是精英投资银行，它们在上一次金融危机之后得到了进一步发展。这些银行专注于企业和国家的改造，并以自己的方式实现了暴富以及跨国资本主义阶层权力的增长。

拉扎德有限公司

拉扎德，总部位于纽约，分支机构分布在 26 个国家，共有 2500 名员工。拉扎德被看作是专门投资领域中兼并与收购的最重要先行者。20 世纪 30 年代的罗斯福新政是因华尔街银行破产而采取的应对措施，引发了危机的小客户投资银行业务自此从立法上被分离了出来。从那以后，拉扎德就从这一专业领域彻底抽身出来。一方面国家保护小客户和消费者，同时也给了投资银行绝对的自由。

企业和经济崩溃的国家

在过去的几年中,接受拉扎德咨询的案例有:法国奢侈品集团欧莱雅的大股东收购一家时装公司,日本制铁(Nippon Steel)收购欧巴蔻集团(Ovaco Group),化工集团赛诺菲收购生物化工新兴公司,西方最大建筑集团万喜收购英福泰克(Infratec,北欧电网的运营者)等。[①]

同时,拉扎德也为私募股权投资者提供咨询,比如黑石收购意大利超市,严重亏损的意大利西亚那银行(Monte dei Paschi di Siena)对于部门的出售等。拉扎德还主导了连锁饭店新意尚(Vapiano)的上市。即使在比利时、韩国、摩洛哥和澳大利亚这些国家的投资者,也会在生意方面接受拉扎德的咨询服务。

另一个非常赚钱的生意是为赤字严重的国家提供咨询,这些国家被迫采取很严酷的裁减措施和私有化措施,比如处在水深火热之中的希腊、克罗地亚和乌克兰的政府。拉扎德受"三驾马车"委托,代表出资者的利益;拉扎德避开了公众的视线,那些出资人也同样更愿意待在幕后。为了拿到项目,拉扎德与企业的重要所有者和政府都保持着紧密的联系。

---

① Siehe "Recent Transactions" unter www.lazard.com, abgerufen 9.4.2018; auch die folgenden Angaben sind hier einsehbar.

约翰·科恩布卢姆（John Kornblum）

约翰·科恩布卢姆是精英投资银行与企业、政府、军队、情报机构之间的纽带。从1997年到2001年，他任美国驻德国大使。此前，他曾任美国驻北约大使。在与南斯拉夫的战争中，他参与了北约东扩。1985年，他与时任美国大使理察·贝特（Richard Burt）一起商定了交换民主德国公民，美国中央情报局招募这些公民作为线人，然后再揭穿他们。

科恩布卢姆在从大使职位上卸任后，就成了一些改制了的德国企业的监事会成员，比如蒂森克虏伯、拜耳和摩托罗拉欧洲部。在这些企业中，这位前大使充分利用其巨大的关系网；他还任拉扎德银行（德国）的总裁，帮助这家银行变成了"欧洲最重要的投资银行之一"。[1] 他为美国国际战略研究中心（Center for Strategic and International Studies，简称CSIS，位于华盛顿）提供咨询，他还是美国商会在德国的董事会和咨询委员会的成员，是柏林美国学院和美国—德国问题理事会（American Council on Germany）的成员，[2] 是美国波音、辉瑞、埃森哲等企业的咨询师。[3]

---

[1] Wikipedia englisch: John Kornblum, abgerufen 5.5.2018.
[2] www.csis.org, abgerufen 9.4.2018.
[3] www.americanacademy.de/staff-memberr/john-c-kornblum, abgerufen 9.4.2018.

2015年起,科恩布卢姆成为不动产开发商柏林住宅建筑咨询有限公司(BEWOCON)的团队成员。这个开发商专门管理"柏林的住宅房产",比如 Living Spree、威尔默斯多夫区的城市宫殿、金色花园、Bluecherhoefe 和外交公园。科恩布卢姆的任务是利用自身拥有的资源,将美国和亚洲的富豪客户吸引到柏林。作为文艺爱好者和慈善家,他还资助柏林德意志歌剧院、法兰克福森根堡自然博物馆和马丁·路德·金基金会。他是这样看待跨大西洋的劳动分工的:"欧盟的软实力只有结合美国的硬实力才能获得成功。"

科恩布卢姆至今仍被德国主流媒体看作维护美国与欧洲关系最重要的专家。但是这些媒体只提及他曾任美国驻德大使,他在拉扎德的身份并不为公众所知。

费力克斯·罗哈廷(Felix Rohatyn)

科恩布卢姆在柏林的同时,拉扎德银行家费力克斯·罗哈廷在巴黎任美国驻法国和摩纳哥大使(1997年至2000年)。很多合并案都是在罗哈廷的咨询下完成的,比如戴姆勒和克莱斯勒;他也曾帮助通用汽车将供应商分离到国外。他曾为纽约市提供咨询,通过冻结工资和裁员进行预算改组。2010年,罗哈廷退出了拉扎德,但仍

> 作为外国关系理事会成员，与科恩布卢姆共同留在 CSIS。军队与企业在北约框架内的合作，也是他的工作范围。①作为驻巴黎的大使，罗哈廷组织了法国美国商务理事会（French American Business Council），通过这个平台为美法两国的总统（克林顿、布什、希拉克、萨科齐）与企业老总们牵线搭桥。

贝莱德的资产

拉扎德喜欢招募有性格，又能带来良好的关系网的人。2017 年，拉扎德任命国有集团德国铁路的前总裁吕迪格尔·顾儒伯（Ruediger Grube）为拉扎德德国董事长。顾儒伯委托拉扎德银行完成德国铁路子公司全球国际货运代理（Schenker）和 Arriva 的部分私有化。② 2016 年，拉扎德任命法国财政部前工作人员马修·皮加斯（Matthieu Pigasse）为法国董事长，此人也是《法国世界报》（Le Monde）和《赫芬顿邮报》（Huffington Post）的股东。拉扎德还任命乔格·阿斯穆森（Joerg Asmussen）为欧洲业务主管。阿斯穆森曾任德国财政部国务秘书，之后又成为欧洲央行行长。

在政治上，拉扎德始终站在发动战争的政府一边，政治倾

---

① Vgl. Jean-Paul Béchat / Felix Rohatyn: The Future of the Transatlantic Defense Community. Final Report of the CSIS Commission on Transatlantic Security and Industrial Cooperation in the Twenty-First Century, Washington D.C. 2003.
② Von der Bahn zur Bank, Süddeutsche Zeitung, 13.7.2017.

向对它来说并不重要。19世纪，拉扎德曾向处于内战状态的美国北部联邦州提供贷款；它还与ITT集团一起资助了智利的叛乱将军皮诺切特。[1] 如今，这家私有银行陷入了当今金融界实权者的掌控中，其大股东是先锋、贝莱德等[2]，法定注册地在避税天堂百慕大。每年的全员大会，先锋、贝莱德等集团的代表都轻松愉快地聚集在百慕大的首府哈密尔顿。[3]

罗斯柴尔德集团

罗斯柴尔德银行在44个国家有63个分支机构和3400名员工，他们为政府和企业在买卖、合并、贷款等方面提供咨询服务。事实上，大部分业务银行都可以如此操作。罗斯柴尔德银行自称"赢得了政府、大机构、家庭和私人客户的信任"，并将这些高净值及超高净值客户圈内的服务对象称为"这个世界上最幸福（fortune）的人"。英文单词"fortune"既可以表示"幸福"，也可以表示"财富"。

"世界第一"

从法律层面而言，罗斯柴尔德的分支机构和分布在巴黎、伦敦、纽约、法兰克福、迪拜、布加勒斯特、东京、北京等地

---

[1] Richard Parker: Bankers Behaving Badly, New York Times, 27.5.2017.
[2] www.nasdaq.com/laz/institutional-holdings, abgerufen 9.4.2018.
[3] Lazard Ltd.: Annual Report on Form 10-K 2017, p. 1, investors.shareholder.com/lazard/SEC filings.

的众多子公司，都在罗斯柴尔德持续控股（Rothschild Continuation Holding）名下，该控股公司建立在极小的避税天堂——瑞士的楚格州。大股东除了罗斯柴尔德家族内部成员，还有怡和控股（Jardine Mathesn Holdings）。这是一家国际混合集团，运营地在中国香港，注册地在百慕大的哈密尔顿。

　　罗斯柴尔德银行自称是并购领域 2006 年以来的"欧洲第一"和"世界第一"。2017 年共完成交易 650 笔，总价值达到 5600 亿美元。银行年报中提到了科赫资产发展（Koch Equity Development），科氏工业的家族公司，而科氏工业是美国最富有、政治上最保守的寡头政治家族之一。除此之外，其咨询成果还包括麦德隆集团（德国）的集团分裂案，维旺迪收购传媒集团汉威士（Havas）案，美国钢铁公司和 Avaya（美国）案，制药集团勃林格殷格翰（Boehringer Ingelheim）和赛诺菲（德国/法国）案以及英特尔收购 Mobileye（美国/以色列）案，等等。同时，该银行也为私募股权投资者提供咨询，如贝恩资本和 Cinven 收购化工集团史达德（德国），Waterland 收购德国医院，私募股权投资者 Cerberus 和 Golden Tree 操作巴瓦克（BAWAG，奥地利）上市。严重负债的乌克兰政府也在发行欧洲债券方面接受了该银行的咨询服务；赤字严重的爱尔兰政府在爱尔兰联合银行（Allied Irish Bank）私有化进程中得到了该银行的帮助，最终结果是营业额比 2012 年翻了一番。①

整个欧洲内的私有化

罗斯柴尔德骄傲地说,自 20 世纪 80 年代以来,作为 60 多个政府的咨询机构,它们已经在欧洲甚至全球完成了比任何其他一家投资银行都要多的私有化,其中有:法兰克福机场、德国空中交通管控、土耳其电话网(出售给沃达丰)、塞尔维亚电话网(出售给挪威电信)、葡萄牙航空公司 TAP、丹麦电子企业 DONG(出售给瑞典大瀑布电力公司)、渡轮公司 Scandlines、法国电力集团 EdF 和电信企业法国电信。②

罗斯柴尔德不仅为以天主教信徒粉饰自己的撒切尔政府提供咨询;20 世纪 90 年代末,他也同样在 PPP(政府和社会资本合作)私有化模式方面为安东尼·布莱尔(Anthony Blair)领导的新工党提供咨询。通过这位英国首相,罗斯柴尔德作为时任联邦总理施罗德的 PPP 咨询机构,也涉足进入了德国。③

与政府官员联姻

这些私有化显示出了国家与个人之间的旋转门机制。虽然对纳税人的利益有损害,但是对咨询机构和它们"幸福的"客

---

① Rothschild&Co: Rapport Annuel *2017*, pp. 12ff.
② N M Rothschild&Sons: Relevant Experience, 25.10.2007, [Memorandum für die Schwedische Regierung], www.regeringen.se/contentassets, abgerufen 11.4.2018.
③ Brummer, a.a.O., p. 23; Der Spiegel 12/2017, p. 17.

户来说，却是极为有用的。为此，罗斯柴尔德在其顾问委员会中聚集和供养了数百位高级别的政治家和官员。虽然他们每年会参加两三次会议，得到不足 10 万美元的报酬，但是很显然这种对"（反）社会资本"的运作价值要高很多。

德国前总理施罗德卸任之后被聘请到了欧洲咨询委员会长达十年之久，主要目的就是为罗斯柴尔德开启通往俄罗斯和东欧的大门。除了吸收施罗德之外，其他咨询委员会成员还包括可口可乐前总裁、沃尔沃前总裁、英国央行前行长、戴姆勒克莱斯勒前总裁克劳斯·曼戈尔德（Klaus Mangold）等。曼戈尔德到今天仍是罗斯柴尔德德国有限公司咨询委员会的主席，两者之间的咨询合同还为曼戈尔德带来额外的高收入。[①]

罗斯柴尔德与施罗德的继任者安格拉·默克尔（基民盟）的政府也保持着联系。时任德国财政部部长朔伊布勒为了银行救助基金 SOFFIN 请来了罗斯柴尔德作为顾问，还有美国律师事务所孖士打（Mayer Brown）及其共同所有者弗里德里希·梅尔兹（Friedrich Merz）、毕马威、普华永道、富而德和高盛。[②]

| 罗斯柴尔德在白宫的婚礼

琳恩·福雷斯特·罗斯柴尔德夫人，也是《经济学人》（*The Economist*）杂志的掌门人，美国外交关系委员会成员，她曾是

[①] Schröder berät die Investmentbank Rothschild, www.faz.net, 24.3.2006.
[②] Wie sich PWC und KPMG die Bälle zuspielen, WiWo, 11.6.2009.

美国前总统克林顿的顾问，甚至她个人的婚礼也是在克林顿的白宫庆祝的。但当民主党内贝拉克·奥巴马战胜了希拉里·克林顿之后，这位罗斯柴尔德夫人又转去支持共和党极右翼分子麦凯恩（McCain）。①

这些"幸福的人们"的旋转门文化有多种存在形式。保罗·沃尔克（Paul Volcker）从美国央行行长职位卸任之后，马上就成了罗斯柴尔德美国的总裁。②纳撒内尔·罗斯柴尔德勋爵（Lord Nathanael Rothschild）是黑石的国际顾问团成员。③他们管理着最"幸福的人们"的资产，像拉扎德的同事们一样，坚持让股东们得到尽可能高的利润，即使是在瑞安航空公司这样一家不断急剧降薪的集团也是一样的。

> **威尔伯·罗斯（Willbur Ross）：**
> **从罗斯柴尔德银行家到美国经济部部长**
>
> 　　1976年，威尔伯·罗斯开始了在罗斯柴尔德纽约分部的银行家职业生涯。2000年，他成立了自己的投资公司，但是他并没有中断与老东家的联系。2011年，当罗斯柴尔德帮助爱尔兰政府救助银行时，罗斯与一个美国投

---

① www.politico.eu 5.8.2015, abgerufen 11.4.2018.
② www.americanacademy.de/person/paul-volcker/.
③ https://family.rothschildarchive.org/people, abgerufen 11.4.2018.

资者团体在得到了"三驾马车"的担保之后，共同买下爱尔兰银行三分之一的股份。后来，该股票的价格涨了三倍，罗斯也捞到了他 5 亿美元的利润份额。

在那些接受罗斯柴尔德和拉扎德集团咨询服务的其他欧盟危机国家，如希腊、葡萄牙、西班牙和意大利，罗斯也进行了类似的操作。① 以损害爱尔兰纳税人利益为代价，罗斯为自己谋得了特朗普政府中商务部部长的职位。② 通过一系列皮包公司，罗斯参股了海运导航控股（Reederei Navigation Holdings），其法定注册地在巴拿马。他赌定这家公司的股价会下跌，因为他作为美国商务部部长，也就是内部知情人，知道或者可以推测出，他自己也参与作出的针对俄罗斯的禁运令必然导致来自俄罗斯的运输订单减少。③ 罗斯，作为跨国资本主义阶层的一员，展示了如何通过"美国优先"在全球范围内实现自己暴富的"风采"。

> **埃马纽埃尔·马克龙：从罗斯柴尔德银行家到法国国家总统**
> 　　过去几年间，罗斯柴尔德银行的最大一笔并购交易如下：在食品集团雀巢收购美国辉瑞集团的婴儿食品部门

---

① U.S. billionaire Wilbur Ross cashes out Bank of Ireland stake, Reuters, 10.6.2014.
② Trump adviser more than tripled his money in Ireland, www.irishtimes.com, 1.12.2016.
③ Ganz schön abgezockt, Süddeutsche Zeitung, 21.6.2018.

案中，共同所有者埃马纽埃尔·马克龙为雀巢提供了咨询服务。雀巢为此支付了118亿美元，马克龙获得的报酬是100万美元。①

当时，马克龙还是右倾激进分子尼古拉·萨科齐的经济顾问。因为萨科齐再次当选的可能性已不存在，马克龙立刻转到竞争对手弗朗索瓦·奥朗德的竞选团队，毫不留情。马克龙表现出新金融家们的政治立场：无所谓"保守的"、"社会主义的"还是"超党派的"。蛊惑人心是商业模式的一部分。当奥朗德大骂"金融世界"，并向其索取75%的顶级税率时，马克龙却做着相反的准备。

作为经济部部长，马克龙将运输业的一部分（公交和长途运输）私有化；但是当他在劳资关系方面的"改革"进行不下去了的时候，他退出了。看到弗朗索瓦·奥朗德连任无望，而其他平民党派腐败又不善经营时，马克龙的圈子开始推动一种次级平民主义形式——与那些能跟资本和平共处的党派保持表面上的距离。通过"激进"运动，马克龙成了法国总统。因为他的晋升，人们称他为"新萨科齐"。② 现在，这位富有的机会主义者和平民主义者继续推行国有企业私有化，比如法国国家铁路公司（SNCF）、能源集团Engie等拥有国家股份的公司。他极大地减轻了

---

① Nestlé machte Macron reich, Blick（Schweiz），30.9.2017.
② Macron is the new Sarkozy, www.lopinion.fr, 3.5.2018.

那些"幸福的人们"的税务负担:他废除了财产税以及对红利的征税。①

为了让那些"幸福的人们"在国家的帮助下发财,这个正在走向全球的银行家不仅变成了一个民族主义者,而且他还想重塑中世纪时国家和天主教堂统一的局面。在聚集在一起的法国主教们面前,他发誓反对启蒙运动,"法国与天主教之间有着不可摧毁的联系……天主教的力量必须重新并且永远给我们的国家带来生机。"②

资本主义在道德上和民主上都已破产,它的预言家们要使每一个够得着又适合的象征、每一个能联系得上的宗教、每个不可捉摸的传统以及每一座闪光的宫殿,都重新振奋起来。

施罗德国际商人银行

施罗德银行,与拉扎德和罗斯柴尔德的传统一样,因其德国创始人施罗德而得名,它的历史可以追溯到19世纪初。1863年,施罗德银行与巴黎银行爱兰奇(Erlanger)一起资助了美国内战的联盟军。第一次世界大战前,它为德国的海外贸易提供了贷款,但是当时的海外贸易在战争中破产了。战争过后,它

---

① Sebastian Chwala: Macrons "Erneuerung", junge Welt 7.7.2018.
② Emmanuel Macron tend la main aux catholiques, Le Figaro, 10.4.2018.

为德国政府提供咨询服务，与巴林、罗斯柴尔德并列成为伦敦三大银行之一。

与拉扎德相同，施罗德逐渐从其他领域抽身，仅保留为企业和政府提供战略咨询的业务。2017年，它管理着超高净值客户的4470亿英镑的资本。其中一部分资本由其子公司璞米投入到公司收购中。施罗德银行的总部设在伦敦，在29个国家有分部，员工共计4600人，在美国、德国、海湾国家和中国尤其活跃。它充分利用诸如直布罗陀、泽西和根西岛以及卢森堡、荷兰和瑞士等避税天堂，让这些地方成为银行的"工具包"。不久前，这家传统的家族银行也落在了新金融机构们的手中。占主导地位的是私募股权投资者，同时先锋、富达国际也是共同所有者。

然而从表面上，人们看不出施罗德银行与顶级政治家和最重要的金融机构有什么联系。20世纪80年代以来，它在西欧的私有化方面扮演着十分重要的角色，仅次于罗斯柴尔德，比如与华宝投资银行（SG Warburg）一起在玛格丽特·撒切尔政府中，将水务公司私有化。其他较大的委托订单还有法国国家银行里昂信贷银行和德国电信的私有化。①

施罗德银行将戈登·理查森（Gordon Richardson）推举为英国央行最高长官；在1995年至2005年又将詹姆斯·沃尔芬森（James Wolfensohn）推举为世界银行行长。1978年，在洛克

---

① Corprate Profile Schroders, The Independent, 10.11.1999.

菲勒基金会的帮助下，施罗德总裁杰弗里·贝尔（Geoffrey Bell）成立了三十国集团（Group of Thirty），这个独一无二的资本游说团体由 30 个成员组成，目前由华尔街银行摩根大通总裁管理。其中 13 名成员来自美国，如美国央行前行长本·伯南克（Ben Bernanke）。其他成员都来自大的中央银行和世界银行。出身高盛的欧洲央行行长马里奥·德拉吉也在其中，还有新近的黑石副总裁菲利普·希尔德布兰德。①

麦格理集团

澳大利亚的银行家们与他们在纽约、伦敦的前辈们保持着密切的联系，他们很早就已经把反政府干预的操作掌控在了自己手中，那时候此类行为还没有被合法化。1969 年，悉尼就成立了新投资银行麦格理，其分部如今遍布纽约、伦敦、巴黎、法兰克福、阿布扎比、北京、香港等，以 1.45 万名员工的规模成为全球基础设施方面最大的私人投资者。麦格理也参与并购和安置基金，聚集了高净值客户、保险和企业的资本，投放领域是私有化的或者私人建造的基础设施：港口、机场、收费公路和收费桥梁、隧道、医院、饮用水设施和污水处理设施、发电站。除此之外，麦格理还在以私募股权方式进行收购和兼并的领域为其他投资者提供咨询，如贝恩资本、桥点、Odewald 和

---

① http://group30.org, abgerufen 9.4.2018.

璞米。①

在澳大利亚，麦格理银行最先推动了私有化进程。从 20 世纪 90 年代开始，麦格理运用从当地政府那里获得的"工具包"，也慢慢开始在欧洲活跃了起来。在德国，它与法国建筑集团布依格（Bouygues）、放贷者德意志银行和德国北方银行共同参与了罗斯托克瓦诺隧道的建造和运营。这一项目于 2003 年开始，采取了 PPP 模式，这个时间点比联邦议院通过 PPP 法案还要早。该隧道计划在 30 年间通过向私家轿车、公交车和大型货车收费实现再融资。然而，麦格理所作出的从经济角度出发的判断并没有得到认可，该隧道的通行费涨了三倍，收费期限延长到了 50 年。②

在英国首相托尼·布莱尔执政期间，麦格理买下了掌握伦敦供水和污水处理系统的泰晤士水务（Thames Water）。泰晤士水务公司必须为此进行贷款，而借助这笔贷款，麦格理为他的投资者实现了 15.5% 至 19% 的年利润率。2017 年，麦格理卖掉了它最后的股份，留下来的却是一个负债 20 亿英镑的企业。③

佩雷拉温伯格

人们喜欢把这种新创办的银行类型称为投资的"时装店"，

---

① Siehe https://macquarie.com/our deals.
② Werner Rügemer: "Heuschrecken" im öffentlichen Raum. Public Private Partnership, Bielefeld 2012, p. 135.
③ How Macquarie bank left Thames Water with extra 2bn Pound debt, BBC News, 5.9.2017.

其中之一就是佩雷拉温伯格。佩雷拉温伯格成立于 2006 年，如今已成长为拥有 650 名员工的银行。它的主要分支机构在纽约和伦敦，其他分部位于旧金山、阿布扎比、迪拜、丹佛。其欧洲总裁迪特里希·贝克尔（Dietrich Becker），在美林和摩根士丹利学成。贝克尔在接手银行后草拟了新的目标："我们现在在欧盟扩张，不仅是因为英国脱欧。"他不愿透露具体委托人信息，但是从其他来源我们得知，在意昂收购莱茵集团子公司 Innogy 案中，佩雷拉温伯格为意昂提供了咨询。①

在为工业气体生产商林德提供咨询过程中，我们得知佩雷拉温伯格获得了 3600 万欧元的报酬。在林德并购美国竞争对手普莱克斯的准备阶段，身为林德监事会主席的沃尔夫冈·赖茨勒（Wolfgang Reitzle），同时也是佩雷拉温伯格的共同所有者，在并购进程中扮演了最重要的推动者角色。当并购谈判正式开始，也是在赖茨勒受到公开批评之后，他才"暂停"了他的伙伴关系。② 这里的"咨询"就是自我帮助的另一种说辞而已，这种自我帮助实质上是相互配合的，使自身享有绝对特权的。

---

① "Es gibt auch gute Gründe für Frankfurt"，HB, 9.4.2018.
② Wer an der Fusion von Linde mit Praxair verdient, www.faz.net, 29.9.2017.

5
私有银行：巨头们的秘密前沿阵地

金融危机过后，那些小型私有银行蓬勃发展，这一点是不为公众所知的。2018 年的精英报告提到，这个原本"沉默的领域"在过去几年中"快速发展"。① 接下来我们看一下德国的情况。

2018 年的精英报告介绍了 66 家情况类似的银行。2017 年，他们管理的资产在 1 万亿欧元以上，而此前一年这个数字只有不到 9 亿。这些银行的资本来自中小家族企业、富有的自由职业者、老年人、遗产继承人、天主教的主教辖区和新教机构。② "我们的目标客户是 1 万名最富有的德国人，他们掌握着德国居民总财富的 50% 以上。" 21 世纪初，萨尔·奥本海姆银行行长马蒂亚斯·冯·克罗克伯爵（Matthias Graf von Krockow）这样宣告，当时的萨尔·奥本海姆银行还是这些银行中规模最

---

① Elitereport extra: Ausgezeichnete Vermögensverwalter, www.elitereport.de, abgerufen 27.4.2018, als Beilage in den Medien des Zielpublikums HB, WiWo und FAS, April und Mai 2018.

② Elitereport ebd. pp. 3ff.

大的。①

这些银行大多都有一个主要的地区性活动区域，一般是大型城市，如慕尼黑、汉堡、科隆、法兰克福、柏林和斯图加特，但是也有区域性中心城市，如杜塞尔多夫、比勒费尔德、纽伦堡、明斯特、汉诺威、多特蒙德、不来梅和奥格斯堡。这些银行寻找的是分布在全国目标群体之下的子群体。自从奥本海姆银行行长发表完上述宣告之后，这一目标群体的数量大约增长了四倍。例如在 DZ 私有银行，存款需以 25 万欧元起步；在 ODDO BHF 银行，只有 2500 万以上的存款才受到格外的欢迎。

除此之外比较响当当的名字还有 Merck Finck 银行、贝伦贝格银行（Berenberg）、汇丰银行集团（HSBC Trinkaus &Burckhardt）、Fürst Fugger 私有银行、韦伯银行（Weberbank）、Bethmann、美茨勒银行（Metzler）、Hauck&Aufhaùser。还有一些外国私有银行在德国也有分支机构，如瑞士的百达银行（Pictet）和宝盛银行，来自列支敦士登公国的 LGT 银行（Liechtenstein Global Trust）。同时，一些较大的私有银行在国外也有分支机构，如芝加哥、纽约、旧金山、卢森堡、维也纳、日内瓦和苏黎世。

为了使客户的财富增多，私有银行这个"沉默的领域"作为一种前线组织，有时会将汇集起来的客户资产交给巨头，参与贝莱德的金融项目，作为资本或贷款的提供者参股到私募股

---

① Werner Rügemer: Der Bankier. Ungebetener Nachruf auf Alfred von Oppenheim, Frankfurt/Main 2006, p. 92. 2009 年该银行破产，其财富管理部门被德意志银行收购。

权投资者中。这个进程会悄无声息地进行。这些私有银行雇用了大量专业人士，几百年以来都是这样的。

在西欧，瑞士仍然是最重要的地方。单单是百达和宝盛这两家银行管理的客户资产，就相当于上述所有德国私有银行的总和——近8000亿欧元。近几年，这两家银行开始在贫富差距不断拉大的欧盟成员国内扩展其分支机构。他们还是有组织地逃税的高手，正如媒体所说："德国是宝盛银行继瑞士、根西岛、香港、摩纳哥、新加坡和巴拿马之后的第七大记账中心。"①

---

① www.juliusbaer.com/de, abgerufen 10.5.2018.

6
风险资本家：准备者

风险投资者先是不断寻找那些拥有少量员工、对前途发展有所期待的小型创业公司，进一步步地介入到这些公司内部。这样的操作只需 10 万美元或欧元就可以作为起步资金，最高至数十亿，上不封顶。多数情况下会有多家风险公司联合起来，共同资助一家创业公司。

二至四年后，创业公司要么成功上市，要么被一家集团公司收购或者转手卖给下一批风险投资者或私募股权投资者。通常来说，创业公司的创始人担任主管经理职位，持股 5% 至 10%，而风险投资者会在几年后拿着他们的利润将自己的股份卖出。如果这是一家非常成功的创业公司，贝莱德会最终加入，就如同众所周知的苹果集团所操作的那样。

▎兴起于科技密集型行业

这套操作流程于 20 世纪 60 年代在美国成形。以当时的斯坦福大学及其周边的军火企业（如洛克希德）的数据处理领域为重点，包括通用电气、IBM、电信公司 AT&T、汽车集团福特和通用汽车，他们当时都在寻找最新的技术。起先这种情况仅发生于军火行业和传统大集团公司，后来就延伸到了独立的新公司。① 单单是 1983 年，旧金山的汉博奎斯特公司（Hambrecht&Quist）就投资了 66 家初创公司。每年都有数百位软件和芯片研发人员、数据分析师得到资助。这样，从 20 世纪 80 年代初以来，在短短的数十年间就有众多国际型集团企业诞生，如苹果、微软、亚马逊、谷歌、脸书、优步和声田（Spotify），而且整个领域的形成速度越来越快。

银行和集团也参与其中

风险投资者大多是银行家出身，其公司规模不大，一般情况下只有 5 至 50 名雇员。一些银行也利用这种方式成立了自己的风险投资子公司。企业集团更是如此，因为它们本来就是这样参与投资的。比如谷歌的形成正是遵循了这一操作流程，然后再通过不断地收购创业公司持续壮大自己。

其他企业集团也是这样做的，比如芯片制造商英特尔、西门子、巴斯夫、眼镜销售商菲尔曼（Fielmann）、博世、赢创（Evonik）和德国汉莎。再如企业咨询公司波士顿咨询集团（BCG）成立了波士顿咨询集团数字风险投资公司（BCG Digital Ventures），斯普林格出版社（Axel Springer Verlag）与汽车集团

---

① Werner Rügemer: Neue Technik – Alte Gesellschaft. Silicon Valley, Köln 1985, pp. 165ff.

保时捷各自的数字风险投资子公司共同资助了创业公司联合加速器。

最终,第一梯队的大资本组织者,如贝莱德、富达、威灵顿也创建了这样的专门进行投资的子公司,因为在私募股权领域他们也是这么做的。

情报机构的参与

情报机构同样在不停寻找更好的监控技术,它们还经营着参与风险资本投资的子公司。美国中情局创办了一家叫作In-Qtel的公司,[1]该公司因曾为帕兰提尔(Palantir)投资得以快速崛起,目前已有2000名员工,分布在全球15个基地。美国中情局、美国国家安全局(NSA)、美国内政部和美国军队都是其主要客户。

生物科技、气候、媒体、社交媒体

在硅谷的众多金融明星中,布莱恩·辛格曼(Brian Singerman)排名很靠前。他与彼得·泰尔(Peter Thiel)共同创立了创始人基金(Founders Fund)。该基金资助了创业公司Stemcentrx,这是一家抗癌药生产商。创始人基金对该公司投入了3亿美元,并在两年之后成功地将其卖给了制药集团艾伯维(AbbVie),实现利润14亿美元。在此之前,辛格曼投资了创业公司气候公司

---

[1] Christian Bergmann / Christian Fuchs: SAP arbeitet für die NSA, Zeit online, 10.3.2015.

（Climate Corporation，专注于天气和土壤测量）并卖给了农业集团孟山都。类似的案例还有它们对 Deep Mind 的投资并在之后卖给了谷歌。创始人基金还资助了私人房间和酒店房间的中介平台爱彼迎（Airbnb）。

红杉资本（Sequoia Capital）投资了 WhatsApp，以 30 亿美元的价格成功将其卖给了脸书。基线创投（Baseline Ventures）投资了 Instagram，这是一家于 2009 年成立的照片和视频线上服务商。三年后，基线创投以 10 亿美元的价格将 Instagram 也卖给了脸书。[①]

规模较大的风险资本公司驻扎在美国旧金山的硅谷中心、帕罗奥多（Palo Alto）和门洛帕克（Menlo Park），另外的几家则在纽约、波士顿和得克萨斯州。其中最大的一家是芯片制造商英特尔的子公司，其资本量是 90 亿美元；紧随其后的是橡树投资、Insight、美国国际数据集团（IDG）、Accel、德丰杰（Draper Fisher）、高智（Intellectual）、优点资本（Vantage Point）、创始人基金（30 亿）和红杉，再之后是奥斯汀风险投资（Austin Ventures）、高原（Highland）、General Catalyst 以及资本量在 16 亿美元的谷歌风险投资。[②]

即使在亚洲、南美洲和欧洲，投资人也都乐于使用这种投

[①] Midas 2017: Meet the 100 Best Venture Capitalists in the World, www.forbes.com, 18.4.2017, abgerufen 20.3.2018.

[②] https://en.wikipedia.org/wiki/list-of-venture-capital-firms, abgerufen 20.3.2018.

资方法。在德国活跃着几十个风险资本投资者，但是控制这个领域的仍是谷歌风险投资、英特尔资本、Comcoast、Salesforce 和思科投资（Cisco Investments）。最早的德国公司都是企业集团的子公司，在德国分别排在第 26 位（零售商腾格尔曼）、第 36 位（贝塔斯曼数字媒体）和第 49 位（制药集团勃林格）。①

彼得·泰尔：创始人基金

彼得·泰尔，硅谷最著名的风险投资者。他曾就读于斯坦福大学。之后，他在华尔街的苏利文·克伦威尔律师事务所（Sullivan&Cromwell）工作。这家律所因是艾伦·杜勒斯（Allen Dulles）和约翰·福斯特·杜勒斯（John F. Dulles）的事业起点而闻名，从 20 世纪 20 年代开始，同时代理德国和美国的企业集团的业务。1945 年后，艾伦·杜勒斯成为美国中情局局长，约翰·福斯特·杜勒斯成为美国国务卿。

泰尔以风险投资者的身份开始了自己的事业，并将 PayPal、YouTube 和领英（Linkedin）操作上市。2004 年，他成为脸书的第一批投资人。2005 年，他创建了风险投资基金——创始人基金，为大约 100 家创业公司提供过早期资金，其中包括声田、帕兰提尔、来福车（Lyft）和

---

① www.gruenderszene.de, 12.1.2018 und 8.11.2016, abgerufen 20.3.2018.

美国太空探索技术公司（SpaceX）。同时，泰尔还是脸书的监事会成员，也是纽约对冲基金克莱瑞资本（Clarium Capital）和帕拉提尔科技公司的总裁。

所有在金融世界活动的，都是泰尔的投机对象：他通过押赌虚拟货币比特币赚得数亿美元。① 帕兰提尔（水晶石）是美国情报机构（如美国联邦调查局、美国中央情报局和美国国家安全局），也是美国家庭安全部、美国空军、美国海军和美国防灾救灾机构最重要的软件提供商之一。为此，泰尔请来美国前国务卿康多莉扎·赖斯和美国中情局前局长乔治·特内特（George Tenet）加入其咨询师队伍。②

美国政府授权帕兰提尔去消除维基解密（wikileaks）公布机密军事和外交人员数据带来的影响。帕兰提尔的大数据系统不仅用于在战争地区（如阿富汗）寻找和杀死目标人群，还用于监视入境美国的穆斯林，运行自动的有价证券交易系统。③ 正如大多数硅谷明星一样，泰尔也呈现出一种混乱的价值观，是极端右翼人物的形象代表。

与亚马逊总裁贝佐斯（Bezos）相同，2009年，泰尔将自己形容为"自由论者"，认为"真实的人类自由是最

---

① Peter Thiel's Founders Fund Makes Monster Bet on Bitcoin, Wall Street Journal, 2.1.2018.
② Der geheimnisvolle Aufseher, HB, 19.4.2018.
③ Sam Biddle: How Peter Thiel's Palantir helped the NSA spy on the whole world, Intercept, 22.2.2017; Dieses Genie baut die "wichtigste Firma der Welt", Die Welt, 3.5.2016.

高的财富",为了它,人类必须在网络空间、太空和海边的移民点创造出没有政治和国家概念的区域。个人的自由与民主、福利国家和女性选举权是不能融合的。"我不相信自由和民主是可以共存的。"①泰尔还把自己看成基督教徒。

这位自由论空想家为极右翼政策执行者唐纳德·特朗普捐款125万美元,助力他当选2016年共和党全国代表大会(Republican National Convention)的代表。②泰尔在党代会发言中宣称,特朗普会将美国带向一个"光明的未来",并且要将冷战持续下去。因为在他们的眼中,美国在冷战中获胜了。泰尔还大声宣布:"作为同性恋者,我很骄傲!作为共和党人,我很骄傲!但最让我骄傲的是,我是美国人!"与会者震惊之余仍起立为他喝彩。③

特朗普赢得大选后,泰尔被任命为美国新任总统的经济顾问,与他同在经济顾问团队的还有以下企业的老总们:亚马逊、脸书、谷歌、苹果、思科、特斯拉和优步。这位亿万富翁与特斯拉总裁埃隆·马斯克(Elon Musk)共同组建了SpaceX,目的是将美国火箭技术推向一个新高度,与一个有钱的杰出人物一起先将火星殖民化,然后是太空

---

① Peter Thiel: The Education of a Libertarian, www.cato-unbound.org, 13.4.2009; Peter Thiel: Auf dem Sprung, HB, 19.2.2018.
② Thiel spendet für Trump, FAZ, 18.10.2016.
③ www.gruenderszene.de, 22.7.2016; www.businessinsider.de, 22.7.2016.

> 其他领域。另外,他还资助建设海上家园——在海上为富人建造居民点,而且不受任何国家管辖。他说他想借助年轻人的血活到120岁。他还让人研究,怎样才能阻止人类的生理年龄。①

▎硅谷来到欧洲

硅谷银行(SVB)声称自己从1983年至今已经资助了3万家创业公司。在这个领域之内,既有它自己直接资助的,也有通过贷款给私募股权投资者、对冲基金和其他风险投资者进行资助的。硅谷银行通常都会向其出资人承诺实现两位数的利润率。

2004年以来,硅谷银行在英国、以色列、中国大陆和香港地区都设立了分支机构,2018年5月成立了德国法兰克福分部,在加拿大的布局也在积极推进中。与亚马逊、脸书和微软集团一样,硅谷银行的投资重点也在人工智能、生命科学和医疗技术等领域。财经媒体将法兰克福分部的成立称为令人无比钦羡的硅谷天堂在德国进行的"骑士册封仪式"。②

---

① 硅谷风险资本家托马斯·维塞尔除了赞助了很多创业公司外,还赞助了自行车赛车手兰斯·阿姆斯特朗的团队。1999—2005年,阿姆斯特朗曾借助最先进的兴奋剂七次赢得环法自行车赛。2006年,美国风险资本协会为维塞尔颁奖,褒奖他的终身成就。2013年,阿姆斯特朗在经过长时间的隐瞒后才最终承认了使用兴奋剂的事实。
② Ritterschlag für deutsche start ups, HB, 4.5.2018.

7
传统银行作为服务商

在 2007 年金融危机之后，那些被波及的传统银行得到了国家的救助，在一定程度上受到了整顿。与新兴金融机构相比，传统银行的重要地位已经被削弱。究其原因，其一，贝莱德集团如今成了这些银行的所有者；其二，贝莱德、黑石、桥水、创始人基金和罗斯柴尔德集团正在试图改造现存的企业、银行和国家；其三，新兴金融机构借助富有的客户，拥有了更强大的资本后盾。尽管如此，传统银行还勉强保持着原有的公众印象。

新兴金融机构的服务商

传统银行忙于为新兴金融机构的运营放贷。这些银行大都拖着数百万非固定的小客户，这令它们内心非常矛盾。比起在新兴金融机构进行投资的富有客户和机构类大客户，那些领着普通薪金的人们，他们的工资账户、储蓄账户、小规模有价证券交易，以及国家汇款和养老金都显得太贫弱了，而且还会消耗极高的管理成本。虽然这个领域如今已经得到了更合理的改革，也进行了自动化和数字化处理，但是总体来说效果并不显著。那么在综合考量之下，传统银行到底该不该关闭分支机构呢？

传统银行如果继续给新兴金融机构发放贷款，极有可能引发新一轮金融危机。那样的话，国家有可能不会再施以援手，因为对整个系统而言，贝莱德集团的利益才是更重要的。

双重等级系统：美国——西欧

大型银行还在继续着各种类型的有价证券交易。如果一家被新兴金融机构"喂大"的创业公司已经足够成熟，那么让其上市绝对是一桩不错的生意，银行可以从中赚到股票总额的5%到7%。

即使在欧洲，控制企业上市这一领域业务的仍然是美国银行，而且这种情形还在加剧。在德国，操作上市的组织根据股票总额的排序如下：高盛、摩根大通、瑞信、德意志银行、瑞银、花旗银行、巴黎银行、美国美林银行、贝伦贝格银行、摩根士丹利。①

在并购方面，"德国"银行也没有任何地位。这个领域最有话语权的是罗斯柴尔德投资银行，② 再之后是花旗银行、巴黎银

---

① HB, 22.3.2018, Stand 1. Quartal 2018.
② www.regeringen.se/contentassets, abgerufen 11.4.2018.

行、美国美林银行、佩雷拉·温伯格、摩根大通、D'Angelin、Catalyst Partners、高盛；基础设施有价证券方面的领头羊则是拉扎德。① 高盛集团还在继续扩充在欧盟国家的分支机构，尤其是在德国。

德意志银行曾经是德国最大的银行，然而近来其国际排名却在不断下滑。2018 年，德意志银行监事会中仅有的两名德国成员也被两名华尔街银行家替换了下来。②

"欧洲银行气喘吁吁地追赶着美国同行，然而华尔街银行的领先优势却越来越明显。"这样的结果就是一个双重等级的系统。③ 当贝莱德集团只批准了德意志银行行长 300 万的年薪时，摩根大通行长的年薪却是他的十倍——3000 万。④

---

① HB 22.3.2018, 23.3.2018 und 26.3.2018.
② Neue Kontrolleure, HB, 9.4.2018.
③ Zweiklassen–Gesellschaft, HB, 23.3.2018.
④ Jeden Tag 81.000 Dollar, HB, 23.3.2018.

8
互联网资本家

史泼尼危机之后，美国军方为赶超苏联，于 1957 年搭建了互联网。1990 年后，社会主义国家相继瓦解，互联网开始对商用开放。借助新兴金融机构，互联网化身成经济网络不可或缺的媒介。除了个别富有勇气的持守和平主义的社会活动家（如洛克希德工程师罗伯特·奥尔德里奇 Robert Aldridge），当时的人们还理所当然地认为军方对互联网的主导作用是无可争议的。① 因此包括情报机构在内的各式各样的互联网合作，一直存续到今天。

▎重点问题

公众虽然经常谈论互联网的五大"数字吸血鬼"（谷歌、亚马逊、微软、脸书、苹果，即 GAMFA）② 及其平台运行机制，但他们得到的信息却是残缺不全的。下面将借助范例来分析以下

---

① Werner Rügemer: Neue Technik – alte Gesellschaft, a.a.O., p. 105.
② Digitale Vampire, HB, 23.3.2018.

问题：这五大平台在新兴金融机构中扮演的角色，平台内部的劳动关系，平台所受国民经济和环境的影响，它们与政府和国家的关系，平台与情报机构和军队的相互交织及其本身受到的阻力和面临的平行竞争者。

数字生活的开路先锋：苹果和微软

对当今的数字科技而言，除了已经参与军事事务的惠普、IBM、德州仪器（Texas Instruments）、摩托罗拉和英特尔，新型的电脑和软件企业微软及苹果（分别）成立于 1975 年和 1976 年，一开始扮演的就是预备军的角色。后来随着平台经济扩张，先是亚马逊和谷歌（分别成立于 1994 年和 1997 年）迅速崛起，然后是脸书（成立于 2004 年），之后还有发展更快的优步、爱彼迎、网飞和 Parship 集团（都在 2009 年之后成立）。

苹果：个人电脑

20 世纪 70 年代中期，生产越来越高效，体积越来越小的半导体空前兴盛，批量生产的方式使产品本身也更加便宜。从 1972 年开始，德州仪器开始生产小计算器的芯片。不久后，包括军队工程师在内的数千名技术人员拼装出了第一批家用电脑。

发明和愿景

1975 年 3 月 5 日，32 个喜好钻研的人们聚集在硅谷的门罗帕克公园，他们组建了"家酿计算机俱乐部"（Homebrew Computer Club）。"家酿"寓意"我们自己组装我们的电脑"，就像人们在家里可以自己酿啤酒一样。从那以后，他们每个月在斯坦福大学的阶梯教室碰头两次，彼此介绍自己搜寻到的硬件和软件。1976年，有一位叫威廉·盖茨（William Gates）的人抗议说，这个俱乐部偷了他的程序。这位威廉·盖茨当时为一家小型软件供应商工作，而这家软件供应商坐落在军备高科技地区之一的西雅图，那里正是飞机及军备集团波音的所在地。

俱乐部成员史蒂夫·乔布斯（Steve Jobs）曾在1972年成立的雅达利（Atari）公司短暂工作过一段时间，这家公司生产了第一批家用电脑、计算机游戏和游戏机。1974年，他像很多美国嬉皮士一样周游印度，在很短的时间里学习了印度教和佛教的一些知识。在俱乐部内，这位21岁的年轻人和他的朋友斯蒂夫·沃兹尼亚克（Steve Wozniak）一起，介绍了他们自己组装的"苹果Ⅰ"，一台木质外壳的小型台式电脑。"苹果"这个名字是乔布斯取的，因为他是坚定不移的"果实主义者"（素食主义的一类）。在卖出了几台样机后，乔布斯和他这位朋友在1976年一起成立了苹果电脑公司（Apple Computer Company）。1977年，在旧金山的一个计算机市场上，他们便开始推广新一代的"苹果Ⅱ"了。

▎社群现代电子乐的世界

史蒂夫·乔布斯是一位天才创始人,也是一位喜欢思考的人,直至2011年逝世他都是一位秉持果实主义的梦想家。2001年,他将自己最初的愿景进一步扩大了,这个电子设备在高贵的麦金塔电脑(Macintosh)和智能手机的最后一个版本之后成为他生命的中心。数字科技让音乐、图画、语言和辅助设备走进了人们的日常生活,这看起来不仅使人们的生活变得更美好了,仿佛整个社会亦是如此。这位多愁善感的梦想家,喜欢穿着洗旧了的牛仔裤、凉鞋、宽松的毛衣,戴着金属框眼镜,还总是以这样的形象在大舞台上进行演讲。

乔布斯和威廉·盖茨在内的数千个同龄人,都受到了新社群主义者(New Communalists)的启发。新社群主义者倡导一个与"先进的工业社会"相反的社会模式,即平均主义、维护自由、没有等级,理论上将"先进的工业社会"批判为(或有潜在可能的)"后资本主义"。① 他们倡导人们通过新型的、干净的科技,可以接触到所有类别的信息,无论他是什么性别、种族、信仰或具备什么样的购买力。这与"新左派"的理念有部分重合,然而对于秉持传统理念的教会、大财团和华盛顿政府而言,这种倡导是有些语焉不详的。②

一开始,乔布斯甚至梦想过企业社会主义(Corporate So-

---

① Herbert Marcuse: The Onedimensional Man, Boston 1964.
② Fred Turner: From Counterculture to Cyberculture, Chicago 2006, p. 33ff.

cialism），计划为在苹果公司工作的员工提供所有便利性：儿童看护、健身时间、在宽松的工作环境中充满激情地工作，组织多样的文化活动，提供素食食堂，免费接送员工上下班等，所有员工都是平等的，互相之间都以名字相称。[1] 但是在企业成功后，他逐步放弃了社会主义这个后缀，剩下的只有企业以及他对通用电力新闻发言人和美国时任总统罗纳德·里根（Ronald Reagan）理念的支持。[2]

> 与微软共同策划有计划地产品淘汰

销售成就的本身就证明了风险资本公司在 1978 年之后相继加入的作用，如 Davis&Rock、文洛克创投公司（Venrock Associates）、红杉和辛格尔顿（Singleton）。复印机和办公技术集团公司施乐（Xerox）推动了它的下一个飞跃的发展。1970 年，施乐在斯坦福大学的工业园设立了一个研发中心，军队系统和苹果重要的用户界面就是在这里进行研发的。在这种界面里，用户只需用鼠标点击符号，就可以在电脑上简单又快速地进入游戏或其他程序。

施乐集团开出的条件是要在苹果上市之前得到它的优先股。于是在苹果上市之后的 1980 年，百事可乐前市场营销总监成

---

[1] Werner Rügemer: Neue Technik – alte Gesellschaft, a.a.O., p. 47f.
[2] Declan McCullagh: Silicon Valley's Dangerous Political Blind Spots, https://reason.com, 15.4.2018.

了苹果的总裁，破旧的小屋一步步变成了如今家喻户晓的美国企业。

1997年，苹果开始与微软合作。微软由威廉·盖茨创立，时间上几乎与苹果同步，而且成长同样快速。双方就交叉许可证达成协议并共同组建了一家卡特尔。他们将数字产品列入总规划，软件、电脑的每一个新版本都被赋予了几个新的功能特点（存储容量、安装第三方软件、GPS），但同时不让所有可行的新功能都一步到位，而是需要在下一个或者再下一个版本才能得到应用。为了给下一个版本的亮相在公众中造势，他们会有针对性地对用户和粉丝进行"窥察"。但是他们不会公开窥察的深度，只是说"我们想更好地了解你们"。这样就制造了一种假象——必须得买最新版本才不至于落伍。心理和技术上双管齐下地进行有计划的产品淘汰，苹果和微软成了这方面的领军者。[①]

完全平常的硅谷资本主义

苹果的领导层逐渐开始效法美国大集团都会执行的常规操作：创始人和高管通过优先股、副业和奖金为自己谋取巨大的利益，严格按照等级划分。

从2001年开始，乔布斯放弃了高额薪水，每年只象征性地拿1美元，但他通过其他副业却积累了数十亿资产。2006年，

---

① Geplante Obsoleszenz, www.focus.de, abgerufen 6.4.2018.

单是通过股票期权，乔布斯就从苹果获得了 6.57 亿美元。这一收入水平要比华尔街薪资最高的银行行长们以及最大的石油集团总裁们的收入还高上数倍。① 然而这只是他收入的一部分，从 2006 年起，他还成为华尔特迪士尼公司的最大股东。

组建卡特尔、窥探客户、违反法律：苹果也像每个美国企业一样，借助一个又一个在爱尔兰或者荷兰开办的皮包公司逃税。② 苹果在欧盟销售的手机附带一年保修期和一个延长保修期的附加险，然而欧盟的准则则是必须保证两年的保修期。③

苹果的经理人根据等级不同一般会获得百万至千万的报酬，有时候他们还可以乘坐苹果为史蒂夫·乔布斯准备的私人飞机。大多数员工只会因为加班而过度劳累，其中有些是自愿的，有些则不是自愿。中产收入者在硅谷山上的那些小屋、游泳池和前院，一般都是雇用非裔或者墨西哥临时工进行清扫的。

亚洲和爱尔兰之间的低工资人群

在亚洲，苹果让分包公司富士康去完成艰苦的工作，那些可怕的、自杀式的枯燥工作在加利福尼亚这样的"天堂"是看不到的。④ 在硅谷设计的豪华计算机，包括后来的 MP3、外围设

---

① Steve Jobs: 1 Dollar Gehalt, 647 Millionen kassiert, Computerwoche, 4.5.2007.
② Apple avoids taxes with, complex web' of offshore entities, Senate inquiry finds, The Washington Post, 20.5.2013.
③ Apple droht Ärger wegen Produkthaftung, Frankfurter Allgmeine, 1.12.2012.
④ Apple–Zulieferer: Drei Foxconn–Mitarbeiter stürzen sich in den Tod, SPON, 18.5.2013; Apple–Zulieferer knechtet bis zur Erschöpfung, Welt N24, 19.12.2014.

备、笔记本、智能手机、平板电脑等这些产品,其生产都被分离到了无论是从劳动法角度还是从环境法角度都备受争议的地区。如今,全球范围内大约有 100 万人在那些低薪国家每天辛苦劳作 12 小时。

一位曾在爱尔兰科克的苹果欧洲总部工作过的员工,把他的个人经历进行了如下总结:5000 名低工资的电话咨询员被分成大组,每组 500 人,时刻处于上级的监视之中。每天只有 8 分钟时间去洗手间,所以他们只能尽可能少喝水。在这样的工作环境下,该公司的自杀率是爱尔兰全国平均数的六倍。即使将此情况投诉到了蒂姆·库克那里也改变不了什么,因此霍利山基地也被员工称为霍利地狱。①

在德国的苹果店中,员工就有过被窥探的经历,比如多久去一次洗手间,在休息室都做些什么。公司觉得企业职工委员会成员作为集体代表很碍事。②除此之外,每个员工都要穿上苹果 T 恤,以代表对公司有认同感;在大会上,还要被迫为领导们拯救人类的愿景鼓掌。

在普通大资本的庇佑下,美国国家安全局在内

苹果的数字平民主义最终得到了大资本的支持。苹果的大股东有先锋、贝莱德、道富、伯克希尔·哈撒韦、富达国际、

---

① Wie ein "Traumjob" in der Apple-Zentrale wirklich aussieht, N24, 18.3.2017.
② https://bigbrotherawards.de/2013/arbeitswelt-apple, abgerufen 6.4.2018.

普信、北方信托、Geode 资本管理、纽约梅隆银行、挪威央行、景顺、摩根士丹利、美国银行、高盛。①

在 2012 年至 2017 年间，这些大股东每年获得的纯利润在 500 亿至 710 亿之间②，相当于 20% 至 30% 的利润率。它们将这些纯利润从苹果在全球范围内的皮包公司转移到自己的皮包公司，再分到它们的客户们的皮包公司。

数以亿计的苹果设备虽然可以抵挡住小规模犯罪分子的入侵，却无法抵挡美国情报机构的入侵。苹果设备如同其他同类制造商的相应设备一样，就是普通公民在私人、社会和企业空间中的现代化的窃听器。这些窃听器不再像以前那样需要情报人员大费周章地藏在礼帽中，安装在床下或电话机听筒中。③ 2001 年起，苹果公司也要屈从于美国的《爱国者法案》(*Patriot Act*) 以及官方的"打击国际恐怖主义的斗争"的监控需要。

有选择地提拔女性

从 2011 年开始，苹果集团的监事会里逐渐出现了美国顶级集团的代表，比如军备集团的诺斯罗普·格鲁曼（Northrop Grumman），还有波音和华特迪士尼的前总裁们。没人关心如何在不破坏环境的前提下处理生产苹果设备所必需的稀土资源，

---

① www.nasdaq.com/symbol/apple/institutional-holdings, abgerufen 30.3.2018.
② Nettogewinne von Apple Inc. weltweit vom 1. Quartal 2005 bis zum 1. Quartal 2018, https://de.statista.com, abgerufen 6.4.2018.
③ Sicherheitslücken im iPhone. Wie Apple die NSA einlädt, FAZ, 22.7.2014.

然而为了获得一个温柔的致力于环境保护的形象,美国前副总统阿尔·戈尔(Al Gore)如今也来到了监事会,开始领取他的红利了。

在那些遥远的贫穷国家,辛苦劳作的年轻女性们没有获得任何保障,与此同时,"成功女性"的命题范围却得到了扩展。贝莱德共同创始人苏珊·瓦格纳(Susan Wagner)加入了苹果监事会,还有年轻的美国格莱珉(Grameen)首席执行官钟彬娴(Andrea Jung)。格莱珉这个"穷人的银行"给美国穷困女性发放微额贷款,帮助她们成立小型企业。这种微额贷款是由诺贝尔奖获得者穆罕默德·尤努斯(Mohammed Yunus)发明的。[①] 但是,这家银行如今已经与两家大型私募股权投资者安佰深和庞纳资本(Pomona Capital)以及最大的对冲基金桥水产生了联系。[②] 钟彬娴同时还是通用电力和戴姆勒的监事会成员。

苹果董事长库克认为,吸收这位贝莱德女士进入集团有助于进一步占领国际市场:"在发达国家和新兴市场并购和打造全球商务网络方面,瓦格纳经验丰富。"[③]

微软:软件怪物

与苹果创始人乔布斯同龄的威廉·盖茨,同样在大学辍学

[①] www.apple.com/leadership/, abgerufen 6.4.2018.
[②] www.grameenamerica.org/about-us(Board of Directors).
[③] Apple Announces A New Board Member – Sue Wagner, www.businessinsider.com, 17.7.2014.

之后成立了微软公司。微＝小，软＝软件，盖茨与朋友一起，为当时很多拼装的家用电脑和个人电脑制作软件。不久之后，微软也开始为公司和政府生产软件，成为最大的软件制造商。如今，它在全球共有12万名员工（其中7.4万人在美国），还有众多供应商和子公司。微软宣称："我们的使命是赋予全球每个人和每个组织强大的力量，使他们取得更大成就"。

同苹果一样，微软的重大突破也是借助大集团实现的。IBM当时也在生产个人电脑，并于1981年接受了微软的MS-DOS操作系统。通过Windows操作系统的图像化扩展，办公软件Windows Office和其他众多应用才得以研发。微软借此成为办公室装配个人电脑方面的市场领军企业，于1986年成功上市。

同苹果一样，微软通过其移动网络、表格计算、文字处理、Power Point、上网和网络电话等程序，通过键盘、游戏机、音乐设备等硬件，更多地渗透在我们的工作日常和生活日常中。

垄断和卡特尔的形成

微软很早就开始谋划其垄断地位，比如将单个产品Internet Explorer与操作系统捆绑在一起销售。竞争者如果被收购，它们的程序也会被随之更改（偶尔也会出现恶意收购失败的情况，比如雅虎案）。微软还为应用其他制造商的软件人为地制造困难或者使之无法正常使用。电脑制造商被迫事先安装好微软的程序和操作系统，通过窥探，检查用户是否遵循了微软的规定。

1998 年，美国司法部和 19 个联邦州递送了反信任起诉书。一年后的判决是：为了打破垄断，必须拆分微软。美国时任总统乔治·沃克·布什的政府出来帮忙了。微软，这个与布什的总统竞选团队共同制作了世纪战略的集团，在华盛顿同布什的竞选顾问一起成立了游说组织，向十几位共和党和民主党议员捐款 460 万美元。2001 年，布什让新上任的卡特尔局局长撤销了这一判决。①

欧盟作为微软的"殖民地"

在赫尔辛基、里斯本和布加勒斯特等欧盟地区，国家行政、乡镇、警察局、企业、军队等组织要继续为昂贵又排他的微软程序付费，尽管程序的运行并不尽如人意。只有微软专家掌握产品源代码的② 这一行为违反了欧盟采购法，阻碍了技术进步，进而造成了其自身产品价格的居高不下。虽然罗马、巴塞罗那等城市的政府部门，法国的宪兵甚至意大利的军队都想打破这个束缚，但是欧盟委员会、马克龙政府、默克尔政府甚至德国巴伐利亚州的基社盟却要巩固微软的垄断地位。微软还与美国国家安全局合作，民众"任由"自己被窥探却浑然不知，殊不知自己的数据早已落入美国情报机构之手。③

---

① U.S. vs. Microsoft: The Lobbying; A Huge 4-Year Crusade Gets Credit for a Coup, NYT, 7.9.2001.
② Elisa Simantke: Europe's dire dependency on Microsoft, Investigate Europe, 21.6.2017.
③ Harald Schumann / Arpad Bondy: Das Microsoft-Dilemma. ARD, 19.2.2018.

一旦涉及与"美国优先"紧密联系在一起的"微软优先",曾经一直信誓旦旦要保证的用户隐私权立刻灰飞烟灭。虽然盖茨对公开美国违反战争法规的罪行深恶痛绝,但他仍然认为爱德华·斯诺登(Edward Snowden)是违法者,不应获得任何支持。①

私人慈善家

在很多方面,微软都会避开法律,到处利用法律漏洞,游走在灰色地带。例如它将运营中心分离出去,在美国殖民地波多黎各、在亚洲进行廉价的设备生产;逃税到特拉华州、爱尔兰、巴哈马等,在像内华达州里诺(Reno)这样的经济不发达地区捞取国家补贴。

声称要给人类带来幸福的人率先让自己变得十分幸福。从1994年到2014年,盖茨15次名列福布斯人类富豪榜榜首。

1999年,盖茨夫妇成立了"比尔和梅琳达·盖茨基金会",宣称将以"所有生命价值平等"为宗旨,以"给最贫困的人,特别是女人和女孩一个改变命运的机会"为使命。②100个国家,特别是非洲和亚洲的数千个健康和农业项目,将得到该基金会430亿美元的资助。

拥有1300名员工的盖茨基金会,以"慈善互助组"的形式

---

① Rolling Stone, 13.3.2014.
② www.gatesfoundation.org/de, abgerufen 12.4.2018.

与精英大学、洛克菲勒基金会和经合组织合作。企业俱乐部扶轮国际（Rotary International）获得了 2.55 亿美元。该基金会担负着联合国国际卫生组织（WHO）11% 的财政预算，因此在其管理委员会中有派驻代表。

在与美国前总统特朗普保持了圈内通行的距离之后，盖茨在大选后很快与特朗普成了好朋友。在特朗普的领导下，微软的创新将通过监管障碍的清除得以延续，美国也可以再次成为起领导作用的国际大国。[①]地球上最大的私人基金会想取代国家和联合国，自己掌控"发展援助"和诊疗"世界健康"权力的野心昭然若揭。

为了资助这种"善举"，资金会也将其资本投给问题的制造方，而这些问题都是有待探讨的问题，比如孟山都、拜耳、巴斯夫、埃克森、BP、壳牌、嘉能可（Glencore）、力拓集团（Rio Tinto）、可口可乐、默克、诺华（Novartis）、史克必成（SmithKline）和辉瑞，在这里都可以看到贝莱德集团的参与。在受到公众批判之后，基金会卖掉了几支股票。但是我们不清楚，基金会是不是在法定报告义务的界线以内依然保留了大宗股票。[②]

创始人总裁保留着 6% 的微软股票，与此同时微软还属于大资本组织者。微软与苹果的股东大体相同，只是顺序略有改

---

① Wird Bill Gates zum Trump-Fan? FAZ, 15.12.2016.
② Bill Gates und sein Image: "Die Stiftung hilft mit Blutgeld", Deutschlandfunk Kultur, 28.2015.

变：先锋、贝莱德、道富、都汇置地、普信、富达国际、威灵顿、纽约梅隆银行、北方信托、摩根大通、Geode 资本管理、景顺、美国银行，还有挪威央行。[①]

平台经济学

互联网成了新型企业模式的基础。这些数字技术与平民参与伴奏的交响乐一起，成为大型操控消费者、压榨附属雇员的背景音乐，而军事和情报机构与数字集团则密切地合作在一起。

亚马逊：贸易怪物

亚马逊主要在西雅图营业，法定注册地在特拉华州，在全球共有 56 万名员工，并在 20 年之内成长为西方线上邮售贸易的最大集团企业。2018 年，亚马逊创始人杰夫·贝佐斯以 1470 亿美元的私人资产登顶美国以及全球最富个人榜单。

军事互联网，风险资本

贝佐斯在普林斯顿大学毕业后，先是在华尔街工作，之后于 1990 年转投到对冲基金 D.E.Shaw 门下。该对冲基金创始人肖教授先后在斯坦福大学和纽约哥伦比亚大学用阿帕网工作过，阿帕网是互联网在军事领域的前身。他如今将这种数字通信的升级形式以及电子邮件的外形移植到了金融领域。贝佐斯曾在

---

① www.nasdaq.com/symbol/msft/institutional holdings, abgerufen 30.3.2018.

那里的线上零售部门工作，一直升职到副总裁。1994 年，他独立创业组建了亚马逊。①

亚马逊最初主营图书贸易。贝佐斯父母所成立的家庭基金会、他的风险投资者朋友克莱纳·珀金斯（Kleiner Perkins）以及他自己都进行了投资。②亚马逊迅速获得了成功，1997 年，公司以 256 名员工的规模完成了上市。之所以能如此快速地取得成就，是因为主流媒体将亚马逊当成下一个全球最大的书店来渲染，还因为有三位经验丰富的金融机构帮助它策划上市：德国的摩根·格伦费尔（Morgan Grenfell）、汉博奎斯特和 Alex.Brown&Sons。

摩根·格伦费尔曾是德意志银行在伦敦的分支机构；来自旧金山的风险投资者汉博奎斯特从 20 世纪 80 年代开始为客户进行上市操作，如苹果、基因泰克（Genentech）和 Adobe；Alex.Brown&Sons 是美国历史最悠久的投资银行，它与对贝莱德有重要意义的利格斯银行一样，都和华盛顿的幕后统治集团有着无比紧密的联系。Alex. Brown&Sons 银行行长阿尔文·克朗加德（Alvin Krongard）当时与美国的中央情报局合作，于 1998 年成为中情局副局长，为私人雇佣兵集团黑水国际谋求到了第一个国家订单。他对此曾经解释说：“从 Alex Brown 到中情局，这

---

① Michelle Celarier: How a Misfit Group of Computer Geeks and English Majors Transformed Wall Street, New York Magazin, 1/2018.
② Jeff Bezos told what may be the best startup investment story ever, www.businessinsider.de, 21.10.2016.

一步并不遥远。"①

> 撤销管制，向内和向外扩张

克林顿总统在其任期内开始撤销对金融系统的管制，这一举措鼓舞了像贝佐斯这样的新创始人。

1994年签订的新型自由贸易协定 NAFTA（美国—墨西哥—加拿大），推动了新一轮力度更大的对管制规定障碍的清理，还继续推进了将工作转移到低薪国家的进程。同年，雇主们获准可以用借工替代参与罢工的工人。②在后来小布什政府的领导下，亚马逊如同微软一样，在美国和全球得以扩张。

借助疯涨的股值和逐步介入的资本组织者（如贝莱德），亚马逊收购了至少128家竞争对手和供货商：首先是线上书店，如德国的Telebook；电子旧书店，如on demand出版社，以及芯片、触屏和手机制造商。其次，它还收购了众多其他领域的公司，如用于房屋和厨房的数字监控系统，用于车库门的控制系统，支付系统、翻译机、自动语音播报器、数字管理（Amazon Web Services, AWS）、童装、电子日常监控系统、送餐，还有音乐、视频、游戏、有声书、电影和电视方面的流媒体服务和生产服务。最后，它还买下了连锁食品超市Whole Foods。除此之

---

① Baltimore Sun 1.2.1998, articles.baltimoresun.com/1998-02-01/news/1998032022_1_buzzy-krongard-tenet-alex, abgerufen 10.4.2018.
② James Gross: Broken Promise. The Subversion of U.S. Labor Relations Policy *1947–1994*, Philadelphia 2003, p. 277.

外，亚马逊还用自己的飞机、无人机，以及从大型物流公司（如DHL、UPS 和美国邮政服务）那里获得的含有最大幅度折扣的合同，组建了自己的配送物流。[1]

贝佐斯用自己的风险资本公司 Bezos Expeditions 资助了众多创业公司，如 Lookout、朱诺医疗（Juno Therapeutics）、Workday、推特和 Rethink 机器人，这些企业都为亚马逊的扩张作出了贡献。[2]Bezos Expeditions 为火箭公司蓝色起源（Blue Origin）提供了资金支持，还出资买下了《华盛顿邮报》。

高管惩戒那群棘手的人

按照地区和国家的经济体量对比来看，那些身处经济不发达地区且职位较低的员工往往都会被极度压榨。他们大多数是有限定期限的合同工、报酬极低的兼职工作、借用工和季节性雇工。在所有国家，亚马逊都拒绝与工会签署集体工资协议。大型仓库往往设在经济不发达地区，雇用的是便宜又听话的劳动力。那些管理者鼓励员工之间互相告密，低效的员工以及身体状况不佳的员工会被赶走，这些都是一个记者团队大费周章调查出来的真实情况。[3]亚马逊员工的患病率比行业内的平均水

---

[1] Zoe Henry: Amazon Has Acquired or Invested in More Companies Than You Think – at Least 128 of Them, www.inc.com/magazin/201705/, abgerufen 10.4.2018.
[2] Sally French: All the companies in Jeff Bezos's empire, www.marketwatch.com, abgerufen 10.4.2018.
[3] Amazon's Bruising, Thrilling Workplace, NYT, 16.8.2015.

平要高。为此，公司领导层推行了一种小组红利：如果一个小组在一个月内没人请病假，那么这个小组成员的税前工资就增加10%。但如果有人请病假，哪怕只有一次，这个小组红利就泡汤了。①

只要员工和政府部门不反抗，公司便会在法律方面铤而走险。在波兰的低薪地区，员工如果生病就拿不到工资，没有加班费，工资经常拖延支付，甚至出现工伤情况也没有任何保障。②

▎全球范围内不受保护的劳工阶层

亚马逊用数字管理的方式延续着最大传统零售商的商业模式，例如沃尔玛，以美国150万名员工和全球230万名员工的规模，在数十年内发展成为全球最大的超市集团。其方法是尽量压低工资，尽量使用非全日劳动力、借工或者季节性劳动者，持续与工会抗争，在全球范围内不断寻找更便宜的供应商，每天都有特价和最低价商品，想方设法捞取国家补贴。很多全职劳动者之所以还没有饿死，仅仅是因为他们会从国家那里得到生活补贴。③

20世纪80年代，沃尔玛就已经从中国和全球其他地方大规

---

① Petra Welzel: Amazon－Wer sich krank meldet, gefährdet die Anwesenheitsprämie aller, ver。di publik 3/2017, p. 15.
② Die "Versklavung" der polnischen Amazon-Mitarbeiter, Die Welt, 18.7.2015.
③ United Nations, Human Rights Council: Report of the Spcial Rapporteur on extreme poverty and human rights on his mission to the United States of America, New York, 4.5.2018, p. 9.

模采购便宜商品，在穷忙族越来越多的同时，它却能在美国发现不断成长壮大的购买阶层。依靠于强大的市场势力，沃尔玛向数十万美国和全球的供应商施压，不断降低消费品进价。这导致了大范围的降薪，其结果是造成了更多的穷忙族。①

亚马逊也是通过这样的流程操作的——敌视工会，与员工的劳动关系恶劣，敲诈供应商获得折扣，恶意利用全球经济不发达地区的规定以获取国家补贴。②连欧洲国家的亚马逊员工也为了获得集体工资协议、永久雇用和获得劳动者权益而抗争。③除此之外，贝佐斯自己还在其他数字平台企业有投资，如谷歌、爱彼迎和优步等。这些企业的商业模式也是建立在剥削不受任何保护的佣工群体之上的。

在美国，一部分亚马逊员工之所以没有饿死，只是因为他们能从国家消除贫困计划（Supplemental Nutrition Assistance Program，SNAP）中得到用于生活补贴的一种优惠券。而这种优惠券也是亚马逊不愿放过的生意，它允许员工们到公司自己的外卖点去兑换优惠券。④

---

① Anthony Bianco: WalMart: The Bully of Bentonville. How the High Cost of Everyday Low Prices is Hurting America. New York，2007.
② How Amazon Undercuts Wages and Working People at Taxpayers Expense, www.jwj.org 7.2.2017.
③ Jörn Boewe/Johannes Schulten: Der lange Kampf der Amazon-Beschäftigten. Rosa Luxemburg-Stiftung, Berlin 2015.
④ Claire Brown: Amazon Gets Tax Breaks While ist Employees Rely on Food Stamps, The Intercept，19.4.2018.

商业和情报机关对雇员和消费者的监控

借助最先进的数字科技,亚马逊加强了沃尔玛的实践经验:以秒为单位对下层员工进行严格监视。亚马逊还用同样的科技手段窥探消费者,日常生活里到处都有语音助手 Alexa 的身影。

智慧家庭设备 Amazon Echo 使人们可以在家里或者在任意地方开启音乐、电视、天气预报、交通和体育新闻以及家庭影院,可以通过语音来调节灯光、温度、室外摄像头、冰箱状态、答录电话甚至提醒按时服药。而亚马逊在没有被窥视者参与的情况下,评估他们的私生活,并在此基础上构建如何更进一步介入其日常生活的策略。与此类似的程序有苹果的 Siri、Google Assistant 和微软小娜(Cortana)。①

Alexa 是以云技术为基础的。亚马逊的云也为美国军方和美国情报机构效力。目前还不清楚有什么措施可以阻止它们获取消费者数据。

阻碍创新的垄断

如今亚马逊与沃尔玛开启了合作,两者利用合并起来的市场力量,在全球范围内加快工资缩水的速度。正如微软一样,亚马逊也在竭力实现垄断,同行的竞争者要么被收购,要么被迫关闭。

亚马逊禁止向其提供产品的两百万外部商家给其他销售商

---

① https://bigbrotheraward.de/2018/verbraucherschutz–amazon–alexa, abgerufen 22.4.2018.

更低的价格（价格平等条款）。同时，商家们必须接受亚马逊所有的垄断服务（产品描述、广告、物流，等等）。①

亚马逊费尽心机地去获取关于员工、合同合作方、个人、企业客户以及他们的第三方联系人的所有可能得到的数据。这个不透明的数据怪物的算法通过互动机制（结合各种购买行为和反应、额外促销、满意度调查）不断完善数据，这样就可以剖析被打探的个人、组织、企业的身份，然后重新整合，以达到亚马逊可以利用的程度。如此这般操作，那些处于巨大的机密孤岛（人工智能孤岛）中的新科技所具有的创造性潜力自然也就被垄断了。②

基因组革命代替治疗型医学

2018年年初，亚马逊、伯克希尔·哈撒韦和最大美国银行摩根大通宣布共同成立一家公司，旨在打破美国过于昂贵又低效的卫生体系。③

美国的卫生体系是地球上最贵、最不公平的体系，甚至可以说是由制药工业、保险、私立医院和有钱的医生组成的一团乱麻。一方面，它将数百万没有生活来源的公民拒之门外；另一方面，保险费的涨幅要比收入快得多。要解开这一团乱麻的

---

① Heike Buchter: Amazon und Walmart – Pioniere der Ausbeutung, Die Zeit, 6.4.2017.
② Die Jagd auf unser digitales Ich, FAZ, 24.2.2018.
③ Amazon, Berkshire Hathaway and JPMorgan Team Up to Try to Disrupt Health Care, NYT, 30.1.2018.

理由有很多，克林顿总统曾尝试突破，奥巴马总统通过《可负担得起的保健法案》（2009）进行了改革尝试，但他们都铩羽而归。

贝佐斯、巴菲特和摩根大通总裁 Dimon 解释说，这个新体系应该首先对自己的员工和他们的家庭有利，其次才是对美国所有公民有利。然而，为此提供解决方案的为什么偏偏是亚马逊，这家一向认为员工太贵，把人视为损耗品，还剔除病人出局的企业呢？

如果该项目是出于治病救人，那就没有什么好期待的了。高盛银行的《基因组革命》科学研究提到：治疗型医学，包括慢性病的治疗，"并不是可持续的商业模式"。因为如果一种有效的药物治好了一种疾病的话，那么病人的数量就会下降，利润也会随之下降。① 显而易见，亚马逊看中的是基因技术。

▎有组织地逃税

亚马逊同样将逃避所有国家对利润征税的可能性利用到了极致。在亚马逊上市前不久，贝佐斯将公司法人住所迁至特拉华州。2004 年，它的欧洲总部以金戴菊莺为名迁到了卢森堡：来自欧盟国家的大部分销售额和利润都会在这里申报，并且只缴纳最少的税。2016 年，其在德国的销售额为 130 亿欧元，然

---

① Goldman Sachs asks in biotech research report: 'Is curing patients a sustainable business model?', www.cnbc.com, 11.4.2018.

而在卢森堡申报的营业额却只有 15 亿欧元并按此进行了缴税。在美国、英国和欧盟，税务机关展开了调查。亚马逊为了做一份有利于自己的反鉴定，委托了德勤和普华永道会计师事务所。这一审理过程延续数年，至今还没有最终的裁决。[①]

亚马逊在美国经济不发达地区和其他国家强行索要政府补贴和免税政策，承诺在巨大的订单处理中心创造极多的不限期工作岗位。然而，这样的承诺却屡屡成为空头支票。日前，贝佐斯组织 20 个美国城市之间的竞赛：谁能为集团新总部落地提供最多优惠条件？于是乎，底特律提出了 30 年免税的条件。[②]

其他公司逃税的帮凶

亚马逊还为其他公司提供逃税方面的帮助。亚马逊为全球 6.4 万个商家提供 FBA 头程运输服务处理销售事宜，有偿完成广告、仓储、运输和付款业务等。这个过程中不会产生营业税，亚马逊就是集团内部的避税天堂。正因如此，亚马逊上的商品才能更便宜。长时间以来，亚马逊都拒绝给德国的税务调查提供任何信息，总是推出它在卢森堡的欧洲母公司，但是那里的客户数据都是保密的。

2016 年，德国最高税务法院在持续数年的审理之后，判决

[①] Christoph Trautvetter u.a.: Unternehmenssteuern in Deutschland. Frankfurt/Main 2018, pp. 51ff.
[②] Erika Morphy: What does Amazon's shortlist mean for investment? www.fdintelligence.com/locations/Americas, 3.5.2018.

亚马逊必须交出数据，但却只涉及 2007 至 2009 年。税务调查人员现在需要先检查这些数据是否完整。至于 2009 年之后的其他数据，又要先经过数年的审理程序了。亚马逊让游说事务所的亨格勒·穆勒（Hengeler Mueller）作为它的代理。①

欺骗消费者的帮凶

亚马逊商城也会推荐质量没有经过检测的商品。虽然批发商向卖方承诺一定遵循地方和国家的销售条件，但这些只是西方跨国供应链和分包系统的惯用欺骗伎俩。

质量检测公司 Sefiro 对其在亚马逊商城订购的 24 款化妆品进行分析，发现了 93 处违反欧盟化妆品规定的地方。这 24 款产品中，只有 2 款是符合规定且可以销售的。比如火奴鲁鲁灿光修容粉饼防腐剂计量超标，防脱发阿甘油洗发香波里面根本没有阿甘油。只有在个别情况下，当消费者或者官方拿来确定的化验室分析结果，亚马逊才会将这一商品下架。

亚马逊利用了一个众所周知的事实，即欧盟各处的监督局对包括化妆品、化工和食品等在内的监督检查，无论是人员、设备的配置还是机构的部署，都远远不能胜任相关法律法规的要求。②

---

① Tatort Amazon, HB, 6.12.2016.
② Gefährliche Bestellung, Der Spiegel 23018, pp. 62f.

为民主党人,也为共和党人

如同其他互联网巨头一样,亚马逊很快适应了政治幕后管理集团,只有那两个既定的党派才能得到捐款。亚马逊在华盛顿经营了一个自己的游说办公室。2015年,亚马逊请来了杰·凯瑞(Jay Carey),此人曾于2011年至2014年担任奥巴马的白宫发言人。①

和盖茨、乔布斯一样,贝佐斯在很长时间里也更倾向于克林顿和奥巴马等民主党人。然而他们的捐款却也总有共和党那一份,尤其是当国会要做跟他们有关的决议时,比如允许无人机运送货物。亚马逊子公司的经理们要定期向公司的捐款委员会存入捐款,标准额度大约每次5000美元。位于华盛顿的亚马逊有限公司独立基金于2018年1月和2月一共收到了120万美元。同一时期,这笔款中的71.8万美元分给了大约50名议员。自从特朗普赢得了大选,分给两个党派议员的捐款份额几乎相同。②

可怜的富豪高管和大股东们

为了压榨员工、供应商、地区和国家,亚马逊请来了它的领导班子,与麦肯锡、贝莱德、高盛、谷歌和微软做法相同,都来自著名的商学院:哈佛商学院、伦敦商学院、欧洲工商管

---

① Amazon holt früheren Obama-Sprecher, FAZ, 28.2.2015.
② 请参见提交联邦选举委员会的月度报告: docquery.fec.gov。

理学院（INSEAD, 巴黎）、IESE 商学院（巴塞罗那）和欧洲管理与技术学院（ESMT, 柏林）。亚马逊在第一年用 17.3 万美元吸引最优秀的毕业生。①

公司利润严格按照等级分配。贝佐斯拥有 17% 的股份，而他的 16 名高管则被紧紧压制，他们只拥有 1000 到 8.5 万股之间，这些加在一起也不足 1%。

亚马逊还有十分老套的操作，就是把大部分资产都放在其他地方，最大的股东就是那些起先资助公司扩张并在之后仍继续参与的：以先锋开头，然后是贝莱德、富达国际、普信、道富、都汇置地、Capital Research、巴美列捷福、景顺、北方信托、摩根士丹利、Geode 资本、纽约梅隆银行、挪威央行、摩根大通……总共 60.5%。② 这几乎和苹果、微软、可口可乐、通用电气一模一样。

杰弗里·贝佐斯

亚马逊创始人杰弗里·贝佐斯，生于 1964 年。2017 年，他以 1300 亿美元的个人资产成为人类有史以来最富有的人。他认为自己是"自由论者"，这是对"自由主义"的一个升级——对政府、工会和任何有约束力的集体形式都要更加有攻击性。他还要突破人类的极限。2000 年，

---

① Führungskräftenachwuchs. Großer Staubsauger aus Seattle, HB, 23.2.2018.
② www.nasdaq.com, abgerufen 14.4.2018.

他成立了太空公司蓝色起源：富有的人可以乘坐新研发的、可回收的火箭飞到太空，到太阳系去散散步。它还充满期待地等待着新的投资者。这种火箭据说比美国国家航空航天局（NASA）的还要好。

在亚马逊的总部西雅图，贝佐斯捐款反对一项法案，该法案希望能通过对本地企业的适当征税，为无家可归的人们争取一些居住空间；他还捐款支持承认同性婚姻的议案、国家资助私立学校的议案，他还支持组装 Clock of the Long Now 这个能持续运行一万年的钟表。

对于现在的 56.6 万名员工来说，他们是没有过去，只有未来的。西雅图的写字楼被命名为 Day 1 南楼和 Day 1 北楼：在继续扩张的过程中，每一天都是第一天。然而这种宣传只是为这位被主流媒体高度吹捧的全能老板服务的。这位平步青云的老板最初是通过他的继父得以了解并熟悉这个大资本世界的。他的继父，迈克·贝佐斯（Mike Bezos），是流亡到美国的古巴人，曾任埃克森在休斯敦—得克萨斯州的经理。从普林斯顿大学毕业后，他成了纽约的一名银行家。1990 年，他跳槽到刚成立不久，与情报机构来往密切的 D.E.Shaw 对冲基金。

在这个当今的世界集团企业里，大部分员工都是非全日雇工、季节性雇工和短工，只能勉强度日。尽管如此，这位自由论理论家还是将他们看成是妨碍他降低成本的要素。尽管这些员工在美国领导的资本主义驯化下已经变得非常容易满足，即使在德国，他们也仅仅要求得到"最低生活工资而已"，贝佐斯还是很憎恶他们。因此，他出资进行更深度的自动化和机器人化。巨大的无窗厂房、全自动化的机器人操作，这是贝佐斯的愿景。他的私人公司Nash Holdings 以 2.5 亿美元买下了《华盛顿邮报》。随即他便开始推行电子服务，削减企业养老金，调查新闻预算。他不必更改他的政治倾向。这家属于首都政府企业的报社极其"保守"，与情报机构联系之紧密程度不亚于《纽约时报》，也曾发表过有关亚马逊的批评性报道。

Alphabet/ 谷歌 /XXVI：民用军事搜索引擎

"我们的使命是，让信息为每个人服务，而不是只为少数几个人……我们要将世界变得更美好。"预言家桑达尔·皮查伊（Sundar Pichai）重复着这个基层民主的数字宣言。2017 年，他一个人站在匹兹堡宽广的舞台上，在聚光灯下，在被蒙蔽的广大观众面前，穿着从乔布斯时代就被仪式化、套路化了的服装——洗旧了的牛仔裤和敞着领子、不系领带的衬衣。在他的身上的神话还包括：这位空想家来自印度最穷的家庭，现在却已经攀升到了世界最大的搜索引擎运营商、国际集团谷歌的老板的位置。① 只是越是从最底层快速攀升上来的人，越有可能成为极其不择手段和愤世嫉俗的人。

▍斯坦福和早期的上市

和苹果、脸书相同，谷歌也是在斯坦福孕育出来的。大学生拉里·佩奇（Larry Page）和谢尔盖·布林（Sergey Brin）开始是在斯坦福大学数字图书馆项目组工作的。这个由美国国家科学基金会（National Science Foundation）资助的项目，需要借助数字技术建成一个一体化、全能的图书馆，要包括完整的档案馆、搜索和预约功能。

佩奇和布林很快就在1998年将他们的科研转化到了创业中。谷歌公司的第一笔启动资金来自计算机生产商太阳计算机系统公司（Sun Microsystems）的联合创始人。SUN 其实是斯坦福大学校园网（Stanford University Network）的缩写，这家公司的形成也要感谢学校的科学准备工作。短短一年以后，风险资本家克莱纳·珀金斯和红杉就加入了进来。2003年，微软认识到了谷歌的广阔未来，打算实行对于谷歌的收购或兼并。然而，摩根士丹利和高盛于2004年就开始操作谷歌上市了。

上市的口号是一个通行版本："谷歌在为这个世界做好事。"起初，佩奇和布林只是同意了内容方面明确界定的文字广告，

---

① Googles Gehirn. Sundar Pichai hat sich aus ärmlichen Verhältnissen in Indien an die Spitze von Google hochgearbeitet, Die Zeit, 4.3.2018.

但是很快意识到，借助大公司委托制作的彩色产品广告可以赚大钱。

与集团企业、NASA、梵蒂冈的伙伴关系

从 2005 年开始，谷歌与不同行业的集团企业结成伙伴关系，并借助它们的帮助，同时也是为了它们研发新程序：视频搜索和广告投放与新闻集团（New Corporation）、福克斯（Fox）、美国在线（AOL）、时代华纳（Time Warner）以及英国天空广播公司（Sky Broadcasting）一起；谷歌地图则与汽车集团起亚和现代一起。2009 年，谷歌与梵蒂冈达成了协议，为正在竭力争取亲民化的教皇本笃十六世单独设置一个 Youtube 频道，让他可以出现在主流媒体中。①

一场异常紧密的合作在谷歌和美国航空航天局之间产生。谷歌工程师在 NASA 的阿姆斯研究中心（Ames Research Center）获得了试验室、办公室和住房。同贝佐斯的蓝色起源一样，他们也要开发私人太空航行和太空探索。与之相关的领域还有地球以及太阳系行星上的气候发展。他们共同发现了第八颗行星，这颗行星围着一个与太阳相似的恒星——开普勒 90 转动。为此，他们从 2009 年开始就借助中性数据和一款新型超快量子计算机来处理 15 万颗恒星的信号。②

---

① Papst bekommt eigenen YouTube–Kanal, www.heise.de, 19.1.2009.
② Google, NASA Find 8th Planet in Distant Star System, www.forbes.com, 14.12.2017.

超人类主义

谷歌在其他超人类科技崇拜者（如彼得·泰尔和埃隆·马斯克）的支持下，加速了与 NASA 的科研范例"纳米—生物—信息—认知"方面的合作，包括微观过程之间的联系、生命有机体的改变、信息技术和人工智能。①

在谷歌与 NASA 联合成立的奇点大学（Singularity University）里，经理、投资人、科学家和大学生可以花 2.5 万美元参加一个为期十周的课程，在这个课程中谷歌相关负责人和其他专家会介绍这个新范例。所涉及的问题甚至包括如何才能借助新科技，通过人类身体和大脑的联系，将个人的生命延长数百年甚至战胜死亡，即"超人类主义"。②

渗透日常生活

就像苹果、微软和亚马逊那样，谷歌也渗透到了人们的日常生活中，所用工具包括安卓操作系统、浏览器 Chrome、翻译程序、数字助理 Google Home、谷歌地图、电邮服务 Gmail、视频平台 Youtube。企业和个人想在搜索结果中得到的排名越靠前，需要支付的费用就越多：酒店预订企业 Booking.com 每年支付 23 亿美元，就是为了在谷歌搜索结果中排在最前面。③

---

① Nao–Bio–Info–Cogno: Paradigm for the Future, http://hplusmagazin.com, 12.2.2010.
② Merely Human? That's So Yesterday, NYT, 12.6.2010.
③ Die Welt geht auf Reisen, FAZ, 28.4.2018.

越来越多的领域已经不是由该集团自己研发了，而是进行外包。其自己拥有的风险资本公司 GV 和 CapitalG 至今已投资了至少 25 家创业公司，比如 SpaceX、爱彼迎等。

Alphabet 控股

为了配合谷歌成长泛滥的态势，2005 年，控股公司 Alphabet 公司应运而生，2017 年它又变更为 XXVI 控股公司。XXVI 这几个罗马数字代表的就是罗马字母表中的 26 个字母。谷歌被分割成了单个的、法律上彼此独立的几家公司。这一新的控股公司是以下子公司的唯一所有者：Access&Energy（网络）、Calico（生物和基因技术）、Chronicle（安全）、DeepMind（人工智能）、Jigsaw（打击极端主义的智库）、Sidewalk（交通管理）、Verily Life Science（生物科学）、Waymo（无人驾驶汽车）和 X（Google Glass、气球网络计划 Project Loon）。

按销售额来看，最大的子公司依然是谷歌。但是谷歌已经退市，并与其他子公司一样都变更为有限责任公司，类似于德国的有限公司。Alphabet/XXVI 觉得这样的结构透明度更高，然而事实正好相反，因为所有子公司如今对于报告义务的履行都受到了限制。[①] 另外，Alphabet/XXVI 的运营场所虽然在硅谷的山景城，然而法人住址和财务住所却在特拉华州。

---

① Google parent Alphabet forms holding company XXVI to complete 2015 corporate reorganzation, Bloomberg, 4.9.2017.

Alphabet/XXVI 拥有员工 7.5 万名，说着 173 种语言。该公司主要通过广告实现的销售额为 1200 亿美元，净利润 230 亿美元，以每天 30 亿个搜索请求占领了欧盟 92% 的市场（2017 年的情况）。①

▎病人数据如今得到了保护？

Alphabet 重组的部分原因在于欧盟的反卡特尔调查。谷歌为此支付了 27 亿欧元的罚款，而且调查还在继续。

另外一个起因源自英国数据保护监督机构，谷歌 DeepMind 部门与英国国民保健服务机构签署了一份合同。DeepMind 偷偷将数百万名病人的数据交给了谷歌广告部门，这些数据中含有明确的个人识别信息。DeepMind 的做法违反了英国数据保护法。

如今，病人的数据是否得到更好的保护，依然值得怀疑。除此之外，英国卫生部门相关负责人没有尽到足够的监督义务，也是违法行为发生的一个原因。在美国的 Alphabet/XXVI，那些法律上彼此独立的公司之间是否没有数据被互相传递？由谁来监督这个问题？② 按照谷歌的商业模式，它从本能上就会刺探有关用户和客户的情报，这是监控资本主义的重要推动者。③

---

① www.luna-park.de, 28.12.2017.
② Bloomberg, 4.9.2017 ebd.
③ John Foster / Robert McChesney: Surveillance Capitalism, Monthly Review 3/2014.

数字慈善家

谷歌意识到，人们已经不怎么相信之前的那句"带给世界幸福"的数字宣言了。谷歌开始在重要的市场推出免费的数字教育，为此与德国工商会（IHK）展开合作。2020年，会有200万年轻的德国人在"未来工作坊"通过奖学金获得多种帮助，以获得数字领域的相关技能。①

2016年，谷歌还与贝塔斯曼集团共同组建了数字学习平台优达学城（Udacity）。该学城将发放7.5万份奖学金，用于谷歌产品安卓入门指导、数据分析和网页开发专业。另有2万份奖学金是为经验丰富的程序员预留的。该项目已经延伸到了整个欧洲，2017年还扩展到了以色列、埃及、罗马尼亚和土耳其。②

资助媒体

谷歌也想拉拢欧洲媒体，因此在2015年推出了数字新闻计划（Digital News Initiative,DNI）基金，并为此配备了1.5亿美元。欧洲被选中的媒体通过谷歌的帮助可以开发有创新性的数字媒体项目。

此项目第一年就分发了2700万美元。2016年，124家媒体共获得了2400万美元。重点国家首先是德国，然后是法国、英国、挪威、葡萄牙、希腊和意大利，除此之外还有东欧国家罗

---

① Google setzt in Hamburg auf Angebote für die digitale Bildung, Welt kompakt, 21.3.2018.
② www.berrtelsmann.de/verantwortung/projekte-weltweit, abgerufen 19.4.2018.

马尼亚、波兰和匈牙利。德国5家媒体获得了共计30多万美元，它们是Correctiv、《莱茵邮报》、《明镜周刊》、施瓦本出版社、《每日镜报》。其他基金获得者还有《经济周刊》、《德国之声》（国有）、《日报》和Mittelbayerischer Verlag等。借助算法，谷歌只展示被挑选出来的文章（比如《法兰克福评论报》的），以安排在"事实核对"分类里面作为背景资料。① 然而，这些内容绝对不是中立的，它资助更多的是批判俄罗斯和中国的媒体。

谷歌是怎样骗人又是怎样被骗的

谷歌的欺骗行为并不一定是有意识地传播假新闻。它的欺骗行为在于，它出于企业利益把想说或者想传播的内容通过付费发表的形式，以科学的表象让人制作出来，而对于这套流程的熟悉，甚至都不需要有人下命令。

谷歌会根据市场意义和批评声的来源，资助智库、教研室和科学研究。那个华盛顿备受争议的谷歌透明项目（Google Transparency Project）记载得很清楚：从2005年到2017年，共有330篇"科学"论文得到了资助。在欧盟，谷歌追着那些著名高校，比如慕尼黑科技大学、HEC商学院（巴黎）等，以斯坦福大学资助的学院为模板，成立了互联网&社会学院。其目标据说是诸如构建"网络自由"和"用于讨论的开放平台"。这听起来很温和，但实际上"互联网"和"社会"与谷歌是一致

---

① https://netzpolitik.org, 17.11.2016.

的。柏林的洪堡学院到2019年共获得1125万欧元，是其预算的65%；剩余部分来自思科、德意志银行和其他机构，而贝莱德在所有这些出资机构中都是共同持股人。谷歌的人在重要的政府首脑（如默克尔和马克龙）那里进进出出，宣传"数字女性"，创造更多就业岗位。①

布鲁塞尔的游说办公室为欧盟委员会展示了一些调研报告，旨在反对有可能实施的管制措施。一些调研报告就是谷歌出资做的，但是这一点在报告里当然是不会注明的。在欧盟竞争专员乔吉姆·阿尔穆尼亚（Joaquim Almunia）想针对谷歌落实几个限制措施时，他被调到了布鲁塞尔的欧洲政策研究中心（Center for European Policy Studies，CEPS），而该中心也是谷歌联合资助的。②

华盛顿的旋转门

直至2004年上市，谷歌创始人的信条都是：离华盛顿那个"政治工厂"远点儿！这与特朗普并无二致。

上市之后，谷歌就在这个"政治工厂"设立了游说办公室。那里安装了所有集团都用的PAC——NetPAC，员工们迫于无形的压力需要向里面存款。到2013年，该办公室已经拥有了100

---

① Google's Academic Influence in Europe, Washington D.C., March 2018, pp. 8ff., https://googletransparencyproject.org.
② Google's Academic Influence ebd., pp. 23ff.

名员工。2012 年，谷歌任命资深的国会议员苏珊·莫里纳利（Susan Molinari）为首席说客。她上任后的第一年就给议员们送了 1820 万美元，其中就有对谷歌很重要的通信与科技委员会主席。①

虽然当时的总裁埃里克·施密特（Eric Schmidt）在公开场合为奥巴马的民主党人宣传，但他却与莫里纳利一起请来了一位共和党人。虽然这位共和党人的原教旨主义反堕胎主张与硅谷圈内的自由主义基本原则相悖，但是他们更看重的是他们在共和党的影响力。他们在华盛顿的代表处通过共和党强硬派人物约翰·麦凯恩曾经的员工得到了增援。

谷歌自己变成了之前被批判过的"政治工厂"的一部分。2013 年，在华盛顿代表处的 100 多名员工中，有 14 人是作为说客进行正式注册过的，他们中有 11 人来自共和党和民主党的政府机构，这超过了传统的大捐赠者如军火集团洛克希德和自己的竞争对手微软。因此，若说到在华盛顿想用钱去影响政治决策的人和企业，谷歌在 2017 年绝对占据首位。②

美国外交政治中的社交网站

施密特于 2010 年请到了美国国务院的贾里德·科恩（Jared

---

① Google's Washington Insider, NYT, 2.6.2013.
② Google for the first time outspent every other company to influence Washington in 2017, The Washington Post, 23.1.2018.

Cohen）。他从斯坦福大学毕业后，在国务院计划指挥部康多莉扎·赖斯和希拉里·克林顿的手下工作，负责将社交媒体整合到美国外交政治中，比如在美国的目标国家组织反对党运动。科恩早年就已经是美国外交关系委员会的成员。2010 年，他凭借从 Google Ideas 那里获得的经验，组建了集团自己的智库，后来这个智库改名为 Jigsaw。此外，他还与谷歌总裁施密特共同出版了《全球网络化》一书，在这本书中他们主张数字集团企业和群智慧与军队的互联。①

2012 年，施密特请来了五角大楼科技研发中心 DARPA 的主任瑞加娜·邓肯（Regina Duncan）。她作为先进技术和项目组（ATAP）的主管继续她的研究，直至 2016 年她跳槽到脸书，做同样的工作。

先锋、贝莱德集团

两位创始人佩奇和布林以及谷歌多年的总裁施密特，他们通过占比不高的公司股份和副业赚得了数百亿的资产，而新总裁皮查伊却还只有几十亿的资产。除了 2000 个小股东，大资本组织者总共掌握着公司 70% 的股份。其中占比最高的是先锋，紧随其后的是贝莱德、富达、道富、普信、都汇置地、摩根大通、北方信托、纽约梅隆银行、景顺。②

---

① Eric Schmidt / Jared Cohen: Die Vernetzung der Welt, Reinbek 2013.
② www.nasdaq.com, abgerufen 18.4.2018.

脸书：数据强盗

前文提到的互联网集团都曾承诺要改善人类生活。为此，它们一定会充分利用客户的数据，无论是否取得了许可。脸书创始人马克·扎克伯格（Mark Zuckerberg）自诩是社会爱心和共同体倡导者：脸书是"一个很强大的新型工具，可以让人们与爱的人连接在一起，可以让人们为自己发声，也可以结成共同体和公司"，扎克伯格在美国国会听证会上如是说。①

▎讨好"人们"

数据丑闻总是会揭穿这样虚伪的承诺。在每一次更大的数据丑闻过后，脸书总裁就在西方主流媒体上用一整篇以朋友口吻发出的通告讨好被窥探的客户："人们使用脸书，只是为了与朋友和家人保持联系。但是也可能你并不想每个人都在脸书上看到有关你的一切，因此借助数据保护专家的帮助，我们以你的脸书为基础开发了隐私设置。这样你可以选择你认为对的选项。更多信息你可以点击 fb.me/meineprivatsphaere。"②

实际上扎克伯格已经承认，脸书迄今为止一直都"能看到关于你的一切"。你看脸书的做法是多么"正派"，甚至要请来"数据保护专家"——难道这个全球最大的数据集团之前都没有这方面的专家吗？而他如今发表的要保护个人隐私的意愿声明，

---

① Transcript of Mark Zuckerberg's Senate hearing, The Washington Post, 10.4.2018.
② Du hast die Kontrolle über deine Daten auf Facebook, HB, 23.2.2018.

不正恰恰印证了他之前没有这样的打算吗?

几个星期之后,这位脸书老总又追加了一篇带有个人签名的大幅通告:"你可能已经听说了,2014年,一位科学家制作的恶意App在未经允许的情况下将我们数百万用户的脸书数据泄露了出去。这是严重的失信行为,我就此向你们道歉,我们当时没有采取措施……我保证,我们将来一定会把我们的工作做得更好。马克·扎克伯格。"[①]

▎巨大的操控机器

然而这位年轻的亿万富翁的致歉只是为了蛊惑人心,他的承诺也是骗人的,因为他的商业模式是:将尽可能多的用户和数据放到脸书的数字基础设施上,尽可能地使用并利用这些数据,越快、越深入越好。如果什么时候这种滥用被曝出,至少它们已经做完了最重要的部分,可以先删除一部分之后再开发新工具,达到将更多的客户被拉拢进来的目的。脸书很精明,大多数用户不会注意到那些从理论上讲本可以拒绝的特定的功能,比如通过欧盟新规定。但可能用户们不会去尝试或者不知道如何拒绝使用这些功能。

即便是亲美资本的媒体也承认了:脸书就是一个"巨大的

---

① HB, 27.3.2018.

操控机器",① 它"将个人隐私商业化,而这种商业化操作的组织流程就像经过总参谋部谋划一样"。②

2007 年,脸书对其平台做了扩展,不仅仅是个人可以在上面呈现自己,企业也可以展示自己,可以开发、经营用于社交网络的 App,比如图片程序、游戏和带有朋友生日的日历。这里,企业可以获得第三方的数据。虽然企业必须保证它们不会滥用这些数据,但是这只不过就是一个形式而已,如同在苹果、微软、谷歌那里一样,对"滥用"并没有明确的定义,因为不论做得如何出格也不会有政府的监控。①

今天,脸书有使用 80 多种语言、20 亿个个人资料页的个人订户,每天都有 10 亿用户登录这个平台。不仅是他们的数据和联系人,还有他们的购物和行为生活方式,他们不断变换的所在地,都会被记录下来并加以处理,再被卖给数万家企业和广告机构。

如同亚马逊、微软和苹果一样,脸书也收购了数十家企业(WhatsApp、Instagram……),介绍(视频)电话、视频会议、求职、自然灾害中寻找遇难者、音乐和电视的使用等服务项目。明星和艺术家可以运营粉丝社区,企业可以做广告、推广折扣和代金券等。而广告则是脸书的主要收入来源。

---

① Im perfekten Sturm. Facebook hat sich zu einer Manipulationsmaschine gewandelt, HB, 23.3.2018.
② Zum Wohle ihrer selbst, WiWo, 13.4.2018, p. 39.
① Datenskandal bei Facebook, HB, 27.3.2018.

用于必要的数据管理的基础设施是很复杂的，这很可能比贝莱德的阿拉丁还要大。脸书运营着数万个服务器，这些服务器被分散在全美国境内的服务器"农场"中。欧洲的第一个服务器农场是2013年在冰冷的瑞典北部建立的，因为在那里，为发热的设备进行复杂的冷却操作可以为公司节省数百万美元。脸书与微软一起铺设了功能最强大的跨大西洋海底电缆。

成立

马克·扎克伯格曾在一所精英寄宿学校上学，后来去了与他身份相当的哈佛念大学。那时候正流行学生发表带有他们照片的年刊（字面意义上的"脸书"）。几个与扎克伯格很要好的同学产生了一个想法：我们也可以在互联网上发布这个脸书，把它当个生意来做！扎克伯格会编程，便开始落实这个想法，于2004年注册了这家公司thefacebook.com。

后来扎克伯格虽然驳斥了关于他剽窃的指责，但却向那几个出主意的人支付了6500万美元。他以前的同伴曾经形容他"毫无廉耻心"；扎克伯格则称那些自愿在脸书上公开自己生活的人是"十足的傻瓜"。[①] 这就是他的商业模式，肆无忌惮地利用那些"傻瓜"的善意，将他们的私密心愿勾出来，加以确认、巩固，再捆绑起来，然后将这一切信息作为另外一门生意的基础。

---

① "Außer Kontrolle", Der Spiegel 13/2018, pp. 15f.

上市和社交网站的崛起

"谷歌组织起全世界的信息,脸书则组织起全世界的人们。"风险投资者泰尔很早就看出了这个社交网站的潜力,以50万美元加入其中,把扎克伯格接到了硅谷,至今他还是脸书监事会的成员之一。第一批投资者还有风险投资者 Accel、Greylock、德国 Samwer 兄弟、泛大西洋(General Atlantic)、中国香港的李嘉诚。埃培智(Interpublic Group,IPG)以及较大的广告控股公司(麦凯恩、埃里克森等)于2006年就加入了脸书。

2012年脸书上市前夕,金融巨鳄也加入了:先是富达、景顺和高盛。上市取得了巨大成功,脸书终于可以从其他公司聘请高管。曾任美国财政部部长劳伦斯·萨默斯(Lawrence Summers)办公室主任的哈佛毕业生雪莉·桑德伯格(Sheryl Sandberg)成了谷歌副总裁,2008年转任脸书首席运营官。西奥多·尤约特(Theodore Ullyot),曾任小布什政府司法部办公室主任,如今成为脸书的法务部主管。

脸书的发展也在朝着另外一个方向发展:2007年,脸书联合创始人克里斯·休斯(Chris Hughes)接任了奥巴马的网上竞选主要负责人职位,并且借助 My.BarackObama.com 这一工具最终帮助奥巴马竞选成功。"yes we can"这句口号是一个极妙的俘获人心的把戏,完全符合脸书方式:直接触及大众人群最深层的愿望,然而其含义又极其宽泛,没有约束力,到后来需要做的时候就完全是另外一回事了。

脸书作为北约的工具

不论在资本方面，还是在政治方面，脸书在短短几年内也达到了相当的高度。需要良好广告形象的政治家很乐意与扎克伯格一起公开亮相，美国前总统奥巴马、德国前总理默克尔和法国总统马克龙以及他们的部长们都争先恐后地让扎克伯格到政府所在地探访并与他合影。当出现了对脸书的批评声时，默克尔只是说，得"研究一下"脸书的做法。①

脸书每天都获取和利用数十亿用户的数据，将其交给"数千家企业"，这虽然是众所周知的事，②然而直至2018年脸书泄露数百万用户数据给Cambridge Analytica（CA）这家数据分析公司，才引发了（短暂的）丑闻。该公司生成个人、小群体和大群体的心理测量方面的特征合集。根据目前的已知信息，从2014年开始，这一工具被用于竞选活动，比如在美国和印度。③数据泄露发生在2015年，脸书就此没有任何公开表态。

"我们对所有人都持开放态度。"这句平民主义谎言在与数字法医研究实验室（Digital Forensic Research Lab）的协议中得以体现。这一实验室属于北约的大西洋理事会（Atlantic Council），负责观察全球范围内的选举行为。为此，北约与脸书达成了"伙伴关系"："为了争取民主和真相"，必须搞一场"全球数字化

---

① Regierungserklärung 23.11.2016, www.bundesregierung.de/content.
② Cambridge Analytica ist kein Einzelfall, HB, 27.3.2018.
③ Awanish Kumar: Facebook-Skandal in Indien, junge Welt, 4.4.2018.

团结运动"。① 大西洋理事会从 1961 年开始承担的任务就是，向主流媒体传播美国和北约军事战略和军事行动的根据，而脸书则成了北约的工具。

▎共犯般的政府

脸书的经验是：即使面对最强大的政府，也几乎可以为所欲为。"用小小的变通"就可以将欧盟负责人"最大程度地安抚住"。对于欧盟的规定，脸书也可以"完全置之不理"。② 脸书的核心业务依然保留着，正如美国情报机构对信息的动用权。

2012 年，脸书在欧盟委员会的敦促下关掉了用户的人脸识别功能。但在 2018 年，脸书又将其重新开启。如果在大数据中出现了一位用户的一张照片或画像，那么它应该能直接辨认出来。

其他一些国家暂时封杀了脸书，比如沙特阿拉伯和巴西。只有中国自 2009 年起执行禁止令，只要脸书（还有 Alphabet、谷歌和推特）不遵守中华人民共和国的法规规定，禁止令就不会撤销。③

---

① Atlantic Council's Digital Forensic Research Lab Partners with Facebook to Combat Disinformation in Democratic Elections, www.atlanticcouncil.org, 17.5.2018.
② Facebooks Datenleck offenbart einen großen Kontrollverlust, Die Welt kompakt, 21.3.2018.
③ WhatsApp in China blockiert, https://www.t-online.de, 19.7.2017.

为装模作样的言论自由所进行的毫无保护措施的工作

脸书会让所有的上传内容进入它的平台：数据越多，生意越大，包括战争屠杀、"反叛者"被虐待的视频、事故、侮辱、个人谩骂、仇恨情绪的传播、暴露狂、色情、虐待动物、性侵和假新闻等，这些都在脸书上得以广泛传播。针对这些的批评声越来越多，而且对于这些并不属于言论自由的范畴的质疑，扎克伯格试图平息争议："我们不是报纸或者电视台，只是一个中立的中间人，一个技术中立的平台。"但是当批评声并没有就此减退时，脸书设立了一个复杂的程序：用户可以投诉单个的脸书发文。为此，脸书组建了监督团队，对这些投诉进行检查，就是否删除发文作出决定。

与其他服务相同，脸书也授权分包公司，在德国是贝塔斯曼的子公司欧唯特（Arvato）和 Competence Call Center（CCC）。他们至今在不同的国家雇用了2万个说40种不同语言的内容筛选员，把他们分成500至1000人的群组，安置在柏林、埃森或者摩洛哥的萨卡布兰卡的大办公室里。这种雇用关系大多都是有期限的，在德国的工资略高于最低工资。①

这些筛选员每天检查1300至2000个数据包，包括文字、照片或图片集、带文字和音乐的视频，甄别这些数据包是否有违反言论自由的现象并确定是否删除。删除的标准很简单，那

---

① Facebook. Zu Besuch bei der Internet–Feuerwehr, HB, 14.5.2018.

就是以硅谷的世界观为标准——不能出现儿童色情内容，不能有仇恨言论，不能有斩首内容。然而这些标准中不包括劳动法和国际法，也不包括各国刑法和传媒法，仅仅是从诸多的可能性中做了一个含糊不清的选择。

这里有一个实例：因为禁止传播儿童裸照，脸书删除了举世闻名的9岁小女孩潘金菊（Kim Phuc）的照片，这张照片拍摄于越南战争时期美国发动凝固汽油弹轰炸之前，潘金菊就是在这个时候逃走的。影印这张照片的挪威摄影师的个人主页被删除了，报道了删除事件的挪威报纸Aftonbladet被删除了，瑞典首相对这张照片发表的评论也被删除了。①

由此可见，脸书就是以对情绪的鼓噪、对规则的破坏和残忍性为生的。因为正是这些促使用户在平台上停留的时间更长，用户的粘合度和广告价值都会上升。而这些昂贵的删除行动只不过是平民主义下转移视线的把戏而已。

为数字删除辛苦劳作的无产阶级

很多筛选员过了一段时间后都会失望且身心疲惫地离职。就他们"数字无产阶级"的检查和删除工作，他们做过这样的描述：那几秒钟的检查时间通常不够作出一个牢靠的决定。另外，脸书不断地更改着删除规则。倒班工作中每次只有几分钟的休息时间，这都是有严格规定的。很多指令序列让人觉得恶

---

① Facebook zensiert norwegische Ministerpräsidentin, www.faz.net, 9.9.2016.

心和震惊，筛选员们必须变得麻木，才能在精神上坚持下去，从而完成删除的数字指标。

脸书将删除团队所在的大办公室的窗户都糊上，以防有人望进来。即使政府专员也不允许进去。员工不允许与记者交谈。这家企业，这家想尽可能多地发布有关人们的一切，又极力推崇透明度的企业，却恰恰证明了自己是"全球最封闭的企业之一"。分包公司欧唯特为这一做法进行了阐述。①

如同亚马逊，脸书也想放弃雇用这些鲜活且有独立思想的人们，他们让脸书觉得很讨厌。扎克伯格预测，最迟10年后，机器人将接管删除工作。② 但删除标准应该是不会变的。

不顾脸面的反社会性

冲动与偏狭会极大影响人类行为，而脸书做的正是要推动这种行为，它要对这种行为进行自动化、机器人化的加强和控制。曾多年出任脸书高管的查玛斯·帕里哈皮迪亚（Chamath Palihapitiya）在斯坦福大学的大礼堂前证实了这一点：这些社交网站"正在摧毁合作和民间讨论，却助长了虚假情报和谎言"。③

共同建立了脸书的肖恩·帕克（Sean Parker）解释称，这一方案有刻意构思："我们是想利用人类心理上的缺陷。我们很清

---

① Facebook setzt auf Floskeln, Süddeutsche Zeitung, 27.12.2016.
② Künstliche Intelligenz löscht Youtube–Videos, SZ, 25.4.2018.
③ Außer Kontrolle, Der Spiegel, 13/2018, p. 23.

楚这一点，但是我们还是做了。天知道，这将对我们孩子们的大脑造成怎样的影响。"

安德雷斯·韦思岸（Andreas Weigend），亚马逊前首席科学家也证实，很多圈内的员工已经看穿了脸书老板表现出来的这种骗人的姿态："像很多硅谷的同事一样，我不会相信马克·扎克伯格'我们脸书关心……'这种说辞里面的任何一个字。他也绝不会在乎这些单个的人……这是一种让人难以忍受的、目中无人的态度和对社会结构的蔑视。"[①]

脸书也消除了一个人类文明的成就：真相。媒体应该履行法律上的揭示和传播真相的义务，并且它应该具有可控性。但在脸书集团的引领下，每个人都可以把一切信息不加审查地投向公众，这似乎已经预示了每个民主社会的灭亡。

在太空和大西洋的统治地位

"丑闻"并没有给脸书带来什么影响，该集团还在继续扩张。脸书和谷歌与日本电子集团软银（该集团也投资了优步等出租车服务平台）一起，筹划着建设太空内的互联网基站（卫星），进一步勘测太空，以实现太空移民。

2016年至2018年，脸书与微软在美国和欧洲之间，共同铺设了迄今为止功能最强大的海底电缆。弗吉尼亚海滩与西班牙毕尔巴鄂之间的这条海底电缆Marea总长6400公里，Telefonica

---

① Unerträgliche Arroganz, HB, 4.6.2018.

集团也参与了建设。以西班牙为起点，到非洲、亚洲和中东可以实现更快的网速。在一秒钟内就应该能浏览一遍美国国会图书馆的整个数据储量。他们夸口的具体数据是每秒160兆兆字节。这涉及每天数十亿个人用户的数据，更是活跃在全球范围内的企业的数据储量（"物联网"）。①

然而这只是对跨大西洋电缆系统进一步私有化的开端，这个电缆系统目前为止有130万公里长，而对于它投放市场的准入流程目前还是由电信集团控制的。脸书集团想要直接控制这个最快且最重要的互联网基础设施。②

已经与华盛顿和贝莱德成功接上了头

脸书在华盛顿的存在感逐渐增强。公司自己的PAC，不仅在竞选年份发放数百万美元的捐款，而且如果涉及国会有与之相关的决策，它还会经常地收买个别议员。在大选年2016年，55%的钱款去了共和党人一边，44%去了民主党人一边。2018年，脸书在民主党这边提升了一点赌注：52%给了共和党议员，47%给了民主党议员。③

当滥用数据的批评声逐渐增大时，脸书请来了科文顿·柏灵（Covington&Burling），让其律师事务所的律师艾琳·依根

---

① A Cable stretching 4.000 miles between the US and Spain is the key to a high speed future, https://news.microsoft.com/europe, abgerufen 20.4.2018.
② Seekabel – Der unsichtbare Krieg, arte-TV, 14.4.2018.
③ www.opensecrets.org, abgerufen 27.4.2018.

（Erin Egan）担任脸书在政府所在地的首席代表。① 科文顿·柏灵是华盛顿最大的一家律师事务所，与政府和金融机构紧密地交织在一起。该律所一直以来都代理着诸如苹果、微软、通用电力，以及遭遇很严厉的控告的企业，比如 Xe Services（从私人雇佣兵集团黑水更名而来）、金吉达（Chiquita，在哥伦比亚使用了准军事部队）、南方铜业（Southern Copper，在秘鲁破坏环境和健康）。② 奥巴马的最高检察长埃里克·霍尔德（Eric Holder）认为，如果刑讯和不追究企业犯罪行为符合国家利益，那么可以将两者合法化③——而他目前正是该律师事务所的合伙人之一。为了壮大华盛顿代表处，脸书还请到了前美国总统白宫特别助理路易萨·特里尔（Louisa Terrell）。脸书通过密切的政治关系捞取了国家补贴：得克萨斯州为沃斯堡（Fort Worth）的一个数据中心补贴了脸书 1.5 亿美元。④

如同苹果、微软、亚马逊和谷歌一样，脸书也成了那些大资本组织者的资产。除了扎克伯格（私人资产约 600 亿美元）等亿万富翁，70% 以上的股份都归大资本组织者们所有（继续按照这个无聊的顺序）：先锋、贝莱德、富达、道富、普信、都汇置地、北方信托、景顺、Geode Capital、摩根士丹利、纽约梅隆银行、摩根大通、挪威央行、高盛、巴美列捷福……

---

① Facebook Will Now Have A "Director of Privacy", www.forbes.com 13.9.2011.
② Wikipedia: Covington & Burling, abgerufen 26.4.2018.
③ Jürgen Heiser: Der Doppelagent, junge Welt 28.10.2015.
④ Shining a Light on Corporate Handouts, jobs with justice 27.2.2017, www.jwj.org

脸书和谷歌的广告垄断

大约从 2010 年开始，印刷媒体、电视、广告、海报和电话簿上的广告持续减少，通过个人电脑桌面播放的数字广告逐渐饱和。只有互联网上通过手机播放的广告在增长，而且增长速度越来越快。

从 2015 年到 2017 年，脸书全球范围内每个用户的年广告收入从 21 美元涨到了 36 美元，在欧洲从 24 美元涨到了 46 美元，在美国从 67 美元涨到了 136 美元。增长的绝大部分（86%）都留在了脸书，广告占其销售总额的 98%。①

这两家广告巨头通过最初免费的附加服务提高用户数量，使广告和信息之间本就已经模糊了的界限变得更加难以辨认。

在以色列：捞取占领科技

"十八九岁的年轻士兵在军队建立的庞大研发部门拥有绝对自由，目的就是要待在数字世界的最前端。"以色列作者罗南·柏格曼（Ronen Bergman）在本国的数字工业中就是这样报道他多年的调查结果的。②

以色列拥有西方世界发展程度最高的数字实验室。亚马逊、脸书、微软、谷歌、苹果一直在以色列收购创业公司，如 Ano-

---

① Das allmächtige Werbe-Monopol, HB, 17.4.2018.
② Ronen Bergman. Der Geheimdienst-Experte über Israels Spione, ihre gezielten Tötungen und den gescheiterten Atomdeal mit dem Iran, HB, 11.5.2018.

bit、LinX、PrimeSense、SlickLogin、Waze、Annapurna。以至今5000家创业公司的数量,以色列拥有最高的人均创业公司密度,而这些创业公司中的大多数都被美国或者其他西方集团企业收购了。这些创业公司大多是由以色列军队前军官们经营起来的,一般是还在军队的时候就开始做了。他们将自己在远近距离识别、打击巴勒斯坦人方面的经验转化成了民用商业形式。以色列士兵们被当成英雄和国家精英备受宠爱,军队便是"科技创新的发动机"。"谁在某一支著名的精英部队服过役,谁就掌握了十分珍贵的知识,通常几年后就会独自创业。"①

自从第一次使用了远程遥控的杀人无人机之后,以色列所具备的军事和工业的数字混合体总是利用更新更好的科技来收集与人有关的数据——无论是声音的、视觉的、语言的、非语言的、彩色的、触觉的、有形的、移动的、交感的、与外围环境有关的、电子的、数字的——然后按照输入目标进行整合,再以最快的速度进行评估。②

全世界没有哪个国家的经济和媒体行业比以色列更军事化了。在以色列,无论是高考还是大学考试,经济专业门类中重要性的排位首先取决于其领导者的军衔等级。③ 40 年前,芯片制造商英特尔作为第一家硅谷企业来到以色列,之前英特尔是优

---

① Gründergeist aus der Wüste, HB, 11.5.2018.
② Vgl. David Rosenberg: Israel's Technology Economy, London 2018.
③ Interview mit dem start up-Mobileye-Gründer Ziv Avram, SZ, 9.7.2018.

先给美国军队生产产品的。如今，英特尔在以色列已经有1.1万名员工，其中很多人都曾是军人。近几年来，GAMFA五巨头扩大了它们所收购的创业公司，员工达到了1000人，进而逐步向这些公司分配订单。

在特拉维夫仿制的斯坦福大学校园中，谷歌经营了一个自己的创业区域。没有任何一个国家会比以色列在数字领域的研究与发展投入更多的补贴资金。那里的产品和服务主要出口到美国和欧盟。特朗普在美墨边境修墙之前，奥巴马政府就已经从以色列获取了识别技术和防御技术，用于墨西哥边境上数千公里长的高科技栅栏，而这个栅栏实际上从克林顿在任时期就开始修建了。

连网络战争软件震网病毒（Stuxnet）也是在奥巴马批准后，由美国和以色列相关部门在微软操作系统Windows之下共同研发的。震网病毒，是一种破坏蠕虫，被放在了伊朗纳坦兹（Natanz）原子能中心的控制设备中，造成了离心机的"自我"报废。[1]

数字化知识平民主义：维基百科

"人类最大的百科全书"，"人类最大的合作项目"，维基百科是这样自夸的。维基百科于2001年建立，现如今收录了3900万个词条，使用300种语言，排在谷歌、Youtube（属于谷歌）、脸书和百度（中国）之后，自称是被使用最频繁的互联网门户。

---

[1] Schmidt / Cohen: Die Vernetzung der Welt, a.a.O, pp. 157f.

这一百科全书属于商用领域，与 GAMFA 五巨头联系紧密：它们之间互相资助，为彼此提供方便。

每个人都可以进入这一"自由知识"机构写下词条。为了这一以基础为导向的集体智慧，数以万计的大学生、科学家和其他人合作着，并且据说是自愿地、愉快地、不计报酬地开展着的，然而维基百科真的是一种免费的、科学性的替代品吗？

▌掌控知识的倒数第二个层次

维基百科是美国的一家私有集团。它组织起了新资本家们的知识统治。"Wiki"的意思是"快速的"。维基百科为大众人口中那些或多或少有点文化或者略带畸形的阶层，组织并呈现了今天这个占主导地位的快餐知识系统。

西方 95% 的高中生和大学生都使用维基百科，记者行业还要再多出 5%。"普通百姓"也很高兴有这么一个能快速查阅还免费的百科全书。"普通百姓"对它的期望和要求还是有理由的，他们会得到一种共享到了大学才独有的知识的感觉。很多事实陈述层次上的词条或者词条的片段（历史事件的年份、人物传记、居民数、政府和组织的人事构成、化学和物理公式、引文注释，等等）是正确的，但是这里面缺少了哪些事实和引文注释？

西方资本主义社会的知识是内部"开发"出来的，但是比如贝莱德研究所和关于阿拉丁、智库、公关机构、企业资助的高校学院、中央政府行政管理部门、政府咨询机构、评级机构的职业内幕人、律师事务所、企业咨询机构、审计机构，还有与之交织在一起的情报机构和北约——这些内部积累起来的战略决策性知识，都是不会出现在维基百科里的。连谷歌、脸书、微软、苹果和亚马逊从它们客户那里捞到的内部知识，也不会被录入维基百科。"言论"自由可以有，维基百科撰写者想要多少就可以有多少，但是这个与信息自由还是有区别的，信息自由只适用于下层领域。

维基百科只是被准许展示的公共知识的一部分，是适合用来在意识形态上统治那些现代互联网无产阶级的。无产阶级这个称谓对很多维基百科用户来说肯定是一种侮辱，尤其是对那些深度参与其中的"普通"维基百科作者们来说。但事情是这样的：正是这种信息自由的获取，尤其是维基百科词条可以联合编制的机制，掩盖了人们只是接触到了科学的最下层的事实。科学应该以不可争议的事实为基础，深深地烙印着无条件的、不可买卖的真相，并且以人类文明存续的长远利益为导向。

当今资本主义的不争事实，无论是普通的维基百科员工，还是记者和学术领域的科学家，都很难接触到此类信息。除非是主管机构和公共社会工作者有目的、有选择地提供给他们的信息，而这些通常情况下都是要保密的。到底有多少学术研究是由企业、国家、军队资助的，都必须保密或者被他们歪曲，而这也都已经在不知不觉中影响到了我们的日常生活。

在某些传统科学方法论的文字信息方面,维基百科确实足够了;那些与统治地位没有直接利害关系的知识也可以完整地得以保留,但这更助长了无产阶级科学员工的自我欺骗。另外,维基百科上大多数有名望的引文出处都来自学术读者的主流媒体——在德国就是《明镜周刊》《法兰克福评论报》《时代周报》(Zeit)、《世界报》、《南德意志报》、德国电视一台、德国电视二台、tagesschau.de 以及著名出版社的书籍——这也助推了这种自我欺骗。这些主流媒体的公信力早已被动摇,但是在维基百科中却还没有得到体现。

非原版文件的合同、法院判决、议会决议,在搜索引擎里都会出现在靠前的位置。那些与新兴金融机构紧密相连的主流媒体,会灵活地根据所在国家、所在语言区、所面对的情形进行调整,这是维基百科词条最重要的引文出处。因为这些媒体和出版社同时也是 GAMFA 等互联网集团的重要客户和大出资人,而 GAMFA 等互联网集团又是维基百科的赞助者。一些媒体和(专业)出版社并不是什么有市场影响力的客户,或者被认为是"左倾""反犹太主义""反美国主义"——它们作为引文出处都是"不合时宜"的。

真相的定义被摧毁了

"真相"的概念已经以不同方式被毁掉了,随之被毁掉的还有获得真相的可能性。真相并不是什么绝对的一成不变的东西,而是一个讨论的过程，它取决于怎样去组织这个过程以及这个过程如何展开。

第一，作者和编辑都用笔名工作，于是在整理知识的时候，个人的责任就被人为去掉了。

第二，成为公关工业的玩物。现在许多公司、国家、城市、地区、度假胜地、党派、政治家、教会领袖、名人、作家、赛车运动员等的形象，都取决于维基百科里的相关内容，因此他们多重授权公关机构，目的就是长期地监控着这些词条或者消除那些令人不愉快的词条的影响。有些作家或公关公司在经过数月或数年的拉锯战后，能成功地实现修改或者删除词条的目的，只不过这个作家或者公关公司需要有足够的时间和金钱。

基民盟和社民党都美化了有关其自身的词条。自民党那个喋喋不休的克里斯蒂安·林德纳（Christian Lindner）通过杜塞尔多夫州议会的一个 IP 地址，将他的词条修改了 40 次。宝马、易贝、戴尔、中央情报局还有梵蒂冈都操控过那些词条。专门的公关公司以不起眼的笔名监视维基百科词条，对它们进行添加、修改或者删除，当然这属于长期委托合同框架内的收费项目。①

德国维基百科的 2 万名作者中，有 76.9% 自从注册以来对一个词条进行过 9 次添加修改。他们代表着自愿的、积极性极

---

① Marvin Oppong: Verdeckte PR in Wikipedia. Das Weltwissen im Visier von Unternehmen. Frankfurt/Main 2014, pp. 39ff.

高又无需付费的集体智慧。相反，德国维基百科的出资者维基媒体基金会，它的联合创始人阿希姆·拉施卡（Achim Raschka）通过一个笔名进行过 7.8 万次修改。这可不是集体智慧，这只是付费的委托工作：消费者权益保护部以 23.4 万欧元资助了维基项目"再生原料"（318 个词条）。一个以 7Pinguine 为笔名的作者自 2007 年开始共进行了 1.5 万次修改，受益者是雀巢和自民党。这位作者的 IP 地址显示其在 Leibinger 集团，很显然他为此被免除了其他工作。当被询问操控一事时，维基媒体没有给出任何回答：没有透明度、没有基层民主、没有言论自由。

　　维基媒体对此这样宣布："维基百科这个免费的百科全书，是由志愿作者们编写的。"① 但这显然不是事实。如果所涉及内容重要的话，会有付费的专人来撰写。亚马逊的劳务中介 Mechanical Turk（MT）就推出了撰写维基百科词条的服务。② 这样，这个数字基层民主就成了公关工业的玩物。"公共关系和操控在维基百科无处不在"。③

　　第三，受权力保护的"中立性"。真相这个概念本身被诽谤为不被允许、不科学的。对维基百科来说，只存在"观点"。真相的替代品是"中立性"（中立的观点，Neutral Point of View，NPOV）和禁止理论创造（没有原创研究）。维基文字的撰写标

---

① https://wikimedia.de, aberufen 11.5.2018.
② Die Crowdworking-Plattformen Amazon Mechanical Turk und Upwork, www.bisbrotherawards.de/2015.
③ Oppong: Verdeckte PR in Wikipedia, a.a.O., p. 93.

准不是在遴选出来的不同观点中随意找到一种，而是要找到一个与资本兼容的中点。至今最重要的排除标准是基督科学论派、人体裸体以及反犹太主义内容，但反伊斯兰主义的内容则不在此列。普遍的人权、国际劳工组织的劳动法和国际法也无法成为标准。官方信息原则上都被视为中立的——但这只适用于"西方的"官方。在当今的敏感外交冲突方面，如涉及俄罗斯、中国、伊朗、以色列、叙利亚、古巴、埃及等国的声音时，维基百科把握的标准通常是在美国官方划定的范围内，当然包括《纽约时报》风格的变体，该报总自诩为自由主义。

词条通常先是复制国家、企业、政府机关、党派、名人、组织的官方自我描述，以及金融产品、药品等的官方版本。涉及俄罗斯、中国、委内瑞拉等国时，情况正好相反。与美国外交政策保持一致，这些内容的前言中就已经包含了批评之声。而且这也仅限于在大媒体中已经发表过的那些可以引用的内容，或者仅限于谷歌（维基百科的赞助商）上排名前几位并为此付费的媒体，比如《明镜周刊》《时代在线》《纽约时报》，等等。

第四，讳莫如深的编辑系统。维基百科维持着一个讳莫如深的编辑系统，由六个层级组成：马文·奥彭（Marvin Oppong）在德国版本中发现的情况是这样的，最下层由24411名被动筛选员组成，上层是14232名主动筛选员，再往上是260名管理员，这些管理员又隶属于6名官僚（他们真的是这样叫的），上面的倒数第二层是5名监管员，最上面是5名检查用户（2014年的情况）。他们所有人都是匿名的。哪些词条版本可用、哪些不可用的决定，就是在这样一片连负责人名字都没有的隐秘丛林里做出的。

▎数字销毁

我们已经提到过的那位亚马逊前首席科学家安德雷斯·韦思岸，曾有过深入了解这一数字经济的机会，数字经济直接资助了维基百科。"谷歌和脸书可以销毁人们的身份。如果您写了什么或发表了什么，而恰巧这个东西又不合某个集团或者某个国家的口味，那么集团就可以改变算法，让您再也不会出现在搜索结果中。这样一切所做的就付诸东流了。"①

▎资本主义的集中制

维基媒体在德国的机构是被认可的非盈利团体，是德国维基百科的运营者，直到2016年它都在克里斯蒂安·里克茨（Christian Rickerts）的领导下。克里斯蒂安·里克茨组建了由他一个人组成的董事会，下面有多达60名的专职雇员。这位高薪经理人（薪资和与绩效相关的红利）来自企业咨询集团凯捷（Capgemini）。除了在维基媒体的职位，里克茨同时还是贝塔斯曼基金会主管企业传播的副总裁，是维基媒体促进会有独立代表权的总经理，捐款就是由这个促进会来收取的，2015年收到

---

① "Unerträgliche Arroganz", HB, 4.6.2018.

的捐款达 1100 万欧元。他还强调，这笔捐款来自 42.2 万人，平均每人捐了 25 欧元。大捐赠者的姓名没有被透露。

维基媒体在德国的机构是继美国之后的第二大部门，也是第一个由位于旧金山的上级维基媒体基金会股份有限公司批准的外国部门，因此其捐款要由加利福尼亚的总部进行管理和再分配。"美国优先"，确确实实落实在所有国家的维基百科协会里。

大赞助商苹果、谷歌、微软

维基媒体基金会股份有限公司目前有 300 多名员工，每年收入超过 9100 万美元（2016/2017 年度）。其主要出资人是企业基金会和企业家：苹果、谷歌和微软；谷歌创始人谢尔盖·布林和安妮·沃西基（Anne Wojcicki）；阿尔弗雷德·斯隆（Alfred Sloan）基金会（斯隆，通用汽车前总裁）；利斯贝特·劳辛（Lisbet Rausing），哈佛大学资产管理副总裁和利乐佳（TetraPak）集团继承人；特特耶夫（Teterev）基金会（拉脱维亚汽车批发商和电影制作人）；克雷格基金会（广告公司 Craiglist）；西格尔（Siegel）基金会（对冲基金 Two Sigma）；查里纳基金会（高盛搭档理查德·门舍尔 Richard Menschel）；Humble Bumble（电子游戏）；Mathworks（软件）；理查德·赛德（Richard Seidel，音乐制作人）。

在主要定期出资人中，有几个是作为极乐鸟集团成员出现的：安东尼·贝罗（Antoine Bello）、安·兰德（Ayn Rand）的粉丝、法国政治家尼古拉·萨科齐的支持者、阿斯图灵公主、西班牙王储的妻子以及伊拉斯姆斯（Erasmus）基金会，该基金会致力于医学界的精神治疗和康复。① 这些维基媒体赞助者没有提及具体的赞助金额。根据其他消息源，赞助者每年的赞助在 50 万美元到 100 万美元之间。下一个等级的捐赠者是每年捐赠最多 4.9 万美元的，比如威廉和梅琳达·盖茨、波音、高盛、英特尔。再下一个等级则是每年捐赠至 14999 美元，包括美国银行、Adobe 和雪佛龙。

平民经济学

阿尔弗雷德·斯隆基金会的情况极富启发性，它是最大的也是长期捐资者。2008 年，为了快速扩张斯隆捐助了 300 万美元。② 斯隆曾是通用汽车 1923 年至 1956 年最具影响力的人物，他被视为"计划报废"这一理论（技术产品提前集体报废以推进技术上更快速的更新）的发明者。③ 斯隆快速增长集团利润和私人资产的手段是，为希特勒的国防军生产军事装备（不只是通过通用的德国子公司欧宝），为美国军队生产，即使在二战期

---

① https://wikimediafoundation.org/wiki/benefactors, abgerufen 11.5.2018.
② Sloan Foundation donates $3M to Wikipedia, USA Today, 26.3.2008.
③ Die Geschichte der geplanten Obsoleszenz, https://obsoleszenzblog.wordpress.com, 10.11.2015.

间也是如此进行的。[1]

1934年，斯隆组建了基金会，旨在反对富兰克林·罗斯福的改革政策，通过教学计划、廉价的练习簿和动画片为大众资助教育项目。他还出版了杂志《平民经济学》作为科学依据，目的是让美国自由贸易的原则以更易懂、更快速、免费的形式传播给民众[2]——这也是维基百科用如今的科技和意识形态手段正在做的事。

GAMFA 总结

数字解放个人、科技改善世界这两则预言，逐渐演变成了对人民大众无耻的深度窥探以及对民众日常生活的无形控制。人们作为客户和消费者被捧起来，又作为劳动者被踩下去，而那些大股东却在积累着至今还不为人知的私人财富。

"我们将所有人连接起来"，也和"美国优先"政策连接了起来。如果一个欧洲人到古巴去旅游，想在古巴通过互联网在德国亚马逊上订一本书寄到德国，这个订单得不到处理。原因很简单，那就是订购地点在古巴。[3]

这些数字平民主义者，自称有创新精神、年轻、现代、反对幕后统治集团，却按照传统方式，通过贿买西方资本主义最

---

[1] Jacques Pauwels: Big Business avec Hitler. Bruxelles 2013, pp. 204f.
[2] Die 75-Jahre-Jubiläumsschrift der Sloan Foundation "A Grantmaking History 1934–2009".
[3] Volker Hermsdorf: Der lange Arm der USA, junge Welt, 7.5.2018.

古老的、最腐败的党派以获得影响力，还深度参与到华盛顿的幕后统治集团中。这些反国家的雄辩家捞取国家补贴，与美国情报机构和军方保持着密切的、或公开或秘密的合作。

那些在基层民主中的伪装者，他们的目的就是阻止竞争并建立垄断。他们是现存最大的资本主义卡特尔的一部分，建立排他的基础设施。它们以违反竞争原则的倾销价格开启一个项目，就是为了一有机会便以违反市场规律的最高价出手。

这些声称要"改善"人类的人们，依靠买来的政策组织逃税，逃避协议工资。他们总是抱团行动。大众人群越是单个地待在自己数字化联网的躯体里、房间里，就越容易被控制，巨头们就越有钱赚。

这些自恋的敛财人，向内、向外实践着科技殖民主义。他们不计后果地、无情地剥削人类劳动、原材料和自然资源进行。违反国际法的战争和引发战争的原因，都与 GAMFA 五巨头的统治地位有着不言而喻的关联。

那些像扎克伯格一样的创始人们都成了万能的招牌，然而若没有对冲基金和风险投资者们，这些集团也根本发展不起来。如今，这些集团都落在了贝莱德集团的手中。

西方政府也参与了这种商业模式，但工会和其他解放联盟正在国内和国际范围内组织反抗运动。①

---

① Big Tech: We must change the rules of the monopolies' game, www.uniglobalunion.de, abgerufen 10.5.2018.

共享经济学：利用短工部队的国际集团

与互联网的"五大恐怖的骑士"相比，优步集团打算更大力度地破除迄今为止的法律和规定。它的格言是"颠覆性的创新"，现存法律、规定、程序、产品和服务都应被中止、摧毁或者被完全替代："我们要的不仅是技术个性，我们要的更是突破。我们要摧毁旧的秩序。我们要改变人类的道路。"[①]

平台资本家把这个格言与更柔和一些的意识形态"共享经济"联系起来，还想把 GAMFA 五巨头发展起来的模式继续下去。"我们共享一切"——这个基层民主的承诺对所有人终身适用，而且更便宜、更快捷、更舒适，没有官僚政治。

优步化

在英语和法语区，"优步化"这个概念已经推广开来，德语区如今也有了。它形容的是一种类型的企业，借助互联网、智能手机、平板电脑，使消费者与产品和服务的提供者之间建立联系。最著名的就是同名的出租车服务介绍平台优步，民俗和酒店房间的介绍平台爱彼迎，送餐平台 Deliveroo 和 Delivery Hero，流媒体服务商声田和网飞，工作介绍平台 Upwork Wework 和亚马逊 Mechanical Turk，酒店预订平台 Booking，相亲平台 Parship/Elite Partners 和大巴旅行平台 Flixbus。

这些企业大多如同苹果集团一样，是由精英大学（如斯坦

---

① Ray Zinn: Tech, Disruption And Policy, https://forbes.com, 12.7.2017.

福,如今还有来自伦敦、柏林和巴黎的类似圈子,当然还有中国)的年轻毕业生组建的创业公司。一旦这些公司有了一定的市场影响力,它们就会获得风险投资者的注资,之后还有大银行和其他数字集团的资助,如脸书、谷歌,以及丰田、戴姆勒和通用电力等工业集团。最初几年必须忍受高负债,就是为了击垮竞争对手,在全球范围内扩张。①

全球最大的出租服务

2009年,优步在纽约建立。优步向私家车拥有者、职业租车司机以及出租车司机介绍租车服务。优步确定租车价格并收取费用,乘客则通过支付服务平台(如 PayPal)将费用支付给优步。

出租车服务都在大城市群里提供。继纽约和美国其他大城市之后,优步开始向巴黎、伦敦、悉尼、新加坡、开普敦、首尔、新德里和北京扩张,然后是东欧的大城市(华沙、基辅、莫斯科)和非洲(尼日利亚拉各斯)。之后,优步又开辟了苏黎世、维也纳、柏林和慕尼黑等西欧城市的市场。2017年,优步已扩展到70个国家和地区,而且在这些地方也开始有了2014年推出的送餐服务 UberEATS。

---

① Marktwert von Uber bereits auf über 60 Milliarden Dollar taxiert, http://ictk.ch/content/marktwert- von-uber, 4.12.2015.

狂野西部的资本主义

优步不在乎任何国家的法律和规则,其创始人特拉维斯·卡兰尼克(Travis Kalanick)用 20 世纪美国著名的哲学家安·兰德的观点作为引证。1926 年,年轻的兰德从苏联逃到美国。她在 1943 年出版的代表作《源泉》(*Fountainhead*)和其他书籍中宣传"理性利己主义",这些个体必须反抗一切集体形式和国家,这样才能得到幸福。20 世纪 30 年代,兰德如同美国商业界大多数人一样,反对罗斯福新政和他对"共产主义"工会的支持。

卡兰尼克推崇个人崇拜,主流媒体像帮其他数字导师一样帮助他。通过他自己股票拥有的多次投票权和极端等级制,他为自己谋得了独裁者的地位[①]——一个传教士式的领导角色,硅谷企业的创始人老总们也是如此为其庆贺的。

全球范围的逃税

优步也采取了极端逃税的做法。它的控股公司优步科技股份有限公司注册地在特拉华州,它在美国有 60 家子公司,在其他国家,特别是在荷兰有 75 家子公司。

如果一位乘客在马来西亚吉隆坡用 iPhone 预约乘车并用信用卡付了款,接下来优步位于阿姆斯特丹的 Raiser 运营有限公司(Raiser Operations B.V.)就会将这笔款项转到同样位于阿姆斯特丹的优步有限公司(Uber B.V.)的一个账户上,然后这笔

---

① Crisis inside the 'cult of Travis', Financial Times, 10.3.2017.

费用的 80% 再从这个账户汇到吉隆坡司机的账户上，20% 进入优步那无比复杂的皮包公司网络中。优步有限公司是优步在百慕大注册的子公司优步国际公司（Uber International C.V.）的子公司。

优步在欧盟第二大避税天堂荷兰经营着 10 家公司，然而只有优步有限公司有几个员工，其他 9 家公司都是由优步有限公司操纵的皮包公司，也就是说，它们都以电子形式存在于阿姆斯特丹工商登记处的一台电脑上，来自约 70 个国家的数百万钱款在这里流通。荷兰，这个共犯般的国家，在《无形财产许可协议》（*Intangible Property License Agreement*）中将这种操作合法化。当然，作为交换，荷兰也跟着赚钱，因为它最后能得到 1% 的税收。[①]

反国家密谋

在全球范围内，运输规则、竞争法、劳动法和社会法等国家规定遭到了有针对性的破坏。根据美国的法律，两个以上的参与者达成秘密协议，使用非法手段实现个人利润即可定为阴谋罪。[②] 那么优步这种有针对性的破坏行为完全可以被定为"阴谋罪"。

[①] Sathyvelu Kunashegraran: How Uber, Google, Facebook and Other Tech Giants Avoid Paying Billions in Tax?, https://medium.com, 30.4.2017.

[②] Criminal Law Act 1977 Section 5,2 und 5,3; U.S. Code § 371.

优步在不通知城市行政机关或者在根本不进行许可申请的情况下，就开始安装它的出租车服务系统。在旧金山，16辆优步的无人驾驶汽车运行了起来①——直到其中一辆汽车闯了红灯。2017年3月，一辆优步无人驾驶汽车在亚利桑那撞上了另外一辆汽车。之后优步叫停了这个过早开始的测试。②然而没过多久，这种测试又继续开展了，直至一辆优步无人驾驶汽车在亚利桑那州撞死了一位行人，才又被叫停。③

在最初的几年，无论是美国的还是其他国家和地区的多个城市的行政机关，都试图规范这种出租车服务。人们注意到，优步在许可申请中填写了虚假信息。为了了解优步真实的操作方式，行政机关工作人员预约了优步出租车。而为了应对这类事件，优步集团领导层找人开发了VTOS程序（Violation of Terms of Service，违反服务条款）。按照官方描述，这个程序会识别出不正当交易和对优步不利的人。这类人就被禁止使用优步了。但事实上，这款VTOS软件"灰球"（Greyball）针对的是官方监管人员。程序员通过信用卡、社交媒体和行政机关的地址找到这些官方人员的个人信息。如果这些官方人员想预订出租车，给他们显示出来的就是"幽灵车"。车根本不会来，或者直接显示：没有可用的车！集团里有50人知道这个程序，它获

---

① Mitfahrdienst widersetzt sich Verbot für Roboterwagen, FAZ, 19.12.2016.
② Uber gerät in Schieflage, HB, 28.3.2017.
③ Self-Driving Uber Car Kills Pedestrian, Where Robots Roam, NYT, 19.3.2018.

得了副总裁赖安·格拉夫斯（Ryan Graves）领导的伦理委员会的批准。最初，优步在多个美国城市使用了这个造假程序。①

当批评声和阻力太大时，优步也承认了部分过失。有时是迫于某种压力，有时却带着夸张的自我批评。优步在美国必须删除"灰球"程序，但在其他国家和地区，这个程序仍在继续使用。

▎劳动岗位：越少越好，最好一个也没有

优步已然成为当今全球最大的出租车企业，然而它却没有一辆自己的出租车，而是将车辆的费用转嫁到了司机和车辆所有者身上。纽约与悉尼的数百万或业余或职业的出租车司机看起来似乎是独立于优步的，但实际上他们被严格管理到几乎毫无权利。他们没有任何一位司机与优步有劳动关系，优步也没有在任何税务机关和社保部门为这些司机登记过。

司机们必须自备车辆，自承一切风险。②这些私人汽车也不需要有校准过的里程计录器，收费标准每小时得到 5 美元，有时候是 10 美元，目前美国平均税前收入为 8 美元／小时。③优步自己的理解是，司机们这种不受保护的状态与它没有任何关系，优步只是中间人而已。在纽约，一些司机会在后座贴上一句略

---

① Mike Isaac: How Uber Deceives the Authorities Worldwide, NYT, 3.3.2017.
② Valentin Bontemps/AFP: "Uberisation" of economics pinching state tax revenues", http://businessinsider.com/afp-uberisation, abgerufen 20.8.2016.
③ Steven Hill: Krieg gegen Bus und Bahn, HB, 23.3.2018.

带乞求口吻的话语：请给些小费！①

为了对司机和乘客进行自动监控，微软供应了一款名为认知服务（Cognitive Services）的程序。它会收集声音、视觉和身体上的表现，然后按要求对习惯、感觉等进行评估。②司机们即使没有在为优步服务，他们也会被监控：优步要检查他们是否为其他乘车服务平台工作，是否去参加对公司不利的游行示威了。③

卡兰尼克采取一切措施阻止司机和官方人员接触。优步每年花费数百万美元，就是为了与律师事务所一起阻止他们接触，或摧毁他们共同谋划的意图。④官方人员通常很快就会退出调查，他们将这种劳动关系描述为混乱的丛林混战。然而这么大的国际集团只有近 7000 名自己的员工。它和其他平台企业一样，委托别人研究如何能在没有人类劳动力的情况下，最高效地维持企业运行。优步的愿景是全部采用"机器人出租车"（Robotaxi）。⑤此外，优步还要通过自己的子公司优步货运（Uber Freight）开发无人驾驶货车。⑥

---

① Süddeutsche Zeitung, 2.2.2017.
② Microsoft Cognitive Services provides 25 tools that can detect emotions, recognize vision and more, https://blogs.microsoft.com/firehose, 27.2.2017.
③ Nick Srnicek: Plattform-Kapitalismus, Hamburg 2018, p. 86.
④ Shannon gegen Goliath, HB, 1.11.2015.
⑤ Crisis inside the 'cult of Travis', Financial Times, 10.3.2017.
⑥ Revolution im Transportgewerbe, HB, 3.1.2017.

▎受补贴的价格战和垄断的形成

优步在短短几年内就已经攀升到了全球金融顶级梯队。2017年，该集团的市场价值为700亿美元，比德意志银行的两倍还多，是德国汉莎的十倍。

为了扩张，优步从硅谷的风险投资者（如门洛风险投资Menlo Venture和Lowercase Capital）那里拿到了首轮资金，还有私募股权投资者如泛大西洋投资，也有大资本机构如富达、威灵顿和贝莱德。第二轮，高盛、摩根士丹利和沙特公共投资（Saudi Public Investment）也加入了进来。2017年，德国媒体集团斯普林格也跻身其间。①

当这位丑闻缠身的总裁卡兰尼克在2017年不得不被替换掉时，谷歌和其他硅谷投资者也都宣布退出，因为它们担心丑闻败坏了自己的名声。如今，日本软银已成为最大股东，之后是Dragoneer投资、腾讯（中国）、得克萨斯州太平洋投资集团（Texas Pacific Group）和红杉风险投资。宣布退出的创始人卡兰尼克则保留10%的股份。②

"大多数为优步而兴奋的客户都不知道，这家企业要为每一段车程支付补贴。一位乘客上了优步的车，只支付一半的费用，另一半则由优步的那些有钱的风险投资者承担。正是因为这些补贴，每个租车服务平台都背负着巨大的赤字。"在2016年优

---

① Axel-Springer-Verlag beteiligt sich an Uber, SPON, 19.4.2017.
② Diese Investoren setzen auf Uber – und diese könnten aussteigen, WiWo, 29.12.2018.

步损失已经达到30亿美元后，2017年其损失上升至45亿美元。[①]投资者们赌的就是那终将到来的垄断，而垄断达成之后则会带来持续的利润。

每一个可能推动垄断形成的突发情况都会被利用，比如罢工，再如灾祸导致的车辆供应不足时。澳大利亚曾出现过劫持人质，公民需要被临时疏散的紧急情况，优步就利用这个机会把乘车价格提高了三倍。[②]

毒害环境：优步堵车

新的租车服务都以"智慧城市"为自己做广告。美国学者对优步和它的竞争对手Lyft的租车服务做了研究。在波士顿、纽约、旧金山和伦敦等大城市，"独立的"司机比职业出租车多二至三倍。

乘客出了家门就可以上车，省去了到公交车站、地铁站、有轨电车站的路程，还有下车之后从站点到目的地的路程。这实现了承诺的舒适和省时。补贴过的乘车价格，更加扩大用车需求，因此这也导致优步所在城市的公共交通利用率不断下滑。与此同时，城市内交通效率变慢了15%至23%。"优步堵车"还带来另外一个后果，空气中还含有更多有害气体。[③]

---

① Steven Hill: Krieg gegen Bus und Bahn, HB, 23.3.2018.
② Uber provoziert nach Geiselnahme in Sydney, FAZ, 15.12.2014.
③ Steven Hill: Krieg gegen Bus und Bahn, HB, 23.3.2018.

优步集团把注意力放在大城市。然而正是在这些不断扩大的全球大城市中存在着不断增长的出行需求，而这种需求是不可能通过路上越来越多的私家汽车得到满足的，因为它们夺走了很多城市交通空间。预计 2023 年开始启用的优步飞行汽车（UberAIR）会进一步堵塞城市空域：用于空中运输乘客的 5 座无人驾驶飞行出租车，设计飞行速度为 240 至 320 公里/小时，要从城市内的飞行平台或者屋顶起飞。①

这种被高度赞扬的颠覆性创新其实只是对创新的障碍，因为必要的创新只可能在公共短途交通新形式中产生。这里，硅谷"文化"追随的也是个人英雄主义，这类个人英雄收入颇丰。

奥巴马竞选队长和欧盟专员的帮助

尽管优步表面上有反国家政权的意识形态和蔑视"政治"的主张，但它还是去政治家和媒体战略家那里寻求了帮助。优步在起步后不久就为游说政治投入了巨额资金，直接从白宫请来了奥巴马的竞选队长戴维·普洛夫（David Plouffe），拉拢城市机关工作人员。②

"有名望的"政治家很乐意充当咨询师，如曾任欧盟竞争委员会专员的尼莉·克罗斯（Neelie Kroes），曾任美国交通部前部长的雷·拉胡德（Ray LaHood），还有秘鲁前总理罗伯托·达尼

---

① Uber kämpft um Vertrauen, HB, 14.5.2018.
② Dorothea Hahn: Uber überleben, ver.di publik 2/2018.

诺（Roberto Donino）。他们获得了公司股份，需要替集团改善其公共的和国家的合法地位。① 克罗斯同时还为美林投资银行提供咨询服务。在她到欧盟委员会任职之前，她还曾为军火集团洛克希德·马丁以及麦当劳充当说客。优步这颗新星虽然宣称要彻底打破旧有经济体系，但也想与她拉近关系；反过来，旧有经济的代表也在尝试与新赢家建立紧密联系。

在沙特主权财富基金——沙特公共投资基金以35亿美元收购了优步这个国际集团的股份后，瑞玛·班达尔·沙特（Reema bint Bandar Al Saud）公主也成为优步的咨询师。②

图片报主编，戴姆勒，NASA

在斯普林格加入优步后，其主打传媒《图片报》多年的主编卡伊·帝特曼，被任命到了优步咨询师委员会。③

汽车集团戴姆勒为了开发无人驾驶汽车，与优步达成了合作协议。美国航空航天局（NASA）要与优步一起研发飞行出租车，优步也没有浪费这个机会，进一步强调这个构想比城市出租汽车具备更优秀的环保性能。④

接替卡兰尼克的优步新总裁达拉·科斯罗萨西（Dara

---

① Frühere EU-Kommissarin Neelie Kroes heuert bei Uber an, www.faz.net, 5.5.2016.
② Now that's surge pricing: Saudi Arabia invests $3,5 bn in Uber, Independent, 2.6.2016.
③ Kai Diekmann wird Uber-Setzer, www.faz.net, 14.4.2017.
④ https://autorevue.at/maennersache/uber-nasa-fliegendes-taxi, 10.11.2017, abgerufen 20.3.2018.

Khosrowshahi）公开表明，要进一步加强在整个亚洲的扩张，继续通过新投资者补贴的价格战来进行。①

全球抗议

在包括美国在内的大多数国家，个人和职业司机都针对优步的做法进行了抗议。行政机关和法院颁布了相关法规，优步随之进行了相应调整。在个别国家如德国，全面停止了这种个人司机提供的大众优步（UberPOP）服务。只有UberX（司机有执业许可的出租车）、UberBlack和UberSUV还在运行。

2017年年底，欧洲法院（EUGH）判决：优步出租车服务不是中介，属于交通服务范畴，因此优步司机并不是自由职业者，而是有依附关系的雇员，必须按照标准领取工资、缴纳保险和税。然而这只是一个基础判决，"各成员国可以制定提供这项服务的条件"。②

瑞士的经济国务秘书处（SECO）也判定优步具有雇主身份，因此优步必须雇用这些司机并为他们缴纳社会保险费。英国工会GMB也为优步信使争取到了常规雇员的身份。③ 在埃及，法院因职业出租车司机的控告而作出了以下判决：优步以及本国同行出租车平台Careem都必须停止业务。孟加拉国在优步开始

---

① Uber will in Asien weiter expandieren, HB, 23.2.2018.
② Gerichtshof der Europäischen Union: Pressemitteilung 136/17, 20.12.2017.
③ Claudia Wrobel: Lohn pro Auftrag, junge Welt, 8.11.2016.

运营几天后就颁布了禁止令。

2018年,加利福尼亚州最高法院在历经下级法院多次审理后判决:如果优步集团能提供三个证据,则可判定优步司机为自由职业者。这三项证据是:优步不会进行检查,该服务不属于核心业务,该司机同时为其他委托人工作。但是,平台说客正在采取行动反对这项判决;另有40个联邦州在最低工资和社会保险方面允许优步在例外情况下可以运营。①

送餐I:Deliveroo

尽管优步因为强大的阻力和政府措施受到了束缚,但平台资本主义在其他领域的扩展仍在继续或者刚刚开始。通过送餐服务我们能看得更清楚。

2013年,美国银行家威尔·舒(Will Shu)在伦敦成立了送餐服务Deliveroo。舒曾在纽约对冲基金SAC工作,后来这一对冲基金因内幕交易被美国证券监管机构关停。舒则转投摩根士丹利的伦敦分支机构。如今,全球150个大城市都有Deliveroo的存在。Deliveroo在英国、荷兰、法国、德国、比利时、爱尔兰、澳大利亚、新加坡、中东、迪拜等国家地区和中国香港地区共有1500名员工,网罗了2.3万家餐厅,通过数万名自行车速递员将订餐送到数百万顾客手中。

---

① California ruling puts pressure on Uber, Lyft and other gig economy employers, http://money.com, 1.5.2018.

大投资者

在德国，速递员每送一次餐得到 5.5 欧元，其中 2.5 至 4.9 欧元来自客户的配送费。Deliveroo 则从餐厅扣除餐费金额的 25%。

Deliveroo 需要用这么少的收入维持成本密集、用工密集的物流。客户的预订、餐厅的订单、每个地点可用的速递员，这些都以极快的速度非常灵活地组合在一起，使订餐迅速准备好，在大城市的丛林中无论天气如何，无论白天黑夜，都可以快速取走订餐，并且尽可能在下单后 30 分钟内为顾客送餐上门。德国总裁费力克斯·克罗博格（Felix Chrobog）计划把平均 32 分钟降到 10 至 12 分钟以内。[①]

直到现在，Deliveroo 仍处在亏损阶段。然而为了雇员、办公室、软件、广告、说客、速递员、国内国际扩张，还需要不断地投资。受欢迎的餐厅必须改造到适合取餐的程度。那么应该由谁来出资呢？纽约投资银行摩根士丹利承担起寻找投资者的任务。2016 年，风险投资者桥点、DTS Global、Greenoaks 和 General Catalyst 带来了 2.75 亿美元。[②]

2017 年，富达、普信这样的大巨头们加入进来。在第三轮融资时，苹果、爱彼迎和电动汽车制造商特斯拉也跟着参与进来。有了这总共 6 亿英镑的风险资本，Deliveroo 将雇员数由 230

---

① Der Tagesspiegel, 30.7.2017.
② www.gruenderszene.de, 5.8.2016, abgerufen 19.3.2018.

个增加到了1050个，销售额增长了60%。[1]

▌反奴隶制声明

实现低成本的一个重要途径就是给数千名速递员尽可能低的报酬。这些快递员们骑着自行车灵活、快速又经常冒着危险穿梭在大城市密集的车流之中。在英国，Deliveroo一开始给速递员的报酬是每小时7英镑（约8欧元）外加每单1英镑（1.14欧元）的额外津贴。

2016年，这一报酬体系被调整，快递员按单计酬，在英国每单3.75英镑。等待的时间没有报酬。自行车、维修、手机、话费、职业保险须由速递员自行承担。如果没有自行车，则可以在Deliveroo以5欧元每天的价格租用。

因不断升级的抗议和快递员们的罢工，英国的Deliveroo主管不得不作出回应，发布了题为《就现代反奴隶制法案的声明》。英国"保守党"掌权的议会于2015年颁布了《现代反奴隶制法案》，因为早在Deliveroo快递员之前，就有很多其他平台资本主义的伪自由职业者针对他们的工作条件进行了抗议。

英国Deliveroo主管的声明这样写道："我们最重要的目标是打造全球最好的送餐服务，我们所有的价值都围绕这一目标。在这一过程中，我们致力于反对一切形式的奴隶制、奴役、义

---

[1] Deliveroo raises $ 385 M in new funding, now values over $ 2 billion, https://techcrunch.com, 17.11.2017.

务劳动、强制劳动以及人口贩卖。"① 为什么必须做出这样的声明呢？难道我们还在奴隶社会吗？为什么会有这个反对最恶劣的工作条件的定位？遵守联合国劳工组织的劳动权利才是最恰当的。联合国劳工组织的劳动权利中的大部分内容都已经被英国议会承认，是生效法律。但显然这条生效几十年的法律已经被他们抛到脑后了。②

没有劳动保护的假自由职业者

声明对具体的劳动条件含糊其辞，仅以共享经济光鲜的话语展现出了那条通向不公平劳动的路径："我们为英国数千名速递员提供了待遇优厚、时间灵活的工作，他们可以很自豪地将本地饭店的订餐以最快的速度送到顾客家里。"

速递员成立企业职工委员会，争取得到劳资协议中的计时工资，但却遭到 Deliveroo 最猛烈的回应：德国选举出来的企业职工委员会难以发挥效力，因为他们有固定期限的劳动合同没有得到续签。普信和富达加入后，德国的企业领导层按照零工模式（每月 450.01 至 850 欧元的低工资），把有固定期限的劳动合同转换成了伪自由职业。根据 Deliveroo 委托的格来思（Gleiss Lutz）律师事务所的陈述，按照法律规定，这些所谓的"自由职

---

① https://deliveroo.de/de/modern–slavery–act–statement, abgerufen 19.3.2018.
② Siehe www.ilo.org/conventions/UK.

业者"没有权利参与选举企业职工委员会。①

反抗的第一批成果

在英国，速递员们进行了罢工，其中几人还就他们的劳动合同到法院提起诉讼。英国劳动监督部门明确规定：速递员不是自由职业者。②在其他国家，如比利时、德国、荷兰，劳动监督部门和法院也作出了判决：速递员没有显示出自由职业者的特征，而是有依附关系的雇员，比如他们都有唯一一个雇主，有统一的工作服，倒班需要报备等。③

2016年在法国，仅仅是通过巴黎地区的2286名速递员的假自由职业，Deliveroo就偷逃了640万欧元的社会保险费。按照法国的法律，Deliveroo的负责人就此应判刑入狱最长5年。④

但是Deliveroo声称，它与速递员之间不存在劳动关系，它只有中介行为，而法国劳动监管部门断定：速递员是有依附关系的雇员。因为他们有工作指导，有工作服，外卖箱上有Deliveroo统一的Logo和颜色。他们还有规定好的固定用语，在从饭店取餐和为客户送餐的场景使用。Deliveroo时间管理系统Staffomatic必须安装在速递员的手机和平板电脑上。在工作过程

---

① Betriebsratsbehinderung, Scheinselbständigkeit, Lohndumping. Aktionstag Freitag der 13. April gegen Deliveroo, www.arbeitsunrecht.de, 16.3.2018.
② Deliveroo workers strike again over new pay structure, The Guardian, 15.8.2016.
③ Gerrit Hoekman: "Selbständige" ausgebeutet, junge Welt, 28.3.2018.
④ Michel Déléan / Dan Israel: Ubérisation – une enquete judiciaire ouverte sur Deliveroo, www.mediapart.fr, 7.6.2018.

中，速递员被 GPS 实时监控着，他们的数据也被实时评估。

该劳动监管部门引用了一段 Deliveroo 管理层给员工的内部指示：不许使用诸如工作、订单、雇佣、报酬等概念！取而代之的应该是：活动、邀请、收入。而 Deliveroo 却像其他中介服务平台一样，用法国 2016 年改革后的劳动法为自己引证：这里批准了"数字平台的独立工作者"。现在法院要对此作出相关解释。

顾客数据和机器人厨师

顾客通常不会仔细阅读全部商业条款，也就默认 Deliveroo 将他们的数据交给"仔细挑选出的市场营销公司"。这样，资本就可以打造出有利可图的目标群体，了解他们喜欢的口味；圈定有购买力的顾客，进一步探索他们的需求，转换变现。①

为了降低成本，Deliveroo 首先在伦敦以移动的、分散的厨房开展了一个实验项目。在这些厨房中，会有烹饪点设在城区内最受欢迎的饭店旁边。这样就节省了配送时间，降低了成本。对于厨师的报酬还没有一个统一的说法，但这无关紧要，因为 Deliveroo 原本就想尽快通过机器人来解决烹饪问题。②

---

① Deliveroo: Where's the money? https://corporatewatch.org, 24.10.2017.
② Deliveroo: Where's the money?, ebd.

所有者和高管实行自助

作为企业，Deliveroo 一直处在亏损阶段。但是高管给自己的回报却相当大方。就在速递员罢工、法院正在审查伪自由职业的问题时，集团老总威尔·舒给自己加薪 22%。他以 12% 的占股跻身于百万富翁行列，从股票升值中获利。

2016 年，投资者们批准英国丹·沃恩（Dan Warne）带领下的高管团队加薪近 500%，也就是从 21.2 万英镑涨到 100 万英镑（约 114 万欧元），另外还有价值 450 万英镑的股票。[①]

送餐 II：Delivery Hero

在数字送餐服务领域还有一个巨头：Delivery Hero 股份公司——"全球领先的餐食预订与配送线上市场"。2011 年，它成立于柏林，如今在全球已有 6000 名员工，仅柏林市中心就有 1000 名员工。在五大洲的 40 个国家，有数万名骑行者正蹬着自行车，将数万份订餐尽快配送给顾客。"我们是送餐联合国"，他们这样自诩道。

为了扩张，Delivery Hero 短短几年内在多个国家收购了十多家竞争对手，如 Lieferheld、OnlinePizza、Talabat（中东）、Foodfly（韩国）、Yemeksepeti（土耳其）、Foodarena（瑞士）、Rappi（南美）、Deliveras（希腊）。

[①] Deliveroo boss gives himself 22,5 % rise amid battle over riders' pay, The Guardian, 21.9.2017; Deliveroo: Where's the money?, a.a.O.

德国最大的竞争对手 Foodora 在 2014 年才成立，第二年就被 Delivery Hero 收购了。但是 Foodora 仍然以这个名字活动在奥地利、加拿大、澳大利亚、爱尔兰、法国、荷兰、德国和北欧国家。

大投资者

只有借助大投资者才有可能实现极速占领市场。Delivery Hero 在大投资者的资助下成功上市了，成为 2017 年德国发行最大的股票。其主要所有者有占少数股份的 Rocket International（Samwer 兄弟），最大的非洲媒体集团南非报业（Naspers），然后是 Insight Ventures、Gavril Abramovich Yushvaev、施罗德投资、普特南投资（Putnam）、Artemis 和巴美列捷福。①

在大银行高盛和花旗银行的代表那里，Delivery Hero 的经理们必须随叫随到，去纽约、苏黎世、旧金山、日内瓦和巴黎参加公开会议。② 如同在贝莱德那里一样，这种情况一般发生在常规监事会和股东大会之外的时间。经理们必须在那里为他们至今所采取的措施辩护，公开来年的新举措：应该怎样增长销售额、股值和利润。经理们的报酬也取决于此，即基本工资、绩效奖金、优先股分配、特殊贡献。

---

① www.4–traders.com, abgerufen 19.3.2018.
② Investor Relations: https://ir.deliveryhero.com.

从箱底翻出来的："正直的商人"

在共享经济中，高道德标准和现代奴隶制形成了一个组织整体。在公司政府法典中，Delivery Hero 的董事会和监事会以"正直商人"的形象为目标，有义务承担职责和保持管理的透明度。

这个"正直商人"的名字是从 19 世纪西欧资本主义的箱底翻出来的。它还在德国工商会的怀旧规章中神出鬼没，德国工商会还借此否认了它在纳粹时期将犹太人企业去犹太化的罪恶行径。

平台集团渗透到日常生活

按照这个模式，其他金融投资者操作了优步竞争者 GrabCar 和 Lyft（亚洲）、爱彼迎（旅馆）和 Booking（旅行）、网飞（电视、电影）、Gett（同城派信）、声田（音乐流媒体）等案例。[①] 还有其他新领域得到了开发，如发放直接贷款、家政和维修中介、食品派送。这些企业中有几个在短短几年内就变成了高市场价值的国际集团，年轻的创始人们也迅速成为亿万富翁。

狂欢式刷剧平台

2009 年，网飞流媒体服务创始人发表了一份宣言——"自由与责任"，这也是共享经济的愿景之一："你可以看你想看

---

① Angriff aus dem Dunkeln, HB, 15.8.2016.

的电影和电视节目，随时随地都可以。"这是当时的承诺。但另一面，它也要借此窥探到用户的"灵魂深处"。"网飞从用户行为中就可以分析出哪些题材、哪些主演、哪种模式会比较受欢迎。"①

网飞以 190 个国家的 1 亿人次订阅总量远超传统电视台。该集团获得了所有迪士尼影片的播放许可，让最贵的导演和演员制作卖座电影，这些电影涵盖了所有老套的娱乐形式：恐怖片、黑色幽默、神话、音乐剧、历史剧、科幻片。网飞的这个愿景有一个目的，就是把订户锁定在自家的沙发上，让他们上瘾，促使他们预订下一套 DVD，让新的恐怖剧情景刺激他们。在广告场景中这被称为狂欢式刷剧。

婚配中介

传媒集团也在寻找新的业务领域和目标人群。婚配中介 Parship，包括以同性恋为目标群体的 GayParship，成立于 2000 年的汉堡，很快落入霍尔茨布林克（Holtzbrink）出版集团（旗下有《商业报》《时代周报》《科学美国人》）的囊中。

当 Parship 扩展到欧洲其他国家时，被私募股权投资者奥克利资本和璞米于 2015 年收购。② 它们还收购了婚配中介 Parship Elite。2016 年 9 月，新组建的 Parship Elite Group 就又更换了所

---

① Großartig – Der Streamingdienst Netflix hat sich etabliert, HB, 16.12.2016.
② Angriff aus dem Dunkeln, HB, 15.8.2016.

有者：电视公司 ProSiebenSat.1 想借助这数百万单身用户扩展它的数字和广告业务。

民宿和酒店房间中介

Airbnb（爱彼迎）是 Air bed and breakfast（气垫床加早餐）的缩写。与优步相同，该企业是一家线上平台，介绍私人和酒店的寄宿处。爱彼迎于 2009 年成立于旧金山，如今几乎活跃在地球上的每个国家。①

在德国，爱彼迎靠收购竞争对手 Accoleo 站稳了脚跟。加利福尼亚的创业公司投资者和俄罗斯企业家尤里·米尔纳（Yuri Milner）的私募股权基金 DST Global，共同资助了爱彼迎的崛起。为了扩张，该集团与脸书和其他互联网企业合作。爱彼迎作为股份公司，其价值已经远超最大的希尔顿和洲际连锁酒店，甚至连它们的酒店房间也在爱彼迎的中介范围内。而爱彼迎本身并不拥有任何一间民宿或酒店房间。

爱彼迎在大城市尤为活跃，这导致房租猛涨，一些租客遭受排挤。很多城市管理部门出面干预，比如纽约、柏林、马德里、巴塞罗那、巴黎，然而并未取得实际效果。马略卡市首先向爱彼迎和 HomeAway 开出了罚单，因为它们的做法有助于房东逃税，并且它们介绍的没有许可证的房屋远多于有许可证的房屋。另外，廉价旅行还导致城市的饮用水供给不足。从 2018 年 7 月

---

① Die Welt geht auf Reisen, FAZ, 28.4.2018.

1日起，那里不允许爱彼迎再向游客出租客房。①

工作中介

在数字借工中介领域，有三家集团尤为著名。亚马逊的"土耳其机器人"Mechanical Turk（MT）推荐所有类型的工作，从几块钱的短工到复杂的网页设计任务。雇主决定价格，且他们大多保持匿名；求职者不能讨价还价，委托人可以预订任何一项数字服务：修改维基百科的词条，为一个产品广告点赞，在论坛里写评论，等等。②

"土耳其机器人"把雇佣时间任意长短的求职者进行归纳，而另一个工作中介"任务兔子"（TaskRabbit）却给求职者找到了另外一个贴切的名称：兔子，为了找到下一份短工而赛跑。所以为了淡化可能存在的挖苦的意味，求职者被称为自由职业者，这样委托人就不需要为求职者的养老金、失业险、医疗保险、病假以及带薪假买单。③

Desk 和 Elance 这两家借工中介于2015年合并成了 Upwork，合并后的主要投资人是普信和风险投资者 Benchmark。④ 该集团的住所在山景城和旧金山，有250名常规雇员。他们管理着

---

① Palma de Mallorca stoppt Airbnb, SZ, 25.4.2018.
② Die Crowdworking-Plattformen Amazon Mechanical Turk und Upwork, www.bigbrotherawards.de/2015, abgerufen 26.4.2018.
③ Steven Hill: Die Start up-Illusion. München 2017, pp. 44f.
④ Venture round Upwork, https://crunchbase.com, abgerufen 26.4.2018.

1400万来自全世界的求职者和来自180个国家的400万委托客户。这些独立的"兔子"们的法律地位各有不同,但是内容相同,都被称作:(单人)自由职业者、分包商、Clickworker、众包工人(Crowdworker)、自由职业者、临时工。他们也被称为短工或计件工资雇员。政府和劳动局对此一无所知,德国的国家统计机关也不知道。Upwork在德国登记了1.8万名求职者的信息,以及会以什么条件、介绍给哪些委托人。①

大巴运输中介

FlixMobility有限公司,简称FlixBus,由收购小公交公司而形成。创始人安德烈·施魏姆莱恩(Andre Schwaemmlein)曾在波士顿咨询公司工作。2013年年初,通过修订的《客运交通法》,德国政府取消了之前的对长途公共交通的限制。戴姆勒移动出行服务和霍尔茨布林克出版集团随即介入这个市场,它们收购了德国邮政和德国铁路那些小型长途公交公司。泛大西洋私募股权基金为下一轮收购竞争对手MeinFernbus提供了资金。仅仅几年后,Flixbus就拿下德国近90%的市场,随后乘车价格也涨了40%。②

Flixbus声称自己没有一辆公交车,没有雇用一名司机。按

---

① Steven Hill, a.a.O., pp. 45ff.
② Kaum noch Wettbewerb. 40 Prozent teurer! Preise für Fernbus-Fahrten in nur zwei Jahren fast verdoppelt, www.focus.de, 17.9.2016.

照特许经营模式，Flixbus 目前给 250 家中型公交公司颁发了许可证并与之合作。欧盟其他国家的政府也都取消了对长途交通的管制并将其私有化。在法国，时任经济部部长马克龙推动完成了这一转变。这样，Flixbus 得以扩展到 20 多个欧洲国家。但它只需要为此雇用 500 名自己的员工。

精英数字平民主义的中心

最大的互联网和数字集团创始人们主要来自两家私立精英大学：斯坦福大学和哈佛大学。这两所大学一直以来都与大型私人企业以及美国两大资本党派的政治家、咨询机构联系紧密。每年学费在 6 万至 9 万美元之间。斯坦福大约录取申请者总数的 6%，其中部分学生可以获得高额奖学金。

斯坦福的圈子中活跃着以下企业的创始人，比如惠普、太阳计算机系统、苹果、谷歌、雅虎、耐克、网飞、Paypal、Instagram、色拉布（Snapchat）、脸书，还有 17 名 NASA 宇航员。94% 的创始人都是男性——没有哪个行业像科技行业这样，如此响亮地宣传多样性却获得如此糟糕的效果。以下是最成功的平台创始人的数量以及他们的母校。[1]

---

[1] Diversity in der IT. Noch imer weiß und männlich, HB 5.1.2018; Google CEO Sundar Pichai Has No Regret About Firing James Damore, http://fortune.com, 20.1.2018.

学校	数量
斯坦福大学（加利福尼亚，硅谷）	51
哈佛大学（波士顿）	37
加利福尼亚大学	18
印度理工学院（孟买，德里）	12
麻省理工学院（波士顿）	9
宾夕法尼亚大学	9
牛津大学（英国）	8
特拉维夫大学	7
康奈尔大学	6
南加利福尼亚大学	6
滑铁卢大学	6

平台经济总结

垄断的形成：投资者们为快速收购竞争对手和创业公司而提供贷款。竞争只在较低层次被鼓励和利用，但最终还是为了消除它。投资者们甘愿忍受多年的艰难时期，但是一旦有提升价格的机会就会充分利用。下面是对于几个广泛涉及问题的总结说明。

逃税：平台集团如同它们的投资者一样，通过职业化企业咨询机构来组织全球范围内的逃税。

不稳定劳动关系：平台企业加剧了美国20世纪60年代以来快速形成的"穷忙"现象，将穷忙族变成了更穷、更不受保护的数字无产阶级——由数量庞大的临时工、假自由职业者、随叫随到的短工和低工资受领者组成。在德国，平台企业大约有100万名员工，每年被逃脱的社会保险就有数十亿欧元之多。①

窥探：中介平台会统计所有的可以得到的有关员工和客户的数据。数据处理主要是在美国进行。

生活方式：这些生意主要集中在大城市圈内，属于个性化服务。这让本就已经被过度消费的大城市更加拥挤，环境更加恶化。

无家可归：在肆无忌惮的区域房地产市场上，不对称性的增加也很明显。加州以硅谷和旧金山为中心成为最反社会的居住区：（平均）4000美元的月租金只能租一套小房子。最高的房租加上最多的流浪汉，就连生活必需的超市产品的价格也高很多。②

政府为同谋：欧盟鼓励平台形式，因为中介服务可以产生"灵活的劳动规则和新的收入来源"。③这些集团将自己武装起来以应对各方的批评。在美国，Deliveroo、优步和爱彼迎联合起来，要求政府应对越来越多的来自相关人员和工会的抗议：劳动法必须改，必须适应数字平台行业的做法，必须将一种"新阶层雇员"合法化。④

阻力：受平台经济影响和损害的国家已经开始在全球范围

---

① Steven Hill: "Beschäftigte werden vom Algorithmus gefeuert", junge Welt, 16.6.2017.
② Ein Boom, der viele arm macht, HB, 11.5.2018.
③ Europäische Kommission: Europäische Agenda für die kollaborative Wirtschaft, COM（2016）356 final.
④ Uber, Airbnb and Deliveroo urge labour law shake-up, http://afr.com 15.3.2018.

内抵御此情况，①法院和地方行政机关已经宣布了几项限制措施。政府仍在尽力阻挠，而左翼党派和工会则是太软弱、无知。

其他途径：在 20 世纪初，当时的 8 小时工作制和 40 小时工作周就能确保足够的收入，而今天借助新科技，至少可以将劳动时间再缩短一半，劳动收益必须且能够做到公平分配，而不是去强制压低那令人作呕的失业率，施加超强度的劳动压力，勉强维持着数量不足的雇工。

---

① Vgl. Re: Kuriere am Limit?, arte TV, 14.3.2018.

9
跨大西洋资本的平民私人部队

前文已经提过,新兴金融机构请来了众多私人咨询公司。这些咨询公司的人事管理者由高薪聘请的知识分子型专家组成,他们大多毕业于知名私立、公立大学或者商学院,都受到过优秀的自我认知训练。同时,在目前西方几个主要的发达国家,他们还是推动国家继续私有化的活动家。[①]

评级机构

三家评级机构掌握着西方评级国际市场:标准普尔、穆迪和惠誉国际(Fitch)。最初,它们接受了美国政府法律形式上的委托,目的是给企业、国家和地方政府的诚信度评分。是否发放贷款即以这些评分为基础。评级机构还为个别有价证券评分,有价证券发行银行和其他金融机构以此招揽客户。评级机构本身就是私有资本企业,它们的利润取决于被评分机构支付的尽

---

① Werner Rügemer: Die Privatisierung des Staates – Das Vorbild USA, in: Ullrich Mies u.a. (Hg.): Fassadendemokratie und tiefer Staat, Wien 2017, pp. 111–124.

可能高的酬金。换句话说，他们从事的是有组织的内幕交易。

首先是存在"人情评分"，继而又演变成了有针对性的错误评分，上次金融危机后美国国会也发现了这一事实。评级机构一直到最后都把原本已经破产的银行（如雷曼兄弟）和不健康的有价证券评价为可信。因此金融危机的爆发，评级机构也脱不了干系。① 同时，贝莱德、先锋、道富、普信、资本集团和纽约梅隆银行本身就是标准普尔和穆迪这两家最大的评级机构最重要的持股人。②

21世纪初，欧盟也接受了美国的评级系统和这三家重要的评级机构。欧盟在此前就让美国评级机构给它的财政预算和欧洲投资银行（EIB）进行了评分。在评估欧盟成员国以及如何处理赤字严重的成员国（如希腊、爱尔兰、塞浦路斯，等等）方面，欧盟、欧洲央行和各国金融监管机构都是参照三巨头的评分来进行的。

在2007年金融危机后，欧洲议会建议组建欧洲自己的评级机构，但欧盟委员会设法阻止了这一计划。美国说客在布鲁塞尔的游说达到了目的：不允许在评级机构的第一梯队中出现欧洲的评级机构。③

---

① Financial Crisis Inquiry Commission: The Financial Crisis Inquiry Report, New York 2011, pp. 43f., 131ff., 165, 418.
② Werner Rügemer: Ratingagenturen. Einblicke in die Kapitalmacht der Gegenwart, Bielefeld 2012, p. 60.
③ Werner Rügemer: Ratingagenturen, ebd. p. 172f.

新兴金融机构又继续扩展了评级机构的业务，因为在金融危机后，更多的金融类股票从传统银行重新整合到了贝莱德、黑石集团的名下。另外，它们委托评级机构为自己越来越多的基金和新的金融产品评分。这样，三巨头的股值和利润得以增长，还得到了特朗普的好评。①

"审"计师

"审"计公司也助推了金融危机的爆发。普华永道、毕马威、安永和德勤，来自美国的"四巨头"主要驻在伦敦和瑞士（毕马威），它们是国际集团，总共拥有94.3万名专家，占领了全球市场。在美国和欧盟，"四巨头"把所有大集团的审计工作都私下进行了分摊，包括德国30家DAX集团。

"四巨头"掩盖了所有著名大型破产案中出现的假账，偶尔在法庭调解后支付一小笔罚款。②至2007年，它们一直在为银行和保险公司的资产负债表的正确性作证明，比如雷曼兄弟、高盛、德意志银行、IKB（在德国首先破产的银行）、裕宝地产银行（HRE）、西德意志州银行（WestLB）和美国国际集团（AIG），为这些银行抹销风险贷款。③尽管如此，为了救助银行和振兴国家财政，欧盟还是一直在聘请这些使用惯用伎俩的骗子，在整

---

① Das große Geschäft mit der Unsicherheit, SZ, 19.2.2017.
② Meinrad Heck: Der Flowtex-Skandal, Frankfurt/Main 2006.
③ Wie sich PWC und KPMG die Bälle zuspielen, WiWo, 11.6.2009.

个西方资本主义中继续"审"计最大企业的资产负债表。①

这些审计公司如同前文的评级机构一样,也有法律上的委托,但这些审计公司也是私有的、以利润为导向的企业。它们主要审计大公司的记账簿和资产负债表,被审计者自己挑选审计公司并支付报酬。这样,"审计师"就成了知情人和同谋。审计公司不只通过法律授权获得酬金,还向企业提供一种收费更高的服务——税务咨询。

"四巨头"在所有重要的避税天堂都经营着自己的分支机构,如特拉华州、卢森堡、开曼群岛、百慕大和海峡群岛。它们在税务"策划"方面,为活跃在全球范围内的企业和投资人提供帮助,如贝莱德。2003 年,毕马威在卢森堡的分支机构制作了一本多语种宣传册招揽企业客户。② 普华永道在最重要的欧盟避税天堂经营着大规模分支机构,例如在卢森堡它拥有 2000 名员工,在塞浦路斯有 1600 名。③

"四巨头"在帮助集团企业的同时,还每年从欧盟国家骗走至少 500 亿欧元,欧盟委员会还在"四巨头"那里咨询税务问题,为此每年支付 5000 万欧元。④

在涉及水务和地区基础设施的私有化问题上,普华永道是

---

① Sol Trumbo Vila u.a.: The Bail Out Business, TNI Februar 2017.
② KPMG Tax Advisers: International Tax Planning Made in Luxemburg *2003*, Luxembourg 2003.
③ PWC: A beginner's guide to privatisations, may 2013, www.pwc.com.cy.
④ Corporate Europe Observatory: Accounting for Influence, Brussels July 2018, p. 6 und 10.

欧盟委员会的长期顾问；在自由贸易协定问题以及由欧盟资助的在第三国的私有化方面，仍是普华永道为欧盟委员会提供咨询服务。此外，普华永道的老总们还活跃在各种游说组织中，比如跨大西洋商务对话（Transatlantic Business Dialog，TABD）和美国欧盟商会（American Chamber of Commerce to the European Union,AmChamEU）。①欧盟委员会还将德勤、安永、普华永道和毕马威介绍给欧盟成员国的政府们，例如为东欧在税收体系和社会保险法典编纂方面提供帮助。②普华永道还接受德国联邦政府的委托，为贝莱德集团推进的学校私有化方面铺平道路。③

律师事务所

如果涉及交易方面的法律问题，新兴金融机构首先会请来伦敦和美国的大律师事务所。这些律所数十年来都活跃在全球范围内，熟知最重要的国家的法律体系，它们会查明漏洞，以英美经济法的标准为导向。它们与新兴金融机构越来越多地接手了国家法律咨询这一领域，例如私有化方面。最重要的律所都有数千名律师，如富而德（Freshfields）、谢尔曼·思特灵（Shearman&Sterling）、安理（Allen&Overy）、高伟绅（Clifford Chance）、苏利文·克伦威尔（Sullivan&Cromuell）、年利达（Lin-

---

① Corporate Europe Observatory: Accounting for Influence ebd., p. 13.
② Einfach umverteilen, junge Welt, 15.8.2008.
③ www.bmwi.de/Redaktion/DEDownloads/Studien/pwc-gutachten-lang.pdf, abgerufen 10.5.2018.

klaters）、伟凯（White&Case）和霍金路伟（Hogan Lovells），它们在所有重要的欧盟国家都有分支机构。

这些律所在买卖企业方面为私募股权投资者们提供咨询服务，在并购方面为大资本组织者们提供咨询服务。在德国经营方面，10家最大的律师事务所中只有恒乐一家是德国律所（2011年），其他九家都是美国律所，按营业额排序如下：富而德、苏利文 & 克伦威尔、谢尔曼·斯特灵、高伟绅、世达（Skadden/Arps/Slate）、年利达、安理和霍金路伟。①

从20世纪90年代中期开始，这些律师事务所在欧盟就牢牢把握住了地方和国家的基础设施，诸如排水系统、展厅、有轨电车、地铁、飞行安全等设施在出售和回租方面的法律业务，为美国投资者谋取税务方面的优势。这里的关键字是"跨境融资租赁"。富而德和安理在1000页的合同中共同设计了合同双方的虚拟并存所有权，无论合同双方是公是私。②

这些律师事务所还在其他形式的国有资产私有化，以及将国家职责分包给私人投资者方面为欧盟政府提供咨询服务。富而德、高伟绅、年利达与普华永道一起，在德国和英国成功达到了为PPP模式立法的目的，并为政府和投资者之间拟定了合

---

① Die Herren der Welt. Top-Anwälte mehren ihren Einfluss auf Wirtschaft und Poilitik, Focus 11/2011, p. 57.
② Werner Rügemer: Cross Border Leasing. Münster 2005.

同。这个模式在德英两国获得认可之后，欧盟也接受了该模式。①

富而德还受德国政府委托，起草救助那些崩溃的银行的两部法律。② 2002 年，富而德为德国最大的 PPP 项目（高速公路收取大货车养路费）起草了一份 1.7 万页的合同。投资者戴姆勒、德国电信、科菲公司（Cofiroute，万喜）两年以后才开始履行他们的合同义务。联邦政府提起诉讼，要求投资商赔偿损失，到今天连同利息和复利有 95 亿欧元。奇妙的是，联邦政府又委托富而德代理这场诉讼。到 2018 年，历经 14 年，该程序以庭外和解告终，但是联邦政府为这一场徒劳的咨询向富而德集团支付了 24460 万欧元，而投资者则完美脱身。③

▎美国律所手中的私有仲裁法庭

二战后，为了反对前被殖民国家将西方资产国有化的计划，美国协调筹建了私有仲裁法庭。1958 年，《承认及执行外国仲裁裁决公约》（亦称《纽约公约》，*the New York Convention on the Recognition and Enforcement of Foreign Arbitral Awards*）达成。从那以后，这成了私人国际仲裁案的基础。欧盟国家也加入了该公约。

---

① Werner Rügemer: Public Private Partnership. Anatomie eines globalen Finanzinstruments. Bielefeld 2012.
② Die Einflüsterer, Süddeutsche Zeitung, 7.3.2006; Die Gesetze der Kanzleien, Süddeutsche Zeitung 14.8.2009.
③ Antwort der Bundesregierung auf die Auskunftsbitte des Abgeordneten Victor Perli/Die Linke: Stand des Verfahrens mit Toll Collect, 7.3.2018; HB, 9.5.2018.

1966年10月，依据《关于解决国家和其他国家国民投资争端公约》而成立的国际组织——解决投资争端中心（The International Center for the Settlement of Investment Disputes，ICSID），其办公地点设在美国华盛顿 D.C. 的世界银行内。还有几个小规模的国际仲裁法庭分布在巴黎、伦敦、海牙和斯德哥尔摩，这五个国际仲裁法庭基本都掌握在十几家美国律师事务所手中。仲裁法庭中的高薪职位，无论是法官、起诉人还是辩护人，都是富而德、谢尔曼·思特灵、伟凯、King&Spalding 等给予分配的。英国法学家塞巴斯蒂安·佩里（Sebastian Perry）评价这些法学者是"人权以外所有问题的专家"。[1]

企业咨询机构

新兴金融机构为了自己的交易聘用了企业咨询机构。"用更少的人获得更多的利润"，这是1926年成立于芝加哥的第一家企业咨询机构麦肯锡的格言。咨询企业中大多数雇员的专业领域都是财务和法律，人数总是越少越好，管理团队被训练成领导班子，根据个人绩效，按等级分级，对他们的冷酷无情给予奖励。

20世纪30年代，美国时任总统富兰克林·罗斯福以他的新政推行社会改革时，麦肯锡迎来了突破性发展。麦肯锡被美国集团企业请来抵抗至今仍被攻击的标准化敌人——国家福利制

---

[1] Werner Rügemer: Das jüngste Weltgericht, Hintergrund 1/2015, pp. 60ff.

度和工会。通过马歇尔计划，麦肯锡也来到了西欧，统治这一行业五十载，深刻影响了欧盟大股份公司的内部组织结构。自德国信托机构——1990年至1994年前东德企业的私有化——特别是欧盟国有企业私有化以来，如同普华永道和富而德一样，麦肯锡也成为欧盟国家的永久性聘用咨询机构：国家应该像企业一样运行。①

现在，市场上已出现数千家企业咨询机构，然而美国的麦肯锡和其他几家依然是欧盟内最大的咨询机构。麦肯锡和波士顿咨询集团以全球眼光，充分利用人力，借助数字化和借工拓展自己的渠道和领域。② 20世纪90年代末，麦肯锡在德国成为哈茨委员会成员，哈茨委员会启动了撤销劳动关系管制的4部哈茨法令。在德国，麦肯锡和埃森哲（Accenture）一直以来都是德国联邦劳动局和就业中心改制的主要咨询机构，它们之间的合同始于2004年，至2017年合同金额已高达25520万欧元。③在如何以最低成本安置难民的问题上，麦肯锡也向德国政府提供咨询服务。在收购和改制医院、康复医院和养老院方面，麦肯锡以其健康研究所为政府和私募股权投资者提供咨询服务。

今天，国家和政治的私有化又有了更多形式。在德国，麦

---

① Werner Rügemer: Die Berater. Ihr Wirken in Staat und Gesellschaft. Bielefeld 2004, pp. 78ff.
② McKinsey Global Institute: What the future of work will mean for jobs, skills and wages, November 2017; Boston Consulting Group/ciett: Adaptation to Change, Bruxelles 2012.
③ BILD, 17.6.2017.

肯锡"俘获了"国防与发展援助部的国务秘书们。默克尔领导下的执政党基民盟也请来麦肯锡的德国总裁,起草新党纲《新社会市场经济》。① 社民党也请来麦肯锡经理,为他们的总理候选人弗兰克-瓦尔特·施泰因迈尔(Frank-Walter Steinmeier)和佩尔·施泰因布吕克的竞选提供咨询服务。② 甚至连天主教大主教也要来咨询一下,怎样才能更好地"兜售"他们的布道。③

最大的企业咨询公司属于谁

2016年,按销售额计算排名德国前十位的企业咨询机构依次是:埃森哲、麦肯锡、波士顿咨询集团(BCG)、美世(Mercer)、怡安翰威特(Aon Hewitt)、韬睿惠悦(Towers Watson)、凯捷、贝恩、奥纬(Oliver Wyman)、科尔尼(A.T.Kearney)。④ 其中只有两家的主要驻地不在美国:韬睿惠悦(伦敦)和凯捷(巴黎)。

我们来仔细看一下其中的两家集团。首先是法国的凯捷,4.5%的股份归公司领导层所有,其他共同所有者包括先锋、富达、挪威央行、摩根大通、景顺、贝莱德、东方汇理……

其次是埃森哲。这家咨询企业以全球42万员工的规模超越了麦肯锡,其法律注册地从百慕大迁到了另外一个避税天堂——

---

① Die Berater–Republik, Die Zeit 7/2004.
② Steinmeier holt McKinsey–Mann als Berater, Financial Times Deutschland 26.11.2008; Steinmeier, Steinbrück, Gabriel – Tristesse bei der SPD–Troika, RP online, 7.7.2012.
③ Jochen Bülow: McKinsey beim Erzbischof, in: Werner Rügemer: Die Berater a.a.O., pp. 133ff.
④ www.squeaker.net/de/Karriere/Branchen/Consulting,abgerufen 2.5.2018.

爱尔兰的都柏林。那么这家最大的咨询集团又归谁所有呢？没人会感到诧异。按照股份占比排列如下：先锋、贝莱德、马萨诸塞金融、CapitalGlobal、道富、威灵顿、摩根士丹利、摩根大通、纽约梅隆银行、北方信托、Geode Capital、富国（Wells Fargo）、瑞银、美国银行……

主流媒体

《纽约时报》（*NYT*）是西方价值联盟的主流媒体，至少在印刷品，还有自认为坚守自由主义知识分子这个混乱阶层的方面是这样的。《南德意志报》、《法国世界报》、《国家报》（*El Pais*）、《共和报》（*La Reppubblica*）和《每日电讯报》（*Daily Telegraph*）也加入了《纽约国际周刊》的行列。这里面绝对不乏批判的声音，比如在诺贝尔奖获得者经济学家保罗·克鲁格曼（Paul Krugman）的专栏中。

此外，在《纽约时报》调查详尽的报道中，也有对美军在越南战争和伊拉克战争中尤为可憎的行动的揭露；在金融危机后，也会批判对冲基金和银行的惯骗行为；偶尔也会对沃尔玛和亚马逊剥削员工进行痛斥，批评中产阶级的贫穷化。但《纽约时报》也常常把奥巴马和克林顿的圈子视作美国典范，而将唐纳德·特朗普看成性别歧视、种族歧视、粗鲁、没有文化的人。当然，不论如何，对《纽约时报》而言，这个"自由的世界"必须由世界头号强国美国来引领。这一点不容置疑。

▎先锋、贝莱德、墨西哥亿万富豪

奥克斯·苏兹伯格（Ochs Sulzberger）家族创立人的孙子以及继承人在《纽约时报》一直扮演的是一个公众角色，比如扮演为一个出版人的角色，但是《纽约时报》的实际权力却掌握在他人手中。自1967年上市之后，华尔街银行摩根士丹利成了最大股东。当该报后来小心翼翼地开始与小布什领导的伊拉克战争保持距离时，该银行宣布退出合作。

墨西哥亿万富豪卡洛斯·斯利姆（Carlos Slim）参与进来，救助了该集团。斯利姆在美国也有不少资产，至今他仍是该报最大的个人股东。然而，机构投资者以71%的股份掌握着绝对的话语权：Darsana资本合伙公司、先锋、贝莱德、Fairpointe资本（芝加哥）、威灵顿等。Darsana同时还参与了谷歌/Alphabet，脸书和网飞，尤其是Spirit航空系统——飞机和军火工业（比如波音和雷神）全球最大的供应商。顺便说一句，先锋和贝莱德是Spirit航空系统的最大股东。①

▎美国新闻社，开放社会基金会（Open Society Foundation）

与西方资本主义这个有些棘手却又受过高等教育的圈子保持合作，至今为止从来没有亏本的买卖。为了平衡，亚马逊总裁贝佐斯买下了倾向共和党人一边的《华盛顿邮报》。

2015年，谷歌以1.5亿美元部署了数字新闻行动（Digital

---

① Aktienanteile für NYT und Darsana: www.nasdaq.com, abgerufen 11.5.2018.

News Initiative，DNI）。其他西方主流媒体的主导者，除了美国新闻社，如美国联合通讯社（Associated Press）、道琼斯新闻（Dow Jones News）、汤森路透（ThomsonReuters）、彭博（Bloomberg）、合众国际社（United Press International），还有多个美国基金会。我们挑一个出来看看，例如开放社会基金会，它是由对冲基金经理乔治·索罗斯设立的。为了"颜色革命"，该基金会在多个东欧国家策划了媒体宣传活动，西欧主流媒体也跟随着这些宣传活动。

"开放社会"的含义是向西方金融机构和北约开放，它与反民主政治的各种变体相关联。像匈牙利总理欧尔班·维克托（Orban Viktor）这样一位披着基督教徒外衣的右翼民粹分子，曾是索罗斯基金会的奖学金领受者，这并不是偶然的。同样披着"基督教徒"外衣的政治家的观点与前者是一致的——欧尔班所属党派青年民主主义者联盟（Fidesz）是欧洲人民党（EVP）的成员，这个欧洲人民党是由默克尔的基民盟主导的。欧尔班本人还是基督民主国际党以及欧洲人民党的副主席。

马克龙，他的总理和法国的新闻记者们

在军事、政治、外交和经济政策方面，欧盟的媒体精英一直以来都是以美国人经营的基金会为导向的。

20世纪70年代，时任美国大使詹姆斯·劳恩思坦（James Lowenstein）和美国外交关系委员会委员共同组建了法美基金会

（French American Foundation）。该基金会的青年领袖计划培养出了多位政治家，如美国的威廉和希拉里·克林顿、法国的富朗索瓦·奥朗德，现任法国总统马克龙及其总理爱德华·菲利普（Edouard Philippe），还有他的部长们、议员们以及讲演稿撰写者；还有一批青年精英散落在美国企业（波音、麦肯锡、拉扎德、高盛、桥水和科尔尼）和法国企业（空客、安盛天平、阿海珐、万喜等），以及北约、美国情报机构 NSA、大赦国际（Amnesty International）等机构当中。大西洋两岸的新闻媒体中，这些青年精英们知道自己应该归属于哪个圈子：美国《纽约时报》、《洛杉矶时报》（Los Angeles Times），法国《世界报》、《快报》（L'Express）、《回声报》（Les Echos）、《小小日报》（Le Petit Quotidien），法国电视二台（France2）、欧洲第一广播电台（Europe1）和 RTL，等等。①

德国的 Alpha 新闻记者

美国在德国铺设的媒体网络似乎最密集：美国当代德国研究所（American Institute for Contemporary German Studies，华盛顿）、德国马歇尔基金（German Marshall Fund）、阿斯彭研究所（Aspen Institute）、三边委员会（Trilateral Commission）、美国学院（柏林）、美国德国问题理事会。有大西洋两岸的军队、政治家、集团老总们参加的会议，公共以及私人的主流媒体的新闻

---

① https://frenchamerican.org/young-leaders/earlier-classes, abgerufen 11.5.2018.

记者们都会被邀请去参加：德国电视二台、德国电视一台、《时代周刊》、《法兰克福评论报》、《世界报》、《南德意志报》、《明镜周刊》、《焦点》。这里没有强制的意识灌输，但是那些新闻记者们会感觉到有一种倾向性，他们会被友好地、循序渐进地带进一个封闭的、强大的网络。①

德国的起点是大西洋之桥，它是由美国高级专员约翰·麦克洛伊（John McCloy）和德裔美籍投资银行家埃里希·沃伯格（Erich Warburg）与联邦德国共同打造出来的。集团老总们、政治家、军队和最重要的新闻记者们聚在这里，这些记者们都来自有美国军事管理许可证的西德主流媒体，如《时代周刊》《明镜周刊》《世界报》《南德意志报》。②

▌斯普林格出版社

斯普林格出版社的日报《世界报》吸引的是受过高等教育的中产阶级精英读者，即"保守/基督教/高收入"群体；同时又通过《图片报》，把自己打扮成低微的劳工和卑微的女性组成的劳动阶层的神通广大的保护者。阿克塞尔·施普林格奖（Axel Springer Award）的宗旨是奖励那些出色的有颠覆性的创新思维，该出版社首先将这一奖项颁给了脸书总裁扎克伯格，然后是拥有《华盛顿邮报》的亚马逊总裁贝佐斯。在该出版社内所有媒

---

① Uwe Krüger: Meinungsmacht. Eine kritische Netzwerkanalyse, Köln 2013.
② Hermann Ploppa: Die Macher hinter den Kulissen. Frankfurt/Main 2014, pp. 80ff.

体都适用的编辑规则是"在自由价值社会中与美利坚合众国团结一致",并将此作为一种义务。① 在其他媒体看来,这一德国最大的媒体集团只有一个明确的纲领:做美国的宣传喉舌,而非独立的新闻机构。

---

① Nachhaltigkeit.axelspringer.de/de/grundsaetze/unternehmensgrundsaetze.html, abgerufen 11.5.2018.

第二章 美国与欧盟的关系

Das Verhältnis USA - Europäische Union

美国—欧盟这片跨大西洋地区是地球上历史最悠久、交织最紧密的资本区域。新兴资本集团及其私人武装力量更进一步促进了美国对西欧资本统治地位的形成。最近,从数十年假装出来的和谐中爆发出了在自由贸易、逃税,在与俄罗斯、伊朗和中国的关系,以及在情报机构监控和军备方面的冲突。然而到目前为止,欧盟的负责人既不愿也不能实现他们宣告的"更大的独立性"。

1
第一次世界大战以来力量对比的颠倒

在第一次世界大战之前,美国工业领域和美国政府在欧洲银行都有负债;第一次世界大战之后,情况发生了逆转,美国从债务国转变成债权国。从那时开始,美国的主导地位逐步增强。一战后,道威斯计划(Dawes Plan,1924年)和杨格计划(Young Plan,1929年)推动了美国在欧洲,在英国、意大利,特别是在德国的投资,即使在1933年希特勒政府的统治下也没有中断。[1]

第二次世界大战后,这个西方的战胜国加快了介入西欧的脚步。从1950年至1970年,美国在拉丁美洲的投资增长了3倍,在亚洲(包括日本)的投资增长了5倍,在传统的近邻市场加拿大增长了6倍;而在西欧,受到马歇尔计划的推动,投资增长了14倍。[2]

---

[1] Mira Wilkins: The Maturing of Multinational Enterprises. American Business Abroad from 1914 to 1970, Cambridge/Massachusetts 1994; Jacques Pauwels: Big Business avec Hitler. Bruxelles 2013; Edwin Black: IBM and the Holocaust, New York 2001.

[2] Wilkins, a.a.O., p. 330.

从 20 世纪 80 年代开始，西欧的企业加大投资美国这个令人钦佩的国家；2007 年的金融危机过后，这些企业继续加大他们对美国的投资力度，尤其是英国企业，其次是法国、德国、瑞士的企业。制药集团如诺华、拜耳和巴斯夫，汽车集团如宝马、大众和戴姆勒，科技集团如西门子和蒂森克虏伯，德国运输行业制造商大陆集团和德国电信等纷纷投资美国。如今，在 3500 家德国中小型企业中，有一些企业在美国实现的销售额比在德国本土还要多。

欧洲的资本国家相互之间也是紧密交织在一起的。大约 2500 家德国企业在英国有分支机构，1000 家在法国有分支机构——反之亦然。但是他们与美国的交织程度则更甚，极富影响力的贝莱德集团要远比欧洲投资者强大得多。

美国：经济萎缩，但作为资本基地却在壮大

仅贝莱德集团就是全球超过 1.7 万家企业的投资人，而类似的大资本集团，如先锋、道富等，都只占较小一部分的股份。这些投资集团的绝对侧重点是美国，其次是欧盟，再次是亚太，紧随其后是加拿大。其他私募股权投资者、对冲基金、风险投资者、投资银行和传统银行等金融机构群体的投资情况与此大体相近，到处都由美国投资者占据主导地位，无论是他们的数量、所管理的资本还是影响力。

截至 2017 年年底，西方发达国家最有价值的 100 家企业中，有 52 家来自美国，排在顶端的是 GAMFA。来自英国和德国的企业有 6 家，欧洲最大企业荷兰皇家壳牌排名第 17 位，德国最有价值的 SAP 集团排名第 62 位。① 当然，这些"欧洲"企业最重要的股东其实都是美国的注册公司。

按照官方统计，2016 年，德国企业以及西欧的金融机构在美国的投资总规模达到 3 万亿美元，美国在西欧的投资总规模在 5 万亿美元。② 但是这些数字掩盖了真实的情况，因为新兴金融机构的资产份额没有包含在其中。实际上，截至 2014 年，美国权益人在国外的资本财产额达到 25 万亿美元，而所有外国权益人在美国的资本财产为 30 万亿美元，欧洲人的比重大概占一半，约 15 万亿美元。③

近几十年来，美国在世界生产和世界贸易方面的比重不断下降，然而美国作为资本基地，在西方资本主义国家中的分量却在不断上升。

美国：全球最大的避税天堂

美国还是全球最大的避税天堂。在美国前总统奥巴马执政时期，"美国优先"的国家主义表现在《外国账户税收遵从法》

---

① Das sind die wertvollsten Unternehmen der Welt, www.faznet/aktuell/wirtschaft/diginomics 29.12.2017.
② Der neue Handelskrieg, HB, 23.2.2018.
③ Stanley Fisher: The Federal Reserve and the Global Economy, 2014 Annual Meetings of IMF and World Bank Group, Washington 11.10.2014.

（Foreign Account Tax Compliance Act，FATCA）上。2010年通过的这部法案，旨在要求非美国金融机构公开美国公民在国外的收入和利润等透明信息，以加强税收管理，增加国家财政收入。这在该法颁布之前是无法实现的。从那时开始，美国数十万富有的管理者、牙医、银行家、中产阶级将他们隐藏在开曼群岛瑞银账户里的钱转移回了美国。

通过这部法律，有超过8万家银行、保险和资产管理公司在美国最高税务机关联邦税务局（Internal Revenue Service，IRS）注册。他们都是全球的金融服务者，除了美国的金融机构以外，还包括来自欧盟的金融机构，其中德国的约有2600家。[①]

基于FATCA法案，经合组织提出了共同申报准则（Common Reporting Standard，CRS），旨在推动国与国之间税务信息的自动交换（AIA）。欧盟国家也"顺从地"通过自己的法律将其合法化，比如德国通过了《金融账户信息交换法》（FKAustG）。已有100多个国家参与其中，甚至包括那些传统的避税天堂，如瑞士和巴拿马，否则他们的银行就会丢掉在美国的执业许可证。这一举措的落实耗费极高，仅德国的金融服务商就为此花费了4亿欧元。

唯一一个没有响应这一倡议的国家就是美国，虽然是它强行推行的这一行动。对于哪些权益人隐藏在了美国避税天堂的

[①] Mariam Rostamzada: Be aware of Delaware. Die einseitigen US-Bemühungen um Steueroasen, www.private-banking-magazin.de, 26.3.2018.

皮包公司背后，美国是不会透露给其他国家的；而美国的这些避税天堂，如特拉华州、内华达州、南达科他州和怀俄明州，正在为全球的金融机构所用。

虽然美国边境保卫局有时会花费几个小时来仔细检查每一位入境者，但在特拉华州，只需几分钟就可以通过有资质的财产受托管理人，注册一家用于大宗交易欧洲企业股票的匿名皮包公司，而无需使用护照，例如通过贝莱德或黑石集团办公室发出的电子邮件。

只是在美国的施压下，瑞士的银行秘密才见了光——至少对于美国而言是这样的，对于其他欧盟国家则不然。"如今，美国成了世界上最大的避税天堂和最大的影子金融中心，因为外国人在世界上任何国家账户里的钱，都没有在美国账户里的多。唐纳德·特朗普于2017年年底通过的税收改革方案将进一步推动这一发展趋势。"①

2017年，欧盟委员会经过长时间讨论公布了"避税地黑名单"，其中却没有一个欧盟国家。他们卑躬屈膝的同谋者姿态可见一斑。因为根据官方报告，美国在欧洲投资总规模的5万亿美元中，有8470亿在荷兰合法存在，有6820亿在英国，有6080亿在卢森堡大公国，在爱尔兰这个小国家还有3870亿——比德国要多得多，而德国才是贝莱德、黑石、苹果集团生意最

---

① Rostamzada ebd.

多的地方。①

劳动关系美国化

自20世纪80年代以来，新兴资本集团首先在美国极大地推动了裁撤雇员和去工业化的进程，中产阶级群体日趋贫困，而资本精英及其职业"助攻部队"却开始一夜暴富。自2000年开始，这些新兴资本集团在欧盟也加快了这一进程。

在不认可国际劳工组织（ILO）的劳动权益方面，美国孤独地站在顶峰。207项劳动权益中，美国只承认了其中12项；② 联合国基本人权中的社会及劳动权益美国都没有承认。③ 美国的大资本集团和投资者也试图在国外执行相关惯例。

第二次世界大战后，进行残酷资本积累的开路先锋就是美国的沃尔玛、麦当劳、UPS快递等大集团。从20世纪70年代开始，他们将自己的生意全球化，首先是在二战的战败国和被战争削弱的国家，比如欧洲的英国、德国和荷兰。麦当劳在德国成立了系统餐饮业联邦协会（BdS），并且一直在引领该行业。④

仇视工会、消除8小时工作制和40小时工作周、没有强制社保、没有解聘保护、没有集体劳资协议和劳动关系——美国

---

① Der neue Handelskrieg, HB, 23.2.2018.
② www.ilo.org/dyn/normlex/en.
③ United Nations, Human Rights Council: Report, a.a.O., p. 5
④ Werner Rügemer/ Elmar Wigand: Union Busting in Deutschland. Frankfurt/Main. 2014, pp. 38f.

的投资者在欧洲继续着这种模式。连按照美国模式进行的破坏工会这种（摧毁企业中的工会代表）行为也被欧洲接受。21世纪初，德国政府委托美国企业咨询公司麦肯锡和埃森哲，改制德国联邦劳动局和就业中心。① 美国律师事务所，如安理、欧华、高伟绅、霍金路伟，为新兴金融机构代理着众多授权事宜，开始在德国采取措施，以打击工会罢工和企业职工委员会。②

高失业率的真实数字在统计上被美化，失业者在纪律上、经济上和道德上被贬低和惩罚。企业员工中的一部分人极不情愿地超负荷工作，一部分人因工作难度不够而百无聊赖。企业家们通过最低工资、兼职和定期合同、工作时间、加班费、社会保险、企业劳资法（职工代表权益，如果还有的话）等，每天无数次地违反现行法律却不受惩罚。③

欧盟委员会正在通过"欧洲社会权利支柱"来缩减工会权力和劳动权益。除了德国，其他欧盟最重要的国家如英国、法国、意大利、比利时、荷兰、爱尔兰、瑞典，还有危机国家希腊和西班牙，都在金融危机后采取了与德国相似的行动。④

---

① Werner Rügemer: Die Amerikanisierung a.a.O., pp. 9ff.
② Marion Lühring: Das ist doch alles krank, verdi publik 3/2018.
③ Werner Rügemer: Unternehmer als ungestrafte Rechtsbrecher, in: Klaus-Jürgen Bruder u.a. (Hg.): Gesellschaftliche Spaltungen, Gießen 2018, pp. 207ff.
④ Werner Rügemer: EU‐Grenzenlose Arbeits-Flexibilität, nochmal heftiger?, www.nachdenkseiten.de, 21.11.2017.

2
美国监管下的互联网

互联网的发展可以追溯到上个世纪 50 年代。在 1957 年史泼尼克危机后，美国国防部成立了高级研究计划署（ARPA）。第二次世界大战的著名将军戴维·艾森豪威尔（Dwight Eisenhower）领导下的政府对此解释道，要重建美国对苏联在技术科学方面的优势。

从本质上讲，这主要涉及冷战期间军事斗争的统治地位问题，尤其是一触即发的核战争。美国军方，特别是美国空军，在获得敌方数据、评估数据、作出对峙反应和率先反应等方面的需求持续上升。这是个谁来掌控领空的问题，涉及美国军事战略的两种选择：从"强力报复"到"灵活反应"。[①]

▍ 硅谷：二战以来的军火工业

其实，除了空间研究这一小部分，美国的技术科学并不逊

---

① Martin Schmitt: Internet im Kalten Krieg. Eine Vorgeschichte des globalen Kommunikationsnetzes, Bielefeld 2016, p. 69.

色。但是美国的政府和军队，连同军火工业，却紧密联系在"军事—工业"复合体中，寻找一切机会重建二战后停顿的军火生意，以扩大对苏联的优势。①

特别是在加利福尼亚，科技基础已经形成。随着二战的开始，大部分新军火企业都迁到了后来的硅谷。那里的气候条件要比寒冷多雨的东海岸更有利，而且农业用地很少，发展腹地很大，更重要的是没有工会。②

铁路大王利兰·斯坦福（Leland Stanford）创办的精英大学——斯坦福大学也在这里。该校在政治上极其"保守"，但在技术上极具创新意识，专注于工业应用科学领域。1939年，计算机集团惠普在斯坦福大学所在地帕洛阿托成立，而且在很长一段时间内，惠普都是硅谷最大的计算机集团。1956年，军火集团洛克希德为了加快建造新型洲际弹道导弹，也搬到了斯坦福工业园区内。这种洲际导弹可以装备原子弹。同时，洛克希德还生产了新一代战斗机和轰炸机。这对数据处理在数量和速度上的要求极高，加之IBM的大型计算机也需要效率越来越高的芯片，硅谷的半导体生产商、国家半导体公司（National Semi-conductor）、超威半导体公司（Advanced Micro Devices, AMD）、仙童和英特尔等高科技企业迅速崛起，都很快发展成为大集团企业。

---

① Seymour Melman: Pentagon Capitalism. The Politcal Economy of War. New York 1970.
② Werner Rügemer: Neue Technik – alte Gesellschaft. Silicon Valley. Köln 1985, pp. 105ff.

惠普总裁做国防部副部长

在由高级研究计划署协调研发的成果中，大部分都转让给了私人智库，比如兰德公司（RAND Corporation）。该公司由福特基金会（Ford Foundation）和道格拉斯飞机公司（Douglas Aircraft）于1948年在加利福尼亚州的圣莫尼卡成立。兰德组织了精英大学之间的科研合作，如斯坦福大学和波士顿的麻省理工学院。计算机工业和军事之间的联系是理所当然的，也是顺理成章的。① 惠普的联合创始人和股东戴维·帕卡德（David Packard）在越南战争期间成了尼克松总统政府的国防部副部长，这不会让任何人感到惊讶。

1968年，美国空军和国防部的高级研究计划署共同开发了阿帕网（ARPAnet）。在麻省理工学院的带领下，五角大楼委托的大学共同建立起了安全的数据通信，为此还开发了Unix操作系统和编程C语言。将阿帕网进一步向前推进的是时任国防部部长罗伯特·麦克纳马拉（Robert McNamara），此前他曾任福特集团总裁。二战期间，福特制造的军用飞机比民用飞机还要多，不仅供应美国军队，还供应给希特勒德国。

阿帕网需要在数据方面实现美国和北约整个军事系统的联网，要把飞机、航母、防空系统、洲际弹道导弹、核弹发射井、陆海空的各军事编队，包括卫星，数百个分布在全球的军事基

---

① Alex Abella: Soldiers of Reason. The RAND Corporation and the Rise of the American Empire, New York 2008.

地、软件和硬件等全部网络化。为了满足美国在全球范围内进行军事干预的需求，他们还开发了反叛乱的方法，不断模拟各种交战情形，阿帕网还为此资助了行为心理学方面的研究。

▎阿帕网作为互联网的军事准备阶段

直到 20 世纪 80 年代，军队以及福特和通用汽车等在军备生产方面活跃着的汽车集团，IBM 和通用电气等受五角大楼委托的企业，通信集团 ITT 和 AT&T，他们都是数字数据处理的推动者。数百家分包企业都参与了里根总统的战略防御计划（SDIO，导弹防御系统）项目。类似的情况还有全球定位系统（GPS），它是在约翰斯·霍普金斯大学（Johns Hopkins University）的协助下完成的。风险资本投资者和华尔街银行不断将资金投入到新建企业中。到 20 世纪 80 年代中期，硅谷的高科技领域已有 1950 家企业。

如此，就有越来越多的民用企业成了"军事—工业"复合体的一部分，比如复印机生产商施乐，该公司在斯坦福大学为军队研发了图形用户界面；贝尔和 AT&T 等通信集团继续开发自己的技术，并与阿帕网实现联网。

第一家软件公司叫作系统开发公司（System Development Corporation，SDC），由兰德于 1955 年成立，并为 ARPA 工作。ARPA 后来更名为国防部高级研究计划局（DARPA，D= 国防），为了传输数据组建了阿帕网。在 20 世纪 80 年代，系统开发公司被商业化。"互联网就是由阿帕网发展而来的。"①

向民用和商用目的开放

国防部高级研究计划局至今仍由五角大楼管理，并不断地在自由黑客圈中搜寻与情报机构 NSA 的合作者。② 随着东欧社会主义国家的崩溃，阿帕网正式结束，因为敌人死掉了。但是名为"互联网"的通信系统继续存在于企业和大学之间，并于 1990 年对私人商业使用开放。

首先是美国的私有化电信企业抓住了这个机会，然后是欧洲的企业，他们在全球不断扩张，并投资移动通信。这需要更多的计算机、存储器、软件、国家海底电缆和线路基础设施，5 万多家企业因而找到了自己的专业业务领域。③

数千名大学阿帕网科学家创立了私有企业和咨询公司，他们涌动在华尔街的银行间，通过互联网用计算机处理有价证券交易。④ 大卫·肖还开发了首批用于互联网的电子邮件系统 Juno，成立了对冲基金公司 D.E.Shaw。后来组建亚马逊的杰夫·贝佐斯也曾在那里工作过，连谷歌创始人施密特·埃里克

---

① Schmitt a.a.O., p. 227.
② Schmidt/ Cohen: Die Vernetzung der Welt, a.a.O., p. 245.
③ Brent Goldfarb u.a.: Searching for Ghosts. Business Survival, Unmeasured Entrepreneurial Activity and Private Equity Investment in the Dot-Com-Era, Social Science Research Network, Working Paper RHS 6–27, Rochester 2005.
④ Michelle Celarier: How a Misfit Group of Computer Geeks and English Majors Transformed Wall Street, New York Magazin 1/2018.

也是从 D.E.Shaw 出来的。

麦肯锡曾在 2003 年预言，借助互联网，美国三分之一的工业和服务业岗位会被转移到印度、中国、越南、波多黎各、菲律宾等拥有更廉价劳动力的国家。① 从那时候开始，美国的传统工业和传统基础设施逐渐衰退。②

▍美国政府监控互联网

1988 年，在克林顿的领导下，美国政府成立了互联网名称与数字地址分配机构（ICANN）。这一民间非营利性组织要协调迅速发展起来的系统，确定使用规则，分配（或删除）IP 地址。监管由商业部负责，该合同有效期最初是到 2009 年。

较早时候，中国、俄罗斯和一些其他国家都要求互联网由联合国来领导，欧盟尝试了一个折中方案：由挑选出的国家政府组成一个国际委员会来领导互联网。但美国政府拒绝了所有提议。在纽约 9·11 恐怖袭击事件之后，美国政府终止了这一讨论，并取消了 ICANN 用户代表之前所拥有的话语权。③

以科菲·安南为秘书长的联合国于 2005 年又重新开始了新一轮尝试，希望以国际互联网名称与数字地址分配机构（World Internet Cooperation for Assigned Names and Numbers，WICANN）

---

① McKinsey Global Institute（MGI）：Offhsoring . Is It a Win-Win Game? San Francisco 2003.
② Nick Srnicek: Plattform-Kapitalismus，Hamburg 2018, p. 26.
③ ICANN, WICANN, Zeit Online, 5.1.2015.

替代美国政府的 ICANN，并将其置于联合国组织国际电信联盟（ITU）之下。但是美国以"国家安全"为由，想保留对根服务器系统的控制。最终，美国与英国、加拿大、澳大利亚一起阻止了互联网的国际化。值得一提的是，美国与这三个国家和小跟班新西兰在二战中结成了情报机构"五眼联盟"（Five Eyes）。①

奥巴马的"开放的互联网"

2008 年，奥巴马在竞选中承诺打造"开放的互联网"，然而他的政府将本应在 2009 年到期的 ICANN 监管合同延长到了 2016 年。② 鉴于爱德华·斯诺登公开了美国情报机构的文件，美国政府试图淡化人们对美国还想继续监控互联网的印象，决定放弃延长在形式上的监控。

ICANN 给了美国前国务卿赖斯和奥尔布赖特数百万美元，请她们在美国政府帮忙谋求一个在"独立"之前对其有利的过渡。③ ICANN 现任董事会主席是美国埃及投资银行家谢林·查拉比（Cherine Chalaby），他职业生涯中最长的时间是在美国咨询机构埃森哲度过的；副主席是企业咨询公司 WGP 的克里斯·狄思潘（Chris Disspain），在澳大利亚与美国政府共同反对

---

① For Western Allies, a Long History of Swapping Intelligence, NYT, 9.7.2013.
② Weltgipfel der Internetnutzer, Telepolis 2.2.2009, www.heise.de, abgerufen 21.3.2018.
③ Condi Rice, ICANN, and millions paid to lobby the US govt for total internet control, www.theregister.co.uk, 5.11.2015.

WICANN 方案时,他就在澳大利亚政府担任咨询师。[①] ICANN 的驻地依然在洛杉矶,从 2001 年开始由《爱国者法案》领导。

---

① www.icann.org/profiles, abgerufen 10.5.2018.

3
"资本—数字—军事"复合体

众所周知,艾森豪威尔曾于1961年1月17日在总统办公室举行的告别演说中警告道:"'军事—工业'复合体不得当的权力一旦崛起,会带来灾难性的后果。"他将情报机构中情局和国家安全局及其无数子公司也算在了这一复合体中。① 当时,美国以新的冲击力延续了法国在越南长达数年的殖民战争,也借助虚假新闻在一场"秘密战争"中同时轰炸了老挝和柬埔寨。② 硅谷的产品和技术在这里发挥了重要作用,但没有一届美国政府尝试过改变军事与工业的"不当"关系。今天,通过新兴金融机构,这个复合体得以延续和壮大。

"GAMFA—五角大楼—国家安全局"复合体

史蒂夫·乔布斯、威廉·盖茨和杰夫·贝佐斯理所当然地将从阿帕网内开发出来的技术转用到了民用领域,比如谷歌成

---

① Donald Bartlett / James Steele: Washington's 8$ Billion Shadow, Vanity Fair, März 2007.
② Armin Wertz: Die Weltbeherrscher, Frankfurt/Main 2015, pp. 134f. und 140f.

功推出的地图程序 Google Earth 和带街景的谷歌地图就是建立在软件 Earth Viewer 基础上的。2001 年，中情局的风投公司 In-Q-Tel 在收购硅谷创业公司 Keyhole 之后所开发的 Earth Viewer 被应用到了伊拉克战争中的陆上间谍行动中，用于在高空中识别地面上的细节和敌对行动。中情局并没有反对将该程序于 2004 年卖给谷歌，并在此基础上发展成 Google Earth。①

用于算法战的搜索引擎

2017 年，美国国防部委托谷歌在"Project Maven"的框架内继续研发识别软件 TensorFlow，以应用在战争条件下。TensorFlow 属于谷歌的人工智能领域。谷歌不仅通过其位于北弗吉尼亚的子公司 ECS Federal 向五角大楼的"算法战"团队提供专业工程师，而且还向该团队提供巨大的搜索引擎数据库记录。国防部第一年为此支付了 7000 万美元。②

借助这一调整过的软件，那些自主作战的无人机可以更好地消灭美国认定的敌人。谷歌在内部通告中要求该项目无论如何必须保密，"不惜一切代价避免任何提及它的可能"。然而当谷歌的 3100 名员工在给总裁皮查伊的一封公开信中要求退出该项目时，他又在硅谷的演讲中重新解释道，这个项目有助于"拯

---

① Lenna Garfield: The CIA's Earth Viewer was basically the original Google Earth, www.businessinsider.com, 30.12.2015.
② Lee Fang: Google is quietly providing AI technology for drone strike targeting project, The Intercept, 6.3.2018.

救生命"。①

全球一体的军事云

五角大楼的另一个项目叫作"联合企业国防基础设施项目"（Joint Enterprise Defense Infrastructure，JEDI），于2017年年底开始公开招标。美国军方计划打造一个秘密的云结构，用于将所有军事编队和军事活动与全球军事基地及其后勤，与情报机构和民事机构（如海岸警卫队）实现联网。GAMFA、IBM和甲骨文都提交了标书。这一建造计划预计需要十年，预算100亿美元。②《华盛顿邮报》——亚马逊总裁贝佐斯于2013年收购的报纸——宣称，亚马逊已经投资6亿美元，用其AWS平台（Amazon Web Service）为美国情报机构开发了云服务。③ 2016年，微软向奥巴马的国防部部长卡特（Carter）出售了400万个Windows 10的许可证。④

微软在欧盟也是这样做的。在与马克龙政府商定后，微软与法国军火集团泰雷兹（Thales）共同为武装部队开发了一个适用于"指挥中心和现场"的云系统。美国情报机构没有就此提

---

① Ben Chapman: Google staff protest company's involvment with Pentagon drones programme, Independent, 5.4.2018.
② DoD to Award Joint Enterprise Defense Infrastructure Cloud Contract in Fall 2018, https://incyberdefense.com 23.5.2018; Pentagon updates its JEDI cloud solicitation, https://federaltimes.com 16.4.2018.
③ Amazon launches new cloud storage service for U.S. spy agencies, Washington Post, 20.11.2017.
④ Carter's Innovation Push Hits Seattle With Cloud Focus, www.defensenews.com, 3.3.2016.

出反对意见。①

按照 ARPA 的传统，坐落在硅谷山景城的五角大楼风险资本子公司 DIUx，其任务是资助创业公司。"我们是一个行动敏捷的政府机构，为企业提供未稀释（非稀释性）的资本，以解决国家安全问题。"② 单单是情报机构中情局就运行着 137 个人工智能项目，并为此与硅谷的多家企业合作，包括从"社交媒体"中提取和评估海量数据。③

> **埃里克·施密特："谷歌—Instagram—领英—五角大楼"复合体**
>
> 谷歌前总裁埃里克·施密特所呈现出的，就是民营私人公司与军队和情报机构紧密交织在一起的状态。
>
> 如同很多其他创始人和数字经济学的专家导师们一样，他的职业生涯也始于斯坦福。1983 年，他从斯坦福工业园的施乐公司跳槽到从斯坦福独立出来的太阳计算机系统公司（SUN）。2001 年，他加入了谷歌，谷歌之前是由拉里·佩奇和谢尔盖·布林在斯坦福创立的。直到 2015 年，施密特都在谷歌担任首席执行官，后来转职至控股公

---

① Tödliche Algorithmen. Künstliche Intelligenz in der Rüstung, HB, 13.6.2018.
② https:/diux.mil, abgerufen 12.4.2018.
③ How the CIA is Using Artificial Intelligence to Collect Social Media Data, https://futurism.com, 9.9.2017.

第二章　美国与欧盟的关系 ｜ 329

司 Alphabet。这位亿万富翁与先锋、贝莱德、富达、普信、道富、摩根大通等集团一样，都是谷歌的大股东。2006 年至 2009 年，他还同时跻身于苹果的董事会中。从 2007 年开始，他每年都会参加比尔德堡团（Bilderberg Group）的大会，他是三边委员会和众多监事会成员，如普林斯顿大学、卡耐基梅隆大学（Carnegie Mellon University）、博古瑞研究院的 21 世纪委员会以及《经济学人》杂志。2008 年，他是奥巴马的竞选咨询师，2009 年他成为总统的科技顾问。他通过个人的风险资本公司 Innovation Endeavors 为总统候选人希拉里·克林顿资助公关公司 Timshel 和 The Groundwork，他还投资了出租车服务公司优步。①

施密特一直怀念着 20 世纪 60 年代硅谷旧时的情形。那时，洛克希德用装备着核武器的洲际弹道导弹推动科技的发展："军火集团洛克希德之于 20 世纪，相当于科技和网络安全企业之于 21 世纪。"他为自动化战争辩护："机器人不会累、不会怕、没有感情，但是有超人的力量，会执行每一道命令。换句话说，机器人最适合军队那些苦活和脏活了。"②

自 2016 年以来，施密特是奥巴马时期组建的，隶属于五角大楼国防创新委员会（Defense Innovation Board）

---

① Wikipedia（englisch）: Eric Schmidt.
② Schmidt/ Cohen: Die Vernetzung der Welt, a.a.O., p. 143.

的董事长，可以在与国防部部长商议后自行挑选成员，负责让军队尽快挑选出最好的创业公司。施密特挑选的董事会成员包括：领英董事长里德·霍夫曼（Reid Hoffmann），Instagram总裁马恩·莱文（Marne Levine），联合技术公司（United Technologies）的麦克·麦奎德（Michael McQuade），加州理工学院（Californian Institute of Technology）的理查德·默里（Richard Murray），谷歌的米罗·麦丁（Milo Medin），奥巴马时期白宫信息主任卡斯·桑斯坦（Cass Sunstein），麻省理工的艾瑞克·兰德（Eric Lander），阿斯彭研究所（Aspen Institute）所长沃尔特·艾萨克森（Walter Isaacson），还有亚当·格兰特（Adam Grant）——脸书、谷歌、高盛、默克、NBA、美国陆军和美国海军的资深顾问。①

对欧盟的监控

美国监控着绝大部分互联网基础设施：跨洋海底电缆、芯片和软件的制作、服务器和存储容量（云），西方互联网流量的80%要经过美国。② 贝莱德的阿拉丁风控平台为西方企业、银行、股市和欧洲央行管理着数据；Paypal和GAMFA在欧盟的

---

① innovation.defense.gov, abgerufen 10.4.2018.
② Mit offenen Karten. Seekabel - der unsichtbare Krieg, arte TV, 14.4.2018.

支付交易中占主导地位；谷歌和脸书控制着广告。欧盟的公务管理，无论是政府各部门、军队、警察局，还是地方政府，在软件方面不仅是微软的"殖民地"，① 而且欧盟各国和企业还将Alphabet、IBM和亚马逊的服务深度融入本国的医院、自来水厂、运输系统和大学的基础设施中。② "德国"的软件集团SAP本来就已经是贝莱德集团的资产，还要以美国业务和出大价钱的美国情报机构为导向，它只能扮演配角了。

布鲁塞尔的国会议员，还有慕尼黑等大城市的市长，一直都想摆脱微软；欧盟委员会前主席容克（Juncker）和德国联邦总理默克尔也宣称，欧盟必须实现"数字独立"，然而事实正相反。Linux确实是一个比较便宜和安全的选项，但有可能实现真正"数字独立"的选项根本没有表现机会。

个别欧盟国家不以法律规定的形式将GAMFA不动声色地放了进来。法国的微软首席说客曾是马克龙总统的议会工作人员，他想保留微软。③ 当苹果在维堡（Viborg）建了一个服务器中心后，脸书也在丹麦建立了继爱尔兰和瑞典之后的第三个数据中心。丹麦政府把GAMFA看作"独立行使主权的国家"，同意他们派遣一位"数字大使"作为代表，并希望他们继续投资。④

---

① Harald Schumann: Das Microsoft–Dilemma, ARD, 19.2.2018.
② Evgeny Morozov: Europa im Tiefschlaf, SZ, 16.8.2018.
③ Schumann: Das Microsoft-Dilemma a.a.O..
④ Thomas Wagner: Dänemark hofiert das Silicon Valley, junge Welt, 8.2.2017.

> 欧盟面对 GAMFA"很无助"

1995年，欧盟颁布了《个人数据保护指令》，允许欧盟公民的数据被转交到欧盟以外的国家，但前提是这些数据在那里能得到足够的保护。由于像微软和苹果等公司的数据存储器都在美国，因此欧盟在《安全港协议》中宣布美国为"安全港"。此后，美国企业必须向美国联邦贸易委员会（Federal Trade Commission，FTC）签字承诺履行几项义务，然而美国联邦贸易委员会和欧盟均未对合规性进行检查。

欧洲法院于2015年废除了《安全港协议》，起因是奥地利律师马克思·施雷姆斯（Max Schrems）向脸书欧洲总部所在地爱尔兰提出申诉，控告脸书非法追踪用户数据，他从脸书收到了关于自己的存储数据共1222页，也包括他已经删除了的数据。法院认为美国的情报机关可能会接触到这些数据，因此判定美国并不是一个安全的数据港。脸书认为这个判决有误，因此不接受这一判决。①

紧随《安全港协议》而来的是《隐私保护协议》，以及在2018年被列入计划的新《电子隐私条例》。虽说 WhatsApp 和 Facebook Messenger 等在设计用户隐私信息时设置了询问环节，但用户还应该有拒绝使用 Cookies 和 Tracking（在互联网上观察用户）的权利。GAMFA 的合作伙伴们，比如德国的《图片报》《世

---

① Was die Entscheidung des EuGH bedeutet, Süddeutsche Zeitung, 6.10.2015.

界报》《法兰克福评论报》《南德意志报》《商业报》等主流媒体的出版商却唱起了反调，他们害怕如果在谷歌的检索排名不再那么靠前，或者不能再从谷歌集团购买那么多的用户数据，会给自身带来损失。①

成千上万家在美国有分支机构或者客户的欧盟企业，就像在欧盟有分支机构和客户的美国企业一样，都必须向2001年颁布的《爱国者法案》中的美国优先规则屈服。欧盟在2018年出台的新《通用数据保护条例》没有涉及这一点。

当初为民用而开发的监控程序没有包括在欧盟的规定里。从2016年开始，它用于诸如亚马逊的识别软件等。这意味着在广场、飞机场、音乐会、足球赛、游行示威等有大量人群聚集的场所人脸可以被快速识别，但任何人都不会被事先问及同意还是反对。数据处理在亚马逊云服务AWS上进行，美国警察已经应用了这一程序。在2018年伦敦皇家婚礼上，这一程序也用于对客人进行检查，没人可以事先表示同意或反对。②

| 欧盟—情报机关—禁忌

欧盟回避情报机构的问题。按照《爱国者法案》，即便未经法院许可，美国联邦调查局、美国中央情报局和美国国家安全局也可以从所有涉嫌恐怖主义、支持恐怖主义的嫌疑人处调出

---

① Ein Albtraum für die Branche, HB, 11.4.2018.
② Polizei nutzt Gesichtserkennung von Amazon, FAZ, 24.5.2018.

所有有关通信手段和账户的信息。这既适用于美国公民，也适用于外国人。

美国中央情报局从2002年开始监听德国联邦总理的手机，这件事于2013年被曝光。同时被曝光的还有美国国家安全局和中央情报局在19个欧盟国家的美国大使馆监控相关政府人员，如法国、意大利、西班牙。时任美国总统奥巴马对德国联邦总理说他什么也不知道。① 这也许是事实，因为政界的雄辩家都不希望自己被肮脏的伎俩拖累，进而影响自己的职能效率。

欧盟和德国：美国跨大西洋的同谋

美国国家安全局把控着跨大西洋海底电缆的着陆点，无论是在英国康沃尔的西海岸，还是在法国马赛。所有欧盟法规中都没有提及这一点。

美国国家安全局也控制着最大的"德国"软件集团SAP。在美国，SAP收购了安全公司Inxight和Sybase，并向国家安全局提供其人物与目标锁定系统用于远程杀人——贝莱德和挪威央行这些SAP大股东的道德高标准并没有对此造成阻碍。SAP代表与美国情报机构和军火集团（如诺斯罗普和洛克希德）的代表在华盛顿的情报与国家安全联盟（Intelligence and National Security Alliance）会面，并且商定订单事宜。②

---

① Merkels Handy steht seit 2002 auf US-Abhörliste, Der Spiegel, 26.10.1013.
② SAP arbeitet für die NSA, Zeit online, 10.3.2015.

2018年，斯普林格出版社任命亚历山大·卡普（Alexander Karp）为其监事会成员。卡普是美国国家安全局和美国联邦调查局的服务商——帕兰提尔的总裁。该企业由美国中央情报局成立，当时听命于特朗普政府，负责审查入境美国的穆斯林。一些集团企业，如德意志银行、英国石油（BP）、默克和空客也是其客户。黑森州警方已接受了帕兰提尔员工的培训，并购买了他们的软件；"出于安全考虑"，软件的价格在黑森州的财政报告中只显示为 0.01 欧元。①

这种臣服于情报机构的行径虽然违法，却由来已久。比如自 1949 年以来，美国中情局和盖伦组织（Gehlen）一直监控着联邦德国和前民主德国数以百万计的电话、信件和包裹。盖伦组织是美国中央情报局的前身——美国战略服务局（OSS）于 1946 年成立的，1956 年发展成为西德的联邦情报局（BND），并一直延续至今。② 德国——美国最重要、最忠心的盟友，欧洲的头号经济强国，至今仍受到美国最密切的监控。③

美国的最佳联盟伙伴

自 1955 年以来，德意志联邦共和国不仅是美国成立的军事联盟北约最重要的成员国，而且还被美国军队无限期地占领着。

---

① Schön billig, Der Spiegel 15/2018, p. 41.
② Josef Foschepoth: Überwachtes Deutschland, Göttingen 2014.
③ Der Freund liest mit, Der Spiegel 2013, pp. 16 und 20.

美国在德国有大约30个军事基地，包括非洲司令部（AFRICOM，监视非洲和中东，操控无人机），大规模扩建了的军用机场、无人机通信节点，还有坐落在法尔茨拉姆施泰因的美军医院——美国在境外最大的美属军事医院。另外，美军还在德国存放了大约200枚原子弹，德国政府官方甚至对此一无所知。这严重违背了《不扩散核武器条约》。德国联邦议院科学部门发现，美国在德国所设军事基地的具体数量根本没法查清："美国武装力量的基地总数……不能精确查明，但应该有几十处。"[1]

在美茵河畔的法兰克福、威斯巴登和达姆施塔特这个城市三角区，不仅有中情局和国家安全局等美国情报机构的欧洲总部，还有军事情报机构和美国国土安全部门的欧洲总部。另外，德国还有美军基地和以美国为主导的北约总部。在其他欧盟国家，如英国、意大利、比利时和科索沃（邦德斯蒂尔军事基地），也有少数美军基地。2018年，北约在德国乌尔姆增设总司令部，为欧洲的后勤和军事调动提供支持，主要针对俄罗斯。[2] 迄今为止，德国绝对是被美国最集中占领和监视的国家。[3]

---

[1] Deutscher Bundestag: Umfang und Standorte der in Deutschland stationierten US-Streikräfte, 18.1.2017.
[2] Wilhelmsburg-Kaserne in Ulm – Neues NATO-Kommando in Deutschland, www.zdf.de.
[3] Rudolph Bauer（Hrg.）: Kriege im 21. Jahrhundert. Neue Herausforderungen der Friedensbewegung. Annweiler 2015, p. 126.

▎位于法兰克福（美茵河畔）的全球最大互联网节点

美茵河畔的法兰克福有全球最大的民用互联网节点，汇总着中国、欧洲和美国之间的 1200 条线缆。这个节点由分布在全城的 19 个计算中心组成，耗电量比法兰克福机场还要大。互联网经济协会 Eco 从 1995 年开始，通过其子公司 De-Cix（德国商用互联网交换）经营着这个节点。脸书和微软等也是协会会员。

在美国国家安全局剽取数据被曝光之后，De-Cix 控告德国联邦情报局可能在帮助美国国家安全局剽取节点里的数据。De-Cix 不想再被逼做同谋，认为德国内政部的监管行不通，必须制止情报机关继续侵入。联邦行政法院驳回了这一控诉：De-Cix 有义务协助战略监督。针对这一判决的上诉没有获得批准。[1]

---

[1] BND darf am Internetknoten weiter Daten abzapfen, SPON, 31.5.2018.

4
自由贸易：欧盟与美国的冲突

新兴金融集团及其私人武装力量进一步分化，加强了美国资本在西方资本主义内部的主导地位，尤其是在欧盟的核心国家。欧盟虽然对这个超级强国的反抗越来越激烈，但能否像其领导人宣布的那样，赢得对美的"更大的独立性"呢？呈现在公众面前的最大冲突就是自由贸易。让我们来梳理一下二战以来的发展过程。

依赖强权的和谐

自资本主义全球化以来，英美等不断向外扩张的国家通过"自由贸易"将自己的产品销往资本欠发达的国家，以开辟新市场。

第一个自由贸易协定组织是国际贸易组织（International Trade Organisation，ITO），本来是当时刚成立不久的联合国的一个机构。ITO原本覆盖了很多国家，认可普遍人权（包括社会权利和劳动权利）及国际法，提倡各成员国国家、民族平等，互不干涉他国内政。

▎ GATT：没有社会权利和劳动权利，没有国际法

美国阻碍了国际贸易组织的最终成形，并于1947年组织成立了另一个替代机构：关税及贸易总协定（General Agreement on Tariffs and Trade，GATT）。① 这样，美国不仅把制度上的对手苏联和其他社会主义国家排除在外，而且把二战后正在摆脱被殖民状态、争取独立的国家也排除在外。

最初，有23个国家签订了GATT，包括美国，欧洲殖民国家英国、法国、比利时和荷兰，英联邦国家澳大利亚、锡兰、加拿大、印度、巴基斯坦和新西兰，其他种族隔离和独立国家如南罗德西亚、南非、叙利亚、古巴、黎巴嫩、缅甸，前社会主义国家捷克，小君主国卢森堡和挪威，南美洲国家智利和巴西，以及当时占据中国席位的台湾当局。

1947年，美国将古巴也吸收为GATT创始成员，当时的古巴是由美国犯罪集团和美国企业借助其本国的独裁者进行统治的。1961年，古巴独裁政权被菲德尔·卡斯特罗领导的民族运动推翻，美国对其实行的贸易封锁持续至今。美国一直想以武力推翻古巴的民主政权，情报机构中情局曾多次尝试暗杀该政府领导人。美国至今还在古巴保留着海军基地关塔那摩作为监

---

① Leo Panitch/Sam Gindin: The Making of Global Capitalism. London/New York 2013, pp. 93f.

狱和刑讯地。顺带说一句，这个海军基地的租用合同早已到期。

上文所述无不显示出美国版本的"自由贸易"从一开始就没有与民主、人权和国际法相容的趋势，而是以各种形式的"美国优先"取而代之。为达此目的，不惜通过一切排他手段，利用独裁者，必要时还以武力介入。

▌ 伴随着马歇尔计划和北约的自由贸易区

在 GATT 之外，美国还打造了自己与日本和韩国的自由贸易区。同样，美国在二战后为西欧国家出台了马歇尔计划，其目的也是建成一个以地缘政治为导向的自由贸易区和影响区。美国对西欧各国提供了广泛的经济援助，但实际受益者仍是美国企业。美国要求接受资助的国家取消关税，建立欧洲支付联盟和统一的跨国市场，且必须与美国规则兼容。① 这对战后欧洲的一体化进程也起到了推动性作用。

苏联和新兴社会主义国家不在此计划的援助范畴之内，资本主义国家也只有在特定的条件下才能获得援助：包括对工会、行政部门和政府的反共清洗，例如在德意志联邦共和国、意大利、荷兰、法国等国就是这样进行的。希腊也是在美国军队镇压了反法西斯民族运动之后，才最终获得了援助。②

---

① Siehe Michael Hogan: The Marshall Plan. America, Britain and the Reconstruction of Western Europe 1947–1952, New York 1986.
② Heinz Richter: Griechenland 1940–1950. Die Zeit der Bürgerkriege, Mainz 2012.

马歇尔计划和北约有一个共同的目标,就是扩张和稳固美国主导的资本主义体系。在第二次世界大战中,乔治·马歇尔任美国陆军参谋长。1947 年,他作为美国国务卿提出了"马歇尔计划",同时筹备成立北约。1950 年,他就任美国国防部部长,北约总部归他领导。北约总部最初设在华盛顿。[1] 北约协议第 2 条规定,成员国应推进"经济合作"。为此,北约还保留着一个自己的经济委员会。跨大西洋经济体、欧盟和北约如今仍是一个整体,这一点在欧盟和北约步调一致地向东欧扩张,在乌克兰冲突事件中体现得淋漓尽致。现任北约秘书长延斯·斯托尔滕贝格(Jens Stoltenberg)解释道:"欧盟的行动必须与北约互补。"[2]

2017 年以来,美国政府在"贸易战"中巧妙地操控欧盟,北约以及美国对北约的领导权都不容置疑。另外,欧盟也奉行奥巴马政府提出的要求,即欧洲的北约国家必须将军费开支提高到其自身国民生产总值的 2%,特朗普更是屡次重申这一点,这主要与针对俄罗斯的加强军备扩充和军备升级紧密相关。[3]

特权与经济封锁

在 GATT 之外,美国还针对在地缘政治上重要的国家(如

---

[1] Werner Rügemer: NATO - Die Gründungslüge, www.nachdenkseiten.de 4.4.2018.
[2] Komplementäre Verteidigungsstrategien, FAZ, 2.4.2015.
[3] Die NATO–Militärausgaben sind nicht durchdacht, Die Zeit, 9.9.2014

日本、韩国和菲律宾）推行了特殊规则。这样,"备受宠爱"的德意志联邦共和国在二战前欠下的国家债务被极大地减轻,更准确地说是得到了可以长期、低息还款的优待。另外,1953年西方国家签署的《伦敦债务协议》还免除了德国的二战赔款。而社会主义国家则一直被排除在外。苏联和新中国在 GATT 中连观察员的位置都没有得到,其他社会主义国家更是遭到了经济封锁。

从 1948 年开始,美国纠集所有后来的北约国家,还有日本,成立了针对中国、苏联及其同盟等社会主义国家的巴黎统筹委员会（Coordinating Committee on Multilateral Export Control, Co-Com）,[1] 连瑞士、瑞典和奥地利这些"中立"国也都被拉了进来。这个委员会一直维持到 1994 年,它制定了一个禁运清单,所列军事武器装备、尖端技术和稀有物资都不允许流向社会主义国家,而且这一清单还被不断地更新。巴黎统筹委员会是一个非正式的国际机构,不遵循国际法和其他国际惯例法,只在美国的法外压力下运作。[2]

1962 年,北约理事会遵循美国的倡议,不允许联邦德国企业向民主德国供应大口径管,因为这些管道是用于从苏联向民主德国输送天然气和石油的。联邦德国政府和曼内斯曼（Man-

---

[1] Kailai Huang: American Business and the China Trade Embargo in the 1950s, The Economic & Business History Society 19/2001, pp. 33ff.
[2] Gunnar Adler-Karlsson: Western Economic Warfare 1947 – 1967. Stockholm 1967.

nesmann）、豪仕（Hoesch）等企业都屈从了。①

令人窒息的冲突

美国与欧盟间发生了许多经济纠纷，但北约的地位至今仍很稳固。即使是在备受批评的特朗普总统领导下，这一点也没改变。欧盟负责人正在积极履行着美国前总统奥巴马对于提高军费的要求。但在经济层面上，欧盟没有解决美国通过其全球化方式所挑起的冲突，而只是去适应。

▎北美自由贸易协定（NAFTA）

20世纪90年代，美国在多边关贸总协定之外又缔结了另一种新的自由贸易协定，就是NAFTA。1994年，美国与邻国墨西哥和加拿大签署了这一协议，涉及诸如美国汽车工业外迁的条件，对美国投资者在墨加两国的特殊保护，以及在加拿大的水力压裂石油等问题。②美国企业主要通过墨西哥供应商工厂的大量低薪劳动力获得大规模的低薪劳动力竞争优势。欧盟和日本的汽车、制药企业也纷纷效仿，在墨西哥和加拿大建立了配件供应企业。

---

① Rainer Karlsch/Ramond Stokes: Faktor Öl, München 2003, Kapitel 10.
② Panitch/ Gindin: The Making of Global Capitalism, a.a.O., pp. 226ff.

> 系统利用避税天堂

在很久以前，美国就已经在 GATT 之外单独行动了。1971 年，美国国会通过了《海外销售公司法》（Foreign Sales Corporation Act，FSCA）。从那时起，美国企业就可以为了增强出口的竞争力在避税天堂经营皮包公司，以享受纳税方面的优惠。

欧盟向 GATT 和世界贸易组织（WTO）控告这种出口补贴长达数年之久，因为这违反了国际贸易的公平原则，破坏了竞争。2002 年，世贸组织最后判定：美国实行的企业出口税收优惠政策是违法的，必须向欧盟支付 40.43 亿美元的罚款。① 然而欧盟却从来没有向美国索取过这笔罚款，而是适应了美国的做法，甚至允许自己的企业进行同样的操作，并向美国企业开辟了自己的避税天堂，如卢森堡、荷兰和爱尔兰。

这就是为什么欧盟应对美国公司逃税的措施如此糟糕，只是短暂地谴责了一下苹果和微软等个别企业。欧盟不但没有关停像卢森堡的普华永道这种大型专业"税务筹划"公司，在产生利润的地方和国家对利润征税，欧盟委员会还做出了一个防御性的回避方案：只向几家著名的数字集团征收 3% 的数字税作为惩罚。不过这个方案从来没有真正落实。②

---

① WTO Panel Sets Amount of Foreign Sales Corporation（FSC）Sanctions, https://2001-2009.state.gov/e/eeb/rls/othr/13210.htm, abgerufen, 10.5.2018.
② EU-Digitalsteuer derzeit ohne Chance auf Realisierung, Der Standard, 29.4.2018.

> 因对伊朗的禁令而实施治外法权的处罚

德意志银行、法国巴黎银行、巴克莱银行和瑞银集团等欧洲银行在美国屡遭重罚，原因可能是误导美国客户。早在美国小布什和奥巴马执政时期，美国就已经开始对欧洲企业进行治外法权的惩罚，即使那些行为并不是在美国发生的。美国的这种行为明显违反了国际法。

2015年，法国巴黎银行因违反美国制裁规定，向美国支付了近90亿美元的罚款。该项调查可以追溯到2002年，法国巴黎银行被指控为古巴、伊朗和苏丹三国转移资金，其中一部分是通过纽约的账户以美元进行的。惩罚的依据就是美国越过GATT和世贸组织制定的单方面制裁措施。法国政府对此展开了猛烈批评，然而无济于事。①

同年，纽约金融监管机构要求德国商业银行必须解雇4名德国员工，原因是他们曾在十年间为伊朗的国有海运公司有过交易操作。但是按照德国和欧盟的法律，这是合法的。经过四年的调查，德国商业银行不得不承认自己有"违法行为"，承诺解雇这几名员工，并向美国官方支付罚金14.5亿美元。该银行涉事部门经理向黑森州劳动法院提起诉讼，抗议银行对他的解雇，并在二审中胜诉：根据劳动法，该雇员没有任何不当行为，劳动关系依然存在。德国商业银行在联邦最高劳工法院控诉道，

---

① Großbank BNP Paribas stimmt Rekordstrafe zu, SPON, 30.6.2014.

来自美方的压力"太强大",以至于抵抗毫无意义。美国当局还要求"通过对个人的惩罚进行有效的威慑",该银行的辩护律师只得请求联邦最高劳工法院承认其"违规行为",因为"是否存在解雇的理由,解雇是否符合德国的法律规定并不是关键"。① 最后,德国商业银行于2017年与这位失业的部门经理秘密达成了终止劳动合同的协议。

直至2018年,美国委托的咨询公司艾睿铂(Alix Partners)都可以从全球所有商业银行及其分支机构获取他们想索取的资料,并向美国汇报该银行当前是否遵守"美国优先"的禁运规则。监视的费用由被监视者承担。②

德国一方的屈服表现在于,德国商业银行在两国的代理都是美国律师事务所:在德国是安理,在美国是佳利(Cleary Gottlieb Steen&Hamilton)。连联邦政府都臣服于美国,并分担这一违法行为:德国政府是该银行最大的持股方,而共同持股人贝莱德却对此不闻不问。

没有情报机关的自由贸易?

2013年,时任德国经济部部长西格马尔·加布里尔(Sigmar Gabriel)宣称,只要美国国家安全局违反德国法律,德国就不

---

① Stefan Buchen: Kündigung wegen US-Drucks ist rechtswidrig, NDR.de, 5.8.2017.
② Werner Rügemer: Wieviel Geheimdienst steckt in europäischen Unternehmen?, www.arbeitsunrecht.de 9.2.2015.

会就美欧双边自由贸易协定（TTIP）继续进行谈判。① 尽管如此，欧盟还是在继续谈。

汽车集团戴姆勒因在克罗地亚、俄罗斯、匈牙利、伊拉克等国"长期行贿"而在美国被起诉，依据是《反海外腐败法》(Foreign Corrupt Practices Act, FCPA)。在美国，戴姆勒看似没有贿赂任何人，但该集团曾动用特拉华州的皮包公司和美国银行账户处理贿赂款项。2010年，戴姆勒集团与美国证券交易委员会和美国司法部达成和解，支付罚金9360万美元，返还非法所得9140万美元，并就恐怖主义活动监视所有员工。② 戴姆勒向FBI前局长路易斯·弗里（Louis Free）支付执行监控的费用长达三年之久。戴姆勒全球28万名员工的基本数据在每个季度都要与美国送往欧盟的恐怖分子名单作比对。如果哪位员工确定有嫌疑，则可以"出于个人原因"终止劳动合同。③

与德国商业银行和法国巴黎银行事件相同，戴姆勒的事件也显示出其对美国的依赖。该集团在美国纽约证券交易所挂牌交易，因此受美国证券交易所法规的约束。得益于美国的避税天堂，这家在全美设有10家分支机构、拥有1.7万名员工的大集团所得到的国家补贴和减税政策等优惠的幅度，要远远大于

---

① Top-Ökonom kritisiert Anti-USA-Kurs Gabriels, HB, 25.10.2013.
② United States of America, District of Columbia vs. Daimler AG, Notice of Filing of Deferred Prosecution Agreement, 24.3.2010.
③ Angst vor Terrorismus. Daimler will Mitarbeiter durchleuchten – alle drei Monate. SPON, 4.1.2015.

在德国和欧盟其他国家。另外，该集团还从美国较低的劳动法标准中受益，尤其在那些几乎没有工会，工资也比其他地方低的州（更比德国低很多）。①戴姆勒在美国的销售额比在德国高。在欧洲理事会作出第 2580/2001 号决议之后，这类较简单的监控适用于所有欧盟企业。

最晚从 2007 年起，美国情报机构可以系统地进入其他国家的工业企业、民用基础设施设备的软件和数据流，比如医院、发电站和能源网络。由于布鲁塞尔是北约、环球银行金融电信协会、欧盟委员会和欧洲议会的所在地（这一点非常重要），比利时最大的电信服务供应商 Belgacom，包括奥地利国家电网，早已知晓美国情报机构的这一秘密行动。②

环球银行金融电信协会（Society for Worldwide Interbank Financial Telecommunication，SWIFT）位于布鲁塞尔的郊区拉尔普（La Hulpe），自 1973 年起，跨大西洋的无现金支付往来都从这里经过。从 2001 年开始，美国以追踪恐怖分子为由从这里提取数据。虽然没有协议依据，但是比利时主管央行同意了。2010 年，美国和欧盟就 SWIFT 达成一份协议，允许美国在与恐怖主义没有直接关联的情况下仍可以获取数据。欧洲议会要求欧盟

---

① Werner Rügemer / Elmar Wigand: Union Busting in Deutschland a.a.O., pp. 15–19. "right to work" = 工作权利：这个有迷惑性的名称，它的实际含义是一种由公司领导层定义的权利，就是雇佣非工会成员的雇员。
② Svea Eckert / Alexandra Ringling / James Bamford: Schlachtfeld Internet. NDR/ARD, 12.1.2015, 23.30－00.15 Uhr.

委员会废除该协议，然而欧盟委员会并没有遵从。[1]

冲突逐渐扩大：乌克兰、伊朗

更加激烈的冲突也在悄然发酵，同样令人窒息。在此过程中，欧盟一味退让，而冲突的隐患并没有就此消除。

▎乌克兰：被欧盟和北约左右夹击

通过吸收前社会主义国家，欧盟迅速推进了东扩进程。在近20年时间里，包括贝莱德集团在内的西方投资者无所不用其极，利用一切可能的机会。在乌克兰，来自美国的可口可乐、麦当劳、微软和花旗银行也都扩散开来。烟草集团菲利普·莫里斯（Philip Morris）以其在瑞士的总部收购了乌克兰的一家烟草厂，迅速发展成市场领军企业，还借助当地极低的烟草税和同谋般的寡头政府进行生产，主要用于出口和国际走私。[2] 农业跨国公司孟山都（Monsanto）、嘉吉（Cargill）和杜邦（Dupont）大规模租用土地长达49年。[3] 来自欧盟的大集团和中小企业，利用当地训练有素的低薪劳动力（在当时社会主义制度下培训出来的），主要负责分包出来的IT和软件服务工作。德国大约有400家企业在这里建立了分支机构，例如西门子、彪马、林德、

---

[1] Sebastian Range: Nichts dazugelernt. EU-Bankdaten gehen weiter ungehindert in die USA, Hintergrund 1/2014, p. 60.
[2] Werner Rügemer: Bis diese Freiheit die Welt erleuchtet. Köln 2017, pp. 154ff.
[3] Wettlauf um die ukrainische Schwarzerde, ZEIT-online, 16.3.2015.

拜耳、巴斯夫、SAP、卡尔·蔡司、汽车供应商莱尼（Leoni）、还有德马格起重机、威能（Vaillant）、菲斯曼（Viessmann）和克拉斯（Claas）等众多机械制造企业。①

俄罗斯一直以来都是乌克兰最大的投资和贸易伙伴，但这不符合美国的地缘战略：从长远看，只有用自己的资源牢牢控制住从里斯本到符拉迪沃斯托克这片欧亚地区，才能稳坐"超级大国"的宝座，即使是面对中国。因此早在1996年，美国著名的战略理论家兹比格涅夫·布热津斯基（Zbginiew Brzezinski）就已经公开阐明：要弱化俄罗斯，就必须让乌克兰脱离出来。"乌克兰是欧亚国际象棋棋盘上一个新的重要棋子，是地缘政治的关键。没有了乌克兰，俄罗斯就不再是欧亚帝国。"②也就是说，在乌克兰必须组织一次政府更迭，作为俄罗斯自身政府更迭的前奏。这里说的不是要搞垮一个社会主义政权，而是要摧毁一个亲资本主义政权。

政权更迭

美国在此也表明，自己并非支持扩张资本主义体系，只是主张扩充其统治下的资本主义。美国不仅在表面上干预他国选举，而且还利用企业、军事演习和基金会作为杠杆，组织颠覆

---

① https://forum-ukraine-nachrichten.de, abgerufen 20.5.2018.
② Zbginiew Brzezinski: Die einzige Supermacht. Amerikas Strategie der Vorherrschaft. Weinheim/Berlin 1996, p. 74.

他国政府的运动——不只在遥远的地区，在欧洲也一样。

开放乌克兰基金会（Open Ukraine Foundation）的主席是银行家亚岑久科（Arseni Yatsenyuk），美国战略家们都亲切地称他为"Yaz"。该基金会的赞助方有北约、乔治·索罗斯的文艺复兴基金会、寡头维克多·平丘克（Viktor Pinchuk）、波兰政府、私募股权基金沃升资本（Horizon Capital）以及北欧和波罗的海地区最大的银行之一瑞典银行（Swedbank）。以美国索罗斯基金会为代表的非政府组织在发动乌克兰"橙色革命"的过程中发挥了重要作用，连美国政府的基金会全国民主基金会（National Endowment for Democracy，NED）也为"开发"乌克兰作出了贡献，比如通过奖学金笼络社会精英和打造媒体。菲利普·莫里斯通过对教育、科学基金、环保等社会公益项目的捐助，协力改变这个公民社会。①

前拳王维塔利·克里琴科（Vitali Klitschko）是阿登纳基金会和德国主流媒体合力打造出来的未来的乌克兰政府首脑。他虽然能在亲欧盟示威运动中很好地调动那些极右翼分子，但他在"权力卡特尔"中没有任何机会。美国国务院借助各种民族主义和极右翼力量，操办了亚岑久科的总理就任典礼；美国国务院负责欧洲事务的维多利亚·纽兰（Victoria Nuland）很夸张却又很明确地评论道：去你的欧盟吧！② 即使受到这样的蔑视，

---

① Werner Rügemer: Jazenjuk made in the USA, Ossietzky 9/2014.
② "Fuck the EU" –Fauxpas, www.faz.net 7.2.2014.

欧盟领导人也照单全收了。

欧盟东扩和北约

1993年起，德国联邦国防军和其他欧盟国家的武装力量与乌克兰军队一直都有军事合作。北约和欧盟的共同发展又向前推进了一步。

欧盟并不想与乌克兰签订一个普通的自由贸易协定，而是想让乌克兰终止先前与俄罗斯的一切协议。之前那个想与俄罗斯保持联系却又犹豫不决的政府被赶下了台，2014年通过政变上台的政府与欧盟缔结了结盟协定。乌克兰接受了欧盟所有在法律和经济方面的规定。紧接着，奥巴马签署了"支持乌克兰自由法案"（Ukraine Freedom Support Act）。美国正在俄罗斯边境安排军事顾问，提供武器，并组织军事演习。

美国对俄罗斯采取制裁措施之初，德国经济界就向欧盟发出了"强烈的呼吁"，欧盟应该在俄罗斯问题上居中斡旋。① 两年后，德国经济东方委员会主席沃尔夫冈·比歇勒（Wolfgang Buechele）指出，针对俄罗斯采取的制裁措施给欧洲带来了超过数千亿欧元的损失；对德国来说，这意味着135亿欧元的生产损失，相当于失去6万个工作岗位。同时，俄罗斯周边的国家也受到了损害，尤其是被"欧盟成员国"身份拖垮的波罗的海东岸三国；本来应该通过欧盟一体化得到帮助的乌克兰，却因

---

① Deutsche Wirtschaft richtet Hilfsappell an die EU, HB, 23.1.2014.

为制裁措施导致经济复苏受阻。比歇勒认为，"现在是时候探究一下整件事情背后的情况了"。①

不仅是德国和欧盟的政治领导人们面对美国的压力最终低下了头，连德国企业也屈服了，接受了这数十亿欧元的损失。在特朗普减税措施的推动下，他们在美国扩大了自己的投资。寡头波罗申科领导下的乌克兰国民经济衰退，贫穷人口剧增，200万乌克兰人在低薪国家波兰作为低薪劳动者被雇用着。②这就是美国式的"自由贸易"。

伊朗

伊朗首相穆罕默德·摩萨台（Mohammad Mossadegh）的政府是通过民主选举产生的，该政府于1952年将英资运作的英伊石油公司（Anglo Iranian Oil Company）收归国有，并且开始了土地改革。1953年，美国和英国的情报机构策划了阿贾克斯行动，推翻了摩萨台政府，然后扶植巴勒维（Shar Reza Pahlevi）建立了残忍的君主制独裁政权，将石油许可证分发给了英国石油公司、荷兰皇家壳牌和几个小一些的法国和美国企业。1974年，西门子集团开始在那里建造核电站。然而西方政治家们对伊朗国民经济的发展和国民富裕水平的提高并不感兴趣。③这就是西

---

① Zeit für Alternativen, HB, 21.11.2016.
② Die nützlichen Migranten. Zwei Millionen Ukrainer in Polen, Deutschlandfunk, 27.2.2018.
③ Vgl. Stephen Kinzer: Im Dienste des Schah. CIA, MI6 und die Wurzeln des Terrors im Nahen Osten. Weinheim 2009.

式的"自由贸易"。

巴勒维的独裁政权于1979年被伊朗伊斯兰革命推翻之后，美国不仅对伊朗实施了经济封锁，还支持伊朗邻国伊拉克的萨达姆·侯赛因政权向伊朗发动战争，旨在推翻伊朗政府，数百万伊朗人民因此被杀。后来，美国对这位既不成功又很反叛的"随从"萨达姆·侯赛因深感失望，发动战争并绞死了他。美国继而占领了伊拉克，继续组织对伊朗的封锁——违反国际法的事件一个接着一个。伊朗开发核武器也被越来越多地拿来当作美国实施制裁的理由。

经过漫长的谈判，奥巴马领导下的美国与俄罗斯、中国、法国、英国和德国于2014年同伊朗签署了核协议。尽管如此，美国却保留了大部分制裁措施——美国对德国商业银行和法国巴黎银行的处罚就是例证。而无论是德国政府，还是欧盟委员会，都没有提出异议。

协议签署后，西方企业，特别是法国和德国企业，再次加大了在伊朗的贸易联系和投资。奥巴马的继任者特朗普退出了核协议，与当时的乌克兰一样，又一次深深伤害了西欧投资者。2018年，欧盟委员会又实施了1996年的封锁条例，禁止欧盟企业奉行美国针对古巴、利比亚、伊朗的那些违反国际法和贸易法的制裁。①

---

① Council Regulation 2271/96 protecting against the effects of the extra-territorial application of legislation adopted by a third country, and actions based thereon or resulting therefrom.

然而美国这位欧洲"朋友"的屈服是意料中的事。封锁条例形同废纸，欧盟也从来没有对违反条例的公司和个人实施处罚。尽管遭到种种批评，"欧洲的大公司最终还是会向美国低头，撤出伊朗"，德黑兰的西方外交官和企业家圈子都这样说。① 伊朗最大的投资者石油集团道达尔（驻地在巴黎）正式退出伊朗市场，它根本就不是"法国"集团，也不会听命于法国马克龙政府。道达尔更多的是被掌握在英美资本手中：最大股东是贝莱德，其他股东还有先锋、威灵顿、美国资木集团、普信、美国银行和挪威央行，大部分贷款来自美国的银行。道达尔在美国参与的业务达110亿美元，而在伊朗油田南帕尔斯11号的总投资不过4000万美元，放下也就不觉得可惜。②

在特朗普退出伊朗核协议之前，欧洲发表的臣服宣言也是非常老练。欧盟政府、企业总裁和银行行长们已经吸取了教训，也明白了"没有哪个有野心的国际银行可以承受失去全球最大资本市场的损失"。③ 这就是西方的资本主义民主：资本凌驾于民主和法律之上。

新投资乐园：美国

这个论断已经存在了数十年。从20世纪80年代以来，所

---

① Druck aus Washington, HB, 23.5.2018.
② Druck aus Washington, ebd.
③ Ralph Bollmann / Winand von Petersdorff: Supermacht ohne Skrupel, FAS, 13.5.2018.

有欧洲的大银行都在美国扩大了自己的业务。他们经常需要支付高额罚款，瑞士、法国和德国的银行也都接受了。尽管默克尔、马克龙等的政治剧场对特朗普有诸多批评，美国仍是炙手可热的投资地，而且势头比以前更猛。

拜耳、巴斯夫、德意志银行、西门子、安联、费森尤斯、海德堡水泥等"德国"企业，法国化工集团赛诺菲，瑞士联合银行和英国军火集团 BAE 系统，在 2016 年为竞选人特朗普捐的款都比为候选人克林顿捐得多。① 选举之后，特朗普大幅削减企业和富人税率，像贝莱德和 GAMFA 一样，这些企业也把更大的赌注押在了美国这块投资地上。德国电信总裁称赞谷歌和脸书的创新力也辐射到了电信行业，而且美国市场"不像欧洲那样规范限制那么多"。②

德国电信在其主要所有者德意志联邦共和国和贝莱德集团的支持下走得更远。为了在美国的业务，德国电信请科里·莱万多夫斯基（Corey Lewandowski）作为其媒体顾问。从 2008 年开始，莱万多夫斯基为查尔斯与大卫·科赫的游说组织"繁荣美国"工作，直至他 2015 年成为特朗普竞选团队的高级顾问。在 2018 年为时任美国副总统迈克·彭斯（Mike Pence）工作期间，他计划推动德国电信在美国的子公司 T-Mobile 与美国集团

---

① www.opensecrets.com/2016.
② "Wir sind stark auf beiden Seiten des Atlantiks", HB, 2.5.2018.

Sprint 的合并。[①]

美国对欧盟的贸易逆差

美国的历任总统及其政府机关和虚假新闻机构声称，美国与中国和欧盟之间存在贸易逆差。2017 年，美方称与欧盟的贸易逆差达到了 1530 亿美元，并要求过错方中国和欧盟必须缩小这种不公平的贸易逆差。

国际贸易的统计标准可以追溯到一个世纪以前，当时各国主要关注工业和农产品贸易。这也是为什么今天仍然使用的"自由贸易"一词，不过一切只是谎言。三十年来，此类贸易合同越来越多地涉及跨境投资和服务。如果我们从宏观经济角度来观察，那么结果就会完全不同。

服务和利润

如果我们把服务贸易算进来，那么 2017 年美国企业就有顺差：他们在欧盟的销售额比欧盟企业在美国高 510 亿美元，互相汇向对方的利润中，美国比欧盟多出 1060 亿美元。如果再算上企业高管、外交人员、情报人员和游客的个人资金转移，美国方面有 100 亿美元的顺差，由此得出美国当年的总顺差为 142 亿美元。这里我们也能看得很清楚，利润的转移都是通过欧盟最重要的避税天堂荷兰、卢森堡、爱尔兰和英国来进行的。作

[①] Ein Cowboy für T-Mobile USA, HB, 28.5.2018.

为同谋，欧盟高层对此保持沉默。①

当各国政府围绕着贸易逆差和收支逆差争论不休时，那些跨国资本巨鳄或许会忍不住捧腹大笑。

---

① USA erwirtschaften Überschuss gegenüber EU, www.cesifo-group.de, 30.4.2018; Werner Rügemer: Fake – Es gibt kein US-Handelsdefizit gegenüber der EU, www.nachdenkseiten.de, 18.6.2018.

第三章

中国：共产主义领导下的市场经济

China: Der kommunistisch geführte Kapitalismus

西方资本主义的最近一次危机使新兴资本集团更加壮大，也更加剧了资本剥削的残酷性。由此引发的西方国家、企业、银行和劳工的进一步贫困以及政府的过度负债，都使中国投资者得到进一步发展。一直以来，中国的投资都不受短期资本利益的驱动。如今，中国拥有越来越多的独立于国际货币基金组织的信贷工具以及人民币构成的自有货币体系，正在逐渐摆脱"美元帝国主义"。

1
美国反对中国的自我解放

如果可以用"没有耐性"这样一个温和但不太科学的词来形容美国引导的西方资本的话,那么我们完全可以用"有耐性"一词来形容中国的资本。① 而"有耐性"这个词也正可以描述中国共产党所领导实行的市场经济的特点。

与其他国家一样,中国的贷款和投资原则上都由国家协调,并且都着眼于长期发展,利息通常低至 1.5%。通过国家协调,风险可控,利润和贷款也可以暂停或者放缓。中国银行的贷款不受世界银行的约束;而世界银行作为联合国的专门机构、西方世界银行的代表,则会毫不留情地要求会员国准时、全额还款,要求降低劳工的薪资和养老金,出售公共资产,即使整个国家和大众百姓都陷入贫困也在所不惜。看看如今被拖垮的希腊吧!

在国内经济方面,中国企业的做法也有所不同,至少从大趋势上看是这样的。西方观察家们很清楚,中国企业不专注于

---

① Stephen Kaplan: China is investing seriously in Latin America, Washington Post, 24.1.2018.

短期利润，而是关注总量的增长；重视为消费能力较弱的群体打造相应的产品。这就是为什么中国企业的产品在印度、巴西等发展中国家，甚至在欧盟等发达地区如此吃香（比如智能手机），中国的新型环保技术能够如此快速地得到大规模应用。①

金融危机之后，西方资本主义国家变得更加脆弱。现在，他们还不得不面对一个圈外势力，一个很强大却又截然不同的运作方式，一个力量的中心。而这个力量中心所遵循的，是一个更可持续、更连贯的发展逻辑。

美国政府一直宣称中国"偷走了"美国数百万工作岗位，并且要求中国从美国进口更多的产品，以结束对美国来说不公平的贸易失衡状态。这一论调由奥巴马首次提出，后由特朗普"发扬光大"。欧盟也要求中国保障欧洲企业有同样开放的机会，就像欧盟为中国企业所做的那样。然而事实上，失衡状态完全不是这样形成的。让我们来回顾一下历史。

克服殖民主义

经过多年艰苦卓绝的革命斗争，经历了 1934 年的红军长征，结束了抗击日本侵略的战争，在毛泽东的领导下，中国人民解放军于 1949 年最终战胜了蒋介石的国民党军队。彼时的蒋介石信奉基督教，与旧时富豪阶层结为同盟，获得了西方殖民和资本强国的支持。尤其在二战后，美国更是极力支持他"剿灭"

---

① Der Angreifer aus China, HB, 2.8.2018.

共产党。①

有着新殖民主义传统的美国把中国视为敌人，并长期将中国排除在联合国及其下属组织之外。关贸总协定（GATT）与经合组织也不允许中国加入，还对中国实施封锁，只承认蒋介石及其党派才是中国的代表。后来，国民党在蒋介石的带领下撤退到台湾。直至1971年，联合国才恢复了中华人民共和国的合法席位。

1972年，时任美国总统理查德·尼克松正式访问中国，引起了巨大轰动。美国认为，必须帮助中国强大起来，才能削弱其主要敌人——苏联。而在罪恶的越南战争之后，战败的美国不仅在道义上，而且在经济和政治上都受到了打击，他们正在寻找一条为这场失败的战争挽回脸面的出路。在这场精心策划的友好访问结束之后，美国才于1979年在外交上承认了中国。

---

① Vgl. die Veröffentlichungen der US-amerikanischen Journalistin Agnes Smedley: China's Red Army Marches（1934）, China fights back（1938）und The Great Road. The Life and Times of Chu Teh（1956）.

2
资本主义进口的论证

结束了与苏联共产主义内部在意识形态上的交锋,以及"文化大革命"这场动荡,以邓小平为首的中国第二代领导集体从1978年开始实行"改革开放"。他们摒除美国"芝加哥男孩"(对某些经济学家的戏称)的那种经济冒进,谨慎地回到了列宁的新经济政策上:在一个将长期处于不发达状态的国家,社会主义必须吸收资本主义元素才能发展起来。为此,必须打开国门、引进西方企业,允许他们建造现代化工厂,学习资本主义的金融手段和管理方式。①

20世纪20年代在苏联,美国福特建造了一家汽车工厂;美国通用电气公司为电气化供应设备;美国无线电公司为收音机供应配件;标准石油公司在巴库的油田建造了一套煤油设备。在摩根担保信托公司的帮助下,苏联第一家国际银行Raskombank得以成立;另外一家华尔街的重要银行科恩·娄布(Kuhn Loeb)为苏联第一个五年计划提供了贷款。大约2000名美国工

---

① Theodor Bergmann: Der chinesische Weg. Hamburg 2017, pp. 27ff.

程师在建造水坝、蓄水坝和厂房方面为苏联提供了巨大帮助。所有这一切,都是在没有外交关系的背景下进行的。苏联与美国、英国和德国之间的跨国贸易得以扩大。①

▎企业不必服从政府

上述事实表明,在经济和政治意识形态这个舞台上可以同时上演完全不同的戏码,那些在全球范围内都很活跃的强大企业可以做与政府意志完全相悖的事。

1933 年,富兰克林·罗斯福总统领导下的美国政府在外交上承认了苏联,但是大西洋两岸的美国和其他西方企业都害怕与日益强大的社会主义国家打交道,于是与苏联的经济联系逐渐减退。到了 1934 年,希特勒的纳粹国防军才给了福特、通用汽车、标准石油、IBM、通用电气、ITT 等公司大量订单,毕竟在意识形态上他们更相近。②

1949 年中华人民共和国成立之后,美国把中国列入巴黎统筹委员会的封锁范围。20 世纪 50 年代,美国更强化了封锁措施,禁止向"红色中国"运送 450 种武器,而苏联和其他社会主义国家不能进口的武器种类有 250 个。与苏联不同,中国被西方世界视为一个贫困的发展中国家,在政治权力方面还构不

---

① Soviet Union Information Bureau: The Soviet Union – Facts, Descriptions, Statistics, Washington D.C. 1929; Joan Wilson: Ideology and Economics. U.S. Relations with the Sowjet Union 1918–1933, Columbia/Mass. 1974.

② Pauwels: Big Business avec Hitler, a.a.O., pp. 176ff.

成威胁。

新经济政策

从 20 世纪 50 年代开始,英国企业已一只脚踏上了中国的土地。1954 年,中英商务理事会(China-Britain Business Council)成立。到 20 世纪 80 年代初,美国汽车公司(AMC)和克莱斯勒(Chrysler)开始向中国出售汽车,尽管数量不多,但他们很快发现,可以利用当时中国更为低廉的劳动力在中国本土进行汽车生产。

1983 年,美国汽车公司与北京汽车制造厂共同创立了北京吉普汽车有限公司,这是中国汽车行业的第一家中外合资汽车企业。1984 年,克莱斯勒紧随其后;1985 年,大众和雪铁龙也先后入驻。从 20 世纪 90 年代开始,汽车集团福特、通用汽车、戴姆勒—克莱斯勒都与他们的中国伙伴建立了合资工厂;21 世纪初,来自日本的汽车企业本田、丰田、日产和马自达也加入进来。彼时,中日两国在政治上依然处于冷战状态。

电动汽车

当时中国政府的条件很明确:外国企业必须与一个中国伙伴一起组建一家 50% 对 50% 的合资企业,必须转让技术,必须聘请中国人担任高层管理职务。低价位汽车的生产也得到了推动,目标客户是低收入家庭。在一开始生产了外国企业的现有车型后，中国当局制定了越来越多的规则，旨在使汽车更加适应中国本土的需求。

2001 年，借助包括汽车在内的一些行业，以及某些欧洲国家的帮助，中国加入了世界贸易组织。这些伸出援手的欧洲国家要么在中国进行着生产活动，要么与中国有贸易往来，而美国的共和党人和美国企业研究所（AEI）一直从中作梗。[1] 加入世界贸易组织之后，中国大幅度降低了关税，放开了外贸经营权。如今，外国公司在一定条件下已经可以经营自己的全资子公司。中国已经成为全球最大的汽车市场、最大的生产基地和最重要的创新推动者。

与墨西哥和东欧不同

20 世纪 90 年代，前文提及的西方汽车集团在很多其他发展中国家和新兴工业国家也建立了生产基地。他们先通过北美自由贸易协议（NAFTA）在墨西哥建厂生产，然后在东欧前社会主义国家安营扎寨。墨西哥和当今欧盟国家的政府纷纷屈服于大众、戴姆勒、日产、通用汽车的规则，延续传统生产。这些国家的创新只发生在传统的机械化生产以及对低薪劳动者的剥削中。

只有在中国，汽车行业发生了质的转变。第一，普通员工

---

[1] Dong Wang: U.S.‐China Trade 1971‐2012: Insights into the U.S.–China Relationssship, in: The Asia-Pacific Journal 24/2013.

的工资水平得以提高。第二，技术人员、科学家和管理者都取得了相应的资质。第三，由于注重在汽车和蓄电池的数字化生产方面的创新，中国目前已处于领先地位。第四，汽车构造已被极大地简化，成本也大幅降低；汽油车原本极其复杂的系统已经被简单的驱动系统代替。第五，早在20世纪90年代，含铅汽油就已经被禁止。第六，在2018年年初，有553款高耗油汽车被禁止继续生产；其中既有中国的品牌，也有大众和戴姆勒等欧洲汽车品牌。① 第七，政府不仅设定了全面调整为电动汽车的目标，而且还提出了一体化移动出行方案的目标。与西方国家相比，中国展现出了一种新的国家实力。

而在西方，汽车集团虽然与政府联系紧密，但性质却截然不同：他们获取高额利润，却免于责罚，污染空气，延缓必要的革新。

全球电动汽车,2017年新准入数量(单位:辆)

国家	准入
中国	579000
美国	195140
挪威	62320
日本	56000
德国	54490
英国	47260

---

① China: Produktion von 553 Autos verboten, Die Welt, 3.1.2018.

(续表)

国家	准入
法国	41720
瑞典	20310
加拿大	18390

这里应该考虑到，中国是从 2013 年才开始生产电动汽车的，而美国当时已经生产了超过 10 万辆，其他西方国家也早已开始生产。结合上表不难看出，中国拥有更大的潜力和更强的动力。[1] 顺便提一句，中国汽车企业浙江吉利控股集团在 2009 年收购了沃尔沃轿车业务，为这家亏损的企业提供了贷款，并对其进行了现代化改造。[2]

电动公交车和一体化移动出行方案

中国在电动公交车方面的行动力更是不容小觑。"全球 38.5 万辆电动公交车中，有 99% 行驶在中国的大地上。"例如深圳市废弃了所有柴油公交车，以 16300 辆电动公交车扩展了公共交通网络。该市 12550 辆出租车中，已有 7530 辆换成了电力驱动。相比之下，仍有空气污染的一些德国城市在 2018 年一整年只计划一次性购置 162 辆电动公交车，在出租车方面则没有任何行动。[3]

---

[1] Elektroautos weltweit, HB, 25.5.2018.
[2] Volvo&Geely: The Unlikely Marriage of Swedish Tech and Chinese Manufacturing Might that Earned Record Profits, Forbes, 32.1.2018.
[3] Eine Stadt unter Strom, Wiwo, 27.7.2018.

一体化移动出行方案包括电池的生产和研发。国有汽车集团北京汽车工业控股有限责任公司（BAIC）和民营企业比亚迪股份有限公司（BYD）是全世界最成功的电动汽车生产商。同时，比亚迪还是一家具有创新精神的电池生产商。该公司创立于1995年，在深圳经济特区与戴姆勒共同经营了一家合资公司，开发并生产电池，还建设了太阳能发电场。如今，他们已拥有1万名科学家，其中包括化学家和电气工程师，共同研发环保新科技。借此，比亚迪就可以在其他方面将发展形势逆转过来：比亚迪不仅在中国有生产基地，在美国、印度、匈牙利和罗马尼亚也建有生产设施，并且还向西班牙、葡萄牙的市政当局以及英国首都伦敦销售电动公交车。[①]

德国的第一家汽车蓄电池工厂是由中国企业宁德时代（CATL）建造的。这对德国中部的图林根州来说是近十年最有意义的工业投资，此举将为当地创造600个新就业岗位，还能吸引供应商到那里落户。中国不仅在德国收购企业，而且在建造企业，将研发中心也落在了德国。宝马已派发了一个大订单。[②]很显然，中国人并不害怕技术被窃取。

共享移动出行也是一体化移动出行方案的一部分：不是每个人都需要自己拥有一辆汽车。广义上，它还包括联网的自动驾驶，即汽车与信号灯线路、交通管控、天气预报和其他服务

---

① www.bydeurope.com.
② Battery maker to set up unit in Germany, en.silkroad.news, 11.7.2018.

的通信。为此,西方汽车厂商必须与中国的阿里巴巴、腾讯和百度等科技集团合作。该方案还包括建设电动汽车充电桩网络,扩建高铁系统。今天,移动出行方案已经覆盖了超过 2 亿辆电动自行车和超过 35 万辆电动公交车。

由于西方汽车集团必须参与到这一计划当中来,中国政府取消了部分此前对该领域合资公司的限制性规定,取而代之的是战略合作。宝马前任高管卡斯滕·毕福康(Carsten Breitfeld)还主管着国有风险资本资助的初创公司 Byton,他将这种区别讲得很清楚:"德国汽车制造商依旧把赌注押在现有的成功的车型上,只不过是将内燃机换成了电驱动装置而已。"这样做是没有未来的。[1]

当然,这只是眼下的一个发展阶段。电池所需要的稀土紧缺,旧资本主义的做法导致私家车数量过度膨胀,不断增长的人口数量,不断扩大的城市群,这些都对交通运输能力提出了更高的要求。此说也同样适用于其他领域。

可再生能源方面的领导地位

在其他经济领域,如制药、食品、电信、手机制造、高铁、医疗技术、机器人、软件、人工智能、城市建设、旅游、保险、银行以及整体平台经济,中国也都呈现出与汽车行业相似的发展轨迹。

---

[1] Die Zukunft der Automobilbranche wird in China geformt, HB, 24.4.2018.

因为几乎没有过时技术的束缚，所以新科技可以跳跃性地、快速地成长，并不断进行调整；因为没有信用卡体系的限制，所以支付宝和微信支付服务迅速获得了数亿用户，在电影院、饭店、超市、出租车和网上购物等多种场景下都可以使用无现金支付方式。中国14亿人口中有8亿在使用互联网，以美国为蓝本建立起来的平台经济企业发展得比美国和其他西方国家都要快：阿里巴巴的电子商务、百度的搜索引擎、滴滴快车的出租车服务。而来自美国的出租车服务商优步（Uber）在中国却寸步难行，因为不能再那么粗暴地对待司机，所以只能放弃这个市场。

过去十年间，中国在可再生能源方面的投资也远远超过了西方。2017年，中国企业在这一领域的投资额达到1260亿美元，而美国和欧盟分别只有400亿美元。相应地，中国的劳动岗位数量也不断增加。

在行动力方面，中国与欧美发达资本主义国家的区别也十分显著：2008年至2017年，德国可再生能源的利用比例从3.7%增长到5.2%，但在某些富裕的西方国家和地区，这一比例却有所下降，欧盟从22.2%降至18.3%，美国从11%降至10.5%，加拿大从8.6%降至5.4%。而在中国，该比例从16.5%提高到了28.4%。①

---

① Der Westen lässt nach. Die Nachzügler übernehmen die Führung, HB, 29.6.2018.

资本主义的矛盾心理

为了自身的发展，中国自然也会采用西方金融机构的技术。美国和欧盟的私募股权投资集团，如 KKR、桥点、安佰深、殷拓，对中东的企业在欧盟寻找合适的收购目标还是有所帮助的。中国的收购商们追寻的是其他目标，但是也可以利用这些专业知识。

自 2018 年以来，凯雷投资集团（Carlyle）和硅谷的风险投资公司红杉（Sequoia）等私募股权投资者都参与了对初创金融科技公司蚂蚁金服（阿里巴巴子公司）的投资。自从股票市场面向国际开放之后，贝莱德夸赞中国是"全球最大的股市之一，仅次于美国，规模远超日本……中国还拥有 2000 多家具备支付能力的上市公司，排在美国之后的第二位"。① 2016 年，贝莱德、富达、瑞银和施罗德在上海获得了私人基金经理的执照，且无须参股当地企业。②

历史向我们证明，私有资本主义企业和投资者都是冷酷的投机主义者。他们总是能与当地政权抱团，尤其是右翼和法西斯政权；如果能看到利润，他们也不惜与社会主义政权走到一起。他们时而支持社会主义市场经济和新政，时而对其抵制到底；时而支持人权，时而反对人权。为了把握住中国这个巨大的市场，苹果公司删掉了 600 多个 VPN 程序，并以此绕开互联

---

① Blackrock: Chinese equities. The ever-growing opportunity, Februar 2018.
② www.asiaasset.com/news/Blackrock_Schroders_CNPE2912.aspx, abgerufen 28.5.2018.

网审查。这些没有良知的机会主义者总能得逞，真是人类的悲哀。这完全取决于哪一方更强大。

目前，中国社会主义市场经济还没有达到"理想的"终极状态，而是处在转型过程中的一个阶段。接下来的路也取决于变幻的国际关系，而不仅限于国家和政府层面。

中国的评级机构下调了美国信用等级

要改变西方程序，评级极为重要。1994 年，中国人民银行成立了自己的评级机构——大公。这是相对于美国三大评级机构的另一个可选项。大公是一家私营企业，受中国人民银行监管。

大公成立之后，先是与穆迪进行了为期三年的技术合作，完善了自己的评估方法。如今，该公司已经具备国际水准，这一点也体现在其名称里：大公国际资信评估有限公司。大公在中国香港、美国和欧洲都有分支机构，并与整个亚洲的机构合作，评估国内外企业和公共机构（城市、地区政府），以及与中国有经济往来的国家。

在大公原董事长关建中看来，美国的评级机构因在 2007 年金融危机中的同谋行径，已经彻底失去"给世界评分"的权利了：他们并不是真的看重贷款的偿还能力，而是只关注获得新的贷款。与美国三大评级机构不同，大公还采用国民经济标准，率先将美国这个巨大的债务国的资信降了级。②

2018年1月,在时任美国总统特朗普将企业税大幅降低之后,大公将美国本、外币主权的信用等级再次下调至"BBB+评级展望负面"。理由是:"对债务驱动型经济发展的依赖性不断增强,会使美国政府的偿还能力继续大幅下降。这可能会成为下一个金融危机的导火索。"③

经济特区的订单式生产

经济特区的订单式生产对中国经济发展有非常重要的作用,这就不得不提到深圳。1980年,这个中国的南方城市只有3万居民。早在外国企业在中国建厂之前,中国领导人就已经将国外的订单式生产吸引到这里。

当时,从落后的自然经济社会走出来的中国,农村人口(贫穷、失业或就业不足)有数亿之多。④应该让这些农民工,或者说他们自身想继续待在这个毫无出路的处境中吗?如果按照西方资本主义的原则,那么任何一种工作都比没有工作好。然而中国面临的问题是:如果出去务工是走出绝对贫穷的第一个阶段,那么这种状态是不是会像其他发展中国家一样一直持续

---

① Der Weg des Erfolgs, Apple ist als erstes Unternehmen mehr als eine Billion Dollar wert, SZ, 4.8.2018.
② Werner Rügemer: Ratingagenturen, a.a.O., pp. 175ff.
③ en.dagongcredit.com/Rating Reports/America, 16.1.2018.
④ Wolfgang Reinhard: Die Unterwerfung der Welt. Globalgeschichte der europäischen Expansion 1415–2015, München 2016, pp. 859ff.

下去？

▎利用廉价劳动力

2001年中国加入世贸组织，经济特区崛起的速度加快。美国科技公司（例如 IBM）早在 1960 年就开始委托日本、韩国和泰国等"友好"的亚洲国家和中国台湾地区的低薪供应商。在这些国家和地区，很少有或几乎没有什么其他标准，例如与环境有关的标准。特别是在中国台湾地区，工业企业迅速发展起来，最终这里走出了全球最大的电子供应商——富士康科技集团。它在深圳和 20 多个中国较小的经济特区组织了大规模订单生产，客户是西方国家的电子集团。2012 年，富士康在中国大陆已有 140 万合同工，主要以年轻的流动工人为主。惠普、英特尔、戴尔、微软、朗讯、阿尔卡特、爱立信、耐克、苹果和一些其他企业也都利用这里的廉价劳动力，并分派长期的大型订单。①

▎硅谷和沃尔玛

在美国，包括硅谷在内的高新产业，有针对性地利用廉价劳动力和血汗工厂可谓历史悠久。早在向中国迁移之前，他们就利用越南船民和墨西哥非法移民开始组织生产了。②

① Mark Selden u.a.: The politics of global production: Apple, Foxconn and China's new working class, in: The Asian-Pacific Journal 32/2013.
② Rügemer: Neue Technik – alte Gesellschaft, a.a.O., pp. 28ff.

苹果当时还只是个年轻的嬉皮公司，竟也从 1981 年起在深圳对其产品个人计算机 Apple Ⅱ 进行最终组装，因为那里的工资比山景城要低很多。在接下来的一段时期，苹果公司都尽可能多地将零件生产外包出去。但是一开始还必须先在美国生产大部分零件，然后再出口到中国。

这一情形在中国加入世贸组织后进一步加剧。苹果公司让自己的工程师在深圳监督工作。苹果手机 iPhone7 的最终组装和产品测试的成本为 5 美元，而在美国市场的售价却是 549 美元。①

盖茨和乔布斯等嬉皮士硅谷专家及其持股人，如创始人基金和贝莱德，都变成了超级富豪。他们使美国去工业化，日益依赖不断扩大的低薪打工族。全球最大的公司——美国连锁零售企业沃尔玛，其超级富豪老板也是这样做的：将 80% 的商品交给中国供应商生产。

中国政府借此增加了就业机会，促进了持续就业，尽管一开始付出了昂贵的人力成本，承担了军事化管理，实施了 12 小时工作制，劳动力损耗都需要自己买单。但是这样的情况并没有一直持续下去。

打工族翻身

2006 年，中国的全国人民大表大会发布了《劳动合同法（草案）》，并公开向全社会征询意见。这份草案在一定程度上以一

---

① https://de.statista.com/onfografik/9272/herstellungsko9sten-iphone-7, 8.5.2017.

些国际劳工组织的准则为导向：每个劳动者都应得到一份书面劳动合同；不能再随意解雇员工，临时工在工作一年之后应该获得一个正式的工作岗位；有技能的劳动者可以自由更换工作。工会和企业职工代表能够与用人单位进行谈判的事项不应仅限于薪酬，还应包括工作条件、工作时间、休息时间、假期、工作稳定性、劳动安全卫生、社会保险和额外福利。用人单位如有违法行为，必须受到处罚。这部法律尤其应该给进城务工人员带来保障。

▎微软、耐克、西门子、大众集团为"工作贫困"现象辩护

这些基本的、适度的劳动权利首先惹恼了美国商会。2006年4月19日，上海美国商会以其900个会员企业的名义，就《劳动合同法（草案）》中那些基本的、适度的劳动者权利向中国全国人民代表大会提出批评，而批评的内容无外乎大家熟知的那一套：如果这个草案形成法律，将削弱他们在中国的竞争力。这些外资企业威胁称，他们将从中国撤资并撤走订单。这家商会的重要成员有英特尔、微软、谷歌、戴尔、AT&T、耐克、福特、通用电力、UPS和固特异等。①

欧洲商会在中国有860个会员，如西门子、大众、拜耳、巴斯夫、诺基亚、威立雅（Veolia）和毕马威，他们也对《劳动

---

① Lawprofessors.typepad.com/china_law_prof_blog/files/AmChamChinaLawLawComments.pdf.

合同法（草案）》表示反对，只是不像美国商会那么激烈。与此同时，同样是这些西方企业，在自家也正在施以削减劳动者权益和低薪伎俩，在德国有相关的"哈茨四号方案"予以支持。

中国全国人大常委会就《劳动合同法（草案）》向社会公开征求意见。除了两个西方商会的意见，还收到了191847条评论，主要来自劳动者和要求更多权益的积极分子。① 然而几经权衡，全国人民代表大会弱化了草案里的几个地方：没有书面合同的雇用也可以，但是合同需要补签；临时工合同的时间由一年延长到了两年，之后的常规雇用没有再做硬性要求；大规模解聘不再需要工会或者职工代表的同意，而只需要"充分解释"。②

中国：保护劳动者的合法权益

《中华人民共和国劳动合同法》于2008年生效。虽然部分条款被弱化，但是对劳动者而言仍是一种鼓励。时任中国国家主席胡锦涛呼吁保护各行各业"劳动者的合法权益"。③

中国政府在保护劳动者的合法权益方面行动积极。第十二个五年（2011年至2015年）规划中提到，将形成正常的工资增长机制，职工的最低工资标准年均增长率在13%以上。2011年，

---

① www.globallabourrights.org/alerts/new-chines-labor-contract-law, September 2007.
② Vgl. Rolf Geffken / Can Cui: Das chinesische Arbeitsvertragsgesetz, mit Kommentar, 5. Auflage, Cadenberge 2016.
③ Beverly Silver / Lu Zhang: China als neuer Mittelpunkt der globalen Arbeiterunruhe, in: PROKLA 161/2010, p. 607.

《中华人民共和国社会保险法》生效，其中也包括农村居民的基本养老保险。社会保险费征收机构可以向银行和其他金融机构查询企业账户，责令相关用人单位限期缴纳或补足社会保险费。若用人单位不按时缴纳，或者逾期仍不缴纳，则会被处以一倍以上三倍以下的罚款。顺便提一句，雇主所缴纳的保险费远高于德国等地，占社会保险费的 2/3 以上。①

▎持续提高工资，保障社会安全

国家领导和共产党员的行动比弱法更重要，比西式的集体谈判自治更有效：现存的西方资本主义民主制度只会给私人所有者带来实惠，而不会改善大多数人的权益。相比之下，背后推动这一切的政府显得很无辜。②

从 2005 年到 2016 年，在调控通货膨胀后，中国劳动者的平均每小时工资增长了 3 倍，从 1.2 美元上涨到 3.6 美元。这样，中国超过了传统的新兴工业国家巴西（2.7 美元）、泰国（2.2 美元）和墨西哥（2.1 美元）。印度的平均时薪十年来都停滞在 0.7 美元。③

中国的最低工资也超过了欧盟国家保加利亚、立陶宛、罗马尼亚、拉脱维亚、匈牙利、克罗地亚、斯洛伐克、捷克和波

---

① Wolfgang Däubler: Arbeitsrecht in China pp. 23ff., www.nachdenkseiten.de, 29.11.2012.
② Däubler, Arbeitsrecht in China, ebd. p. 26.
③ Wie lange bleibt China noch die Werkbank der Welt?, Der Spiegel 12/2017, p. 57.

兰①，而且更比意大利南部地区和西班牙南部地区高。卡拉布里亚、西西里、阿尔梅里亚的非法难民在巨大的蔬菜和水果种植园中被压榨、剥削，他们不仅贫穷，而且健康也受到了损害。欧盟给那里的企业主发放补贴，尽管这些企业主与犯罪团伙，比如黑手党联系密切。欧盟委员会农业和农村发展委员菲尔·霍根（Phil Hogan）属于基督教的欧洲人民党，很明确地赞成这一做法。②

欧盟就是这样在自己的成员国推动和资助着严重损害人权的行径，然而被控诉损害人权的却是中国。

2014年，中国政府提出要扩大各项社保的覆盖面，推进社保制度建设，预计到2020年，所有中国人都有社会保险。截至2015年年底，中国基本医疗保险已覆盖超过13亿人（接近总人口14亿人），基本养老保险已覆盖8.7亿人。在这一过程中，农村和城市之间、国企和民企之间的传统差距和新差距都在缩小。2016年，中国还因此在国际社会保障大会上受到了表彰。③

近30年来，中国各阶级、各阶层的收入和生活水平持续提高，包括农民、农民工、临时工、合同工、军人、管理人员、企业家、百万富翁、亿万富翁。而在美国，大多数人的收入和生活水平要么停滞不前，要么下降，特别是本就已经很贫困的

---

① Mindestlöhne in der EU, https://de.statista.com, abgerufen 2.5.2018.
② Europas dreckige Ernte., ARD, die story, 9.7.2018.
③ Regierung für Sozialversicherung ausgezeichnet, german.cri.cn/info/cri.htm 14.12.2016.

人们。在美国，只有大约 5% 的人口的收入和生活水平在持续提高。①

缩短劳动时间

在可行范围内，中国开始尝试缩短劳动时间。为此，中国国务院于 2015 年制订了一个计划，在几个高科技企业试验"四天工作周"：让更多的空闲时间为员工带去更多的满足感，使他们得到充分休息，以提高工作热情。一些城市的行政管理部门（比如有着 3000 万人口的城市重庆）推行了"四天半工作周"，职员可以有更多的自由时间，比如可以进行国内旅游，这样可以降低储蓄率，刺激国内经济。② 为此，中国正在将投资吸引到新的滑雪场地和海滨浴场。

中国已经成为地球上唯一一个大多数居民的收入、生活水平、生活质量和生命安全在数十年来持续提高的国家。这种持续增长的前提条件已经被创造了出来，而且还在继续。与之形成鲜明对比的是，数十年来在西方国家主导下确立的消除贫困的计划无一例外以失败告终。

深圳：从小渔村到高新科技中心

西方企业和富士康这类大范围实行低薪的企业正在将生产

---

① The American Middle Class Is No Longer the World's Richest, NYT, 22.4.2014.
② Emma Luxton: Is China heading towards a 4.5 day working week?, www.weforum.org/agenda 12/2015.

线迁往其他国家，如泰国、缅甸和越南。

1996年，深圳建成了高新技术产业园。华为、腾讯、中兴等科技领军企业都在这里发迹并发展至今，在全世界范围内活跃着，甚至已经可以与西方企业竞争。在这里，华为生产着比苹果更多、更便宜的手机。西门子、戴姆勒、博世、拜耳、空客、汉莎等世界级集团和其他企业（仅德国企业就有200家），也在深圳开展科研和生产活动。

截至2019年，深圳有1300万常住人口，纯电动公交车已有16300多辆。中国作为西方资本主义世界工厂的状态，在很多方面都已经一去不复返了。

马云/阿里巴巴："包容的全球化"

1999年，35岁的英语教师马云与他的妻子张瑛和其他18位伙伴，在他的出生地杭州共同创立了阿里巴巴。十年内，阿里巴巴成长为全球最大的线上经销商，交易额超过亚马逊和易贝（eBay）的总和，在全球范围内为中小企业和经销商的产品及服务提供了平台。该公司拥有5.4万名员工，国际网站使用的语言多达17种。

如今的阿里巴巴控股还包括提供支付服务的支付宝和金融服务商蚂蚁金服，持有亚洲线上经销商Lazada的大部分股份，开展包裹物流，还运营着马来西亚、迪拜、悉尼、东京和法兰克福的数据中心,拥有一家音乐公司和一家体育公司,同时还是《南华早报》的大股东。

2014年,阿里巴巴在美国纽约交易所上市,创造了当时最大的IPO纪录。在那里,马云放弃了企业总裁在华尔街证券交易大厅敲钟的仪式,而是请来了8位顾客,包括一位美国樱桃采摘工人和一位中国钟表销售商。这位在中国排名第二的富豪,以220亿美元的资产在全球富豪榜排名第33位。

"阿里巴巴"这个名称是马云从《一千零一夜》中选出来的,因为全世界所有文化对这个名字都有所耳闻。故事中的阿里巴巴是一位想帮助穷人的穷樵夫。旨在消除贫困的阿里巴巴基金会,其资金来自公司利润,用公交服务资助中国贫困山区的寄宿学校。那里的小村庄互相之间距离很远,孩子们一般都是留守儿童。[1]

阿里巴巴要在全球范围内发展,就离不开美国那些大资本组织者,贝莱德、普信、道富、巴美列捷福、先锋、资本集团、施罗德、高盛等大资本集团共占股38%。除了中国政府,掌握控制权的还有日本科技集团软银(30%)、雅虎(15%)、马云自己(7%)和他的副总裁蔡崇信(2.5%),还有一些担任管理职位的员工总共占股10%。

---

[1] Alibaba sets up poverty relief fund, www.xinhuanet.com, 1.12.2017; South China Morning Post, 21.8.2018.

针对美国:"包容的全球化!"

马云不是中国共产党党员,不过马云十分认同中国共产党提出的发展逻辑。如同中国的其他数字集团一样,阿里巴巴也将自己的发展战略与政府倡导的数字基础设施建设规划相结合,比如大规模投资汽车充电桩等领域。在达沃斯世界经济论坛上,马云接受了美国消费者新闻与商业频道(CNBC)记者的采访,对美国过去30年走错的路分析道:"在过去的30年里,美国打了13场仗,耗费了14.2万亿美元……你们应该为民众投资。"另外,还有大量资金流向了华尔街。2007年金融危机爆发了,美国损失了19.2万亿美元。这些钱还不如用于投资基础设施,造福劳动者。之后,马云针对特朗普就美国对华的贸易逆差的描述说道:"并不是其他国家偷走了美国的就业机会,这是你们的战略问题。在过去的30年里,像IBM、思科和微软这些企业,通过这种形式的全球化敛了不少钱。"马云要求进行包容的全球化,并提议向美国提供帮助,为美国的小企业寻找中国和亚洲的销售市场,帮助美国创造出更多的劳动岗位。[1]

---

[1] Jack Ma: America has wasted its wealth, www.weforum.org, 18.1.2017.

3
国家、共产党、社会主义

中国共产党领导下的中国特色社会主义市场经济，仅用了短短四十年时间，就将中国从一穷二白的落后工业国发展成为全球第二大经济体。

中国逐步确立了以公有制为主体、多种所有制并存的社会主义市场经济体制，以取代原有的计划经济体制；国有企业也进入转变机制、制度创新阶段。1998年，中国国务院进行机构改革，以实现政企分开为原则，撤销了10个工业专业经济部门，15个部委也不再保留。①

至于纯粹的中国企业，是由国有企业和私营企业混合构成的。后者与西方资本主义国家相同，是股份制公司，股票在深圳、上海和香港股市进行交易；而大多数是以有限公司的模式存在的小企业。像阿里巴巴这样的大集团的股票是在纽约股市进行交易的，美国投资者（比如登贝莱等）是其持股人。

中国企业在公平的竞争环境下也会使用灰色技巧，这种技

---

① Dong Wang: U.S.－China Trade, The Asia-Pacific Journal, 24/2013.

巧都是西方资本主义体系内的。经由避税天堂荷兰、卢森堡、爱尔兰和开曼群岛运作的外国投资不在少数。中国吸收了其他形式的西方工具，比如风险资本投资、私募股权基金以及政府与社会资本合作等。但是如同评级机构一样，中国对这些工具进行了改造，并将它们嵌入了另一个发展逻辑中。

政治党派

这种结果只有在中国共产党领导下的这样一个国家才有可能变成现实。中国共产党目前有党员9600多万名[①]；其他8个党派目前约有10万至20万名党员，其中两个党派只有几千名党员。与中国共产党不同，他们民主政党只代表较小的利益团体，原则上不代表全体人民。[②]

西方一些自诩为是马克思主义者的批评家挑剔中国的社会主义与他们"想象的"有所不同，但是中国共产党并没有理会这些来自西方的质疑，而是聚精会神地建设"中国特色社会主义"。他们所谓的社会主义与毛泽东建国初期的"有中国特色的社会主义"有所区别，它有一个中期的发展目标。为了姓资还是姓社，孰是正统的社会主义这些争论，保留一个拥有3亿贫困人口，还停留在20世纪60年代的"社会主义"中国，这值得吗？是"社会主义"这个名称重要？还是战胜贫困、保障和

[①] Vgl. german.china.org.cn/de-zengzhi/2.htm.
[②] Wipikedia: Politische Parteien in der Volksrepublik China.

平重要？

| 昂贵的反腐斗争

资本主义也会带来结构性的犯罪行径。西方资本主义民主国家为了与之斗争进行了多次尝试，但都以失败告终。审计师、律师事务所、评级机构都成了内幕交易、逃税和新型贿赂的同谋。司法部门追踪企业犯罪的人手不足，因此只能处理轻微犯罪案件，其中以来自贫穷国家的外国人为犯罪主体的案件最为典型。①

中国政府逐渐意识到，现在必须限制这种资本主义犯罪的系统性爆发，对这种犯罪的限制比西方更加严格。为此，中国加强了司法部门建设。从 2012 年至 2016 年，大约有 100 万企业管理者（其中包括外国公司高管）以及共产党的干部被免职或逮捕，因受贿、行贿、渎职和裙带关系被起诉。②

在相关案例中也涉及最高级别的官员。周永康，曾任公安部部长和石油集团中国石油天然气总公司（CNPC）总经理，被判处无期徒刑；还有薄熙来、孙政才，因受贿、滥用职权而被判处无期徒刑。这些官员通常会利用拥有加拿大或美国国籍的

---

① Siehe Hans See: Wirtschaft zwischen Demokratie und Verbrechen. Grundzüge einer Kritik der kriminellen Ökonomie. Frankfurt/Main 2014.
② Antikorruptionskampagne. Chinas Reinigung von innen, HB, 28.11.201.

家族成员来处理现金流。① 西方资本主义民主下的司法机关在处理这类犯罪案件时，如果没有强有力的政治靠山，是不敢轻举妄动的。

保护主义

现任中国共产党中央委员会总书记习近平，在 2017 年达沃斯世界经济论坛上的演讲引发了极大共鸣，获得了巨大成功——这在几年前还是无法想象的。②

这份成功包括中国采取措施保护外国投资者的合法利益。承诺逐步放开一些迄今为止尚未开放的区域，允许外国投资者进入投资。同时，面对贪求利润的微软、苹果等外国企业和一些本国企业，中国又通过《劳动合同法》来保护劳动者。西方国家信誓旦旦要有所发展却没能实现的可再生能源领域，其相关产业在中国适当的保护政策之下实现了崛起。如今，中国在可再生能源领域的地位日益突出。

有很长时间，中国从美国和西欧国家进口大量的塑料垃圾、钒渣和纺织品生产废料，进行回收利用。从 2013 年开始，中国政府开始逐步对此进行限制，从 2018 年开始全面禁止。③

在互联网时代，控制数据流是一个棘手的问题。"互联网在

---

① Chinas Sicherheitschef zu lebenslanger Haft verurteilt, SPON, 11.6.2015; Ex–Politbüro–Mitglied wegen Korruption verurteilt, SPON, 8.5.2018.
② Xi Jinping's keynote speech at the World Economic Forum, www.cina.org.cn, 6.4.2018.
③ China: Zentraler Recyclinghof des Planeten ist geschlossen, Telepolis, 10.1.2018.

中国的领土内就要受中国法律的约束。中国的互联网主权必须受到重视和保护。"谷歌前总裁、现任五角大楼数字顾问这样转述中国的观点。这个转述是正确的。我们可以说，美国政府和欧盟委员会对自己境内的互联网也持有同样的看法。众所周知，他们已经或正在通过相关法律和方式保护自己的网络疆域和主权。唯独施密特对中国公开发难，谴责这是"开放式审查制度"和"专制国家"的特征。①

禁止脸书

西方企业至今仍坚持要求，他们的国际通信——无论是在中国的还是来自中国的——都应在不受任何监控的情况下进行，仿佛这种情况在西方甚至在美国从来不曾发生过。

脸书想在中国不受限制地推广其开放平台，开放到畅通无阻的程度。但事实的另一面是，美国五角大楼、中情局和国家安全局对中国不断加强的军事包围已然威胁到了中国的主权，而那些美国数字集团却在与他们密切合作，中国不得不采取措施进行自我防卫。中国保护自己的领土被西方称作"审查"；西方国家要保护自己——有些超级强国同时还窥探着自己的盟友，他们却把这种行径称为民主，或者直接保持沉默。②

2017年，中国封杀了脸书、谷歌及其所有子公司（WhatsApp

---

① Schmidt / Cohen: Die Vernetzung der Welt, a.a.O., p. 132.
② China geht gegen abhörsichere Internetkanäle vor, FAZ, 19.1.2018.

和Instagram）、推特（Twitter）和色拉布（Snapchat）。由于长城防火墙的存在，这些西方企业要求中国改变做法的尝试是徒劳的。搜索引擎谷歌在中国的市场份额只有1.45%，亚马逊占0.8%，雅虎占0.49%，Paypal占0.0001%，部分原因是他们在中国的竞争对手（中国本土互联网企业）更受欢迎。[①]

社会征信体系

自2014年以来，中国一直致力于建立社会信用体系，以打击对社会有害的违法行为，以及在推进市场化时所释放出来的对社会信任体系的系统性破坏。

在企业层面，无论是国有的还是私营的，无论是本国的还是外国的，他们清偿贷款的情况、纳税和广告的诚信度以及守法的情况都会被调查。如果有不偿还贷款、腐败、逃税、欺诈、违反知识产权法和劳动法、产品虚假宣传等情况出现，就会被减分。目前已有6000家企业被列入了黑名单。[②]相反，越是守法，就越容易获得优惠的贷款条件和对企业有利的订单。

在个人方面，能否如期还贷是最重要的一项。这一体系参照了德国的个人信用记录Schufa，并且进行过两次修改。这一系统不只收录个人贷款情况并为其评分，而且个人的社会行为

---

① US-Plattformen sind in China fast irrelevant, HB, 7.6.2017.
② China improves credit blacklisting mechanism to avoid undue punishment, www.xinhuanet.com, 6.3.2018.

也被纳入信用评估。谁有线上欺诈、逃税、在社交媒体上散播恐怖袭击谣言、在飞机上吸烟、售卖假车票、行贿以及其他违法行为，都会被扣分。制裁措施有禁止乘坐中国境内的航班或火车，禁止预订酒店、使用信用卡、租用土地。相反，献血、为公共福利服务等参加社会公益活动，则会在贷款或求职时受到奖励。① 与Schufa、商业和情报机构的窥探不同，与美国中情局和脸书的滥用不同，中国人知道这些记录，而且也可以查看自己的评分。

朝社会主义方向前进

中国的主权之所以能保障，是因为它不像西方那样，以直接的、间接的或者隐蔽的、秘密的形式勾结甚至屈服于私有资本。② 面对私有资本，实用主义观点都难以奏效，中国在任何情况下都不会向外国或本国的企业、投机者出卖一寸土地。城市和企业用地、森林、湖泊、沙漠都不能向资本主义私有资本低头。国家只给予有期限的使用权。

在过去十年间，随着许多私营企业的蓬勃发展，中国的国民经济收入、东西部地区的经济发展出现了不平衡现象，但是中国政府按照国民经济的标准进行了部分纠正，这在前文中已经有所提及。比如在工资方面，在环保移动出行方面，在降低

---

① China intensifies punishment for credit defaulters, www.xinhuanet.com, 16.3.2018..
② Vgl. Werner Rügemer: Die Privatisierung des Staates, a.a.O.

能耗方面，在煤改气和煤改电方面，在有针对性地建设大规模又复杂的城市结构方面（新的多中心城市），在减少工业产能过剩方面；在要求IT企业投资农村建设方面，在打造创新又促进社会和谐的数字经济方面，在金融监管以及世界投资方面，等等。①

中国国家领导层有清醒的认识，中国还处于社会主义发展的初级阶段。中国共产党在2017年全国代表大会上决定，物质增长必须嵌入"改善生活"的多维系统中，包括为人民带来幸福，并将其融入通往现代化社会主义强国的道路上。②

将马克思主义现代化

同时，中国共产党加强了对马克思主义思想的研究，从2005年开始了马克思主义理论研究项目。多个研究所为研究者提供了数百个职位，如马克思主义学院、社会主义经济学中心。在此之前，大学里都是经济学家占主导地位，从他们身上，或多或少能看到米尔顿·弗里德曼（Milton Friedman）等"芝加哥男孩"的影子。

相比之下，马克思主义思想必须现代化，从历史的角度进行深化，因此马克思和恩格斯的著作要重新翻译。为纪念中国

---

① Elias Jabbour / Alexis Dantas: The political economy of reforms and the present Chinese transition, Brazilian Journal of Political Economy 4/2017, pp. 789ff.
② Full text of Xi Jinping's report at 19th CPC National Congress, www.chinadaily.com.cn, 4.11.2017.

共产党建党 100 周年，系列丛书《马克思主义在中国早期传播著作丛编（1920-1927）》已完成出版，其中收录了早期文献 151 种，共 45 卷、2500 万字。在这个领域，中国没有设定一个最终状态，而是在对政治经济的再度分析中继续奋斗着。2006 年，在中国科学家的倡导下成立了世界政治经济学学会（World Association of Political Economy，WAPE），该学会每年在不同的国家举办论坛。

4
美国：经济上弱化中国，军事上威胁中国

美国前总统克林顿及其党派与硅谷左翼的高科技企业联系紧密，并且与华尔街也交情匪浅。他们认为中国加入世贸组织将带来双赢局面，美国会因此创造出新的就业岗位，美国工业会获得新的出口机会，[①] 然而事实正好相反。华尔街的金融巨头们成了大赢家，他们在全球范围内的利润继续增长，而美国的国民经济却遭到削弱。

有利可图的削减

直至 20 世纪 90 年代，美国都是中国最大的投资者。先是美国的汽车企业和零售商，然后是雷诺兹烟草公司、可口可乐、百事可乐、吉列、伊士曼柯达、通用食品、亨氏食品、AT&T 等，都在中国建立了分支机构。这确实创造了就业岗位，但不是在美国。从 20 世纪 90 年代到 21 世纪初，特别是新科技和数字集

---

① Will Kimball / Robert Scott: China Trade, Outsourcing and Jobs. Economic Policy Institute, Washington, 11.12.2014, p. 3

团开始在中国的经济特区委托生产，已经不需要他们的投资。因此在美国的加利福尼亚和得克萨斯等联邦州工作岗位流失得最严重，上述工业之前都聚集在这些州。

美国公司不只在中国大陆生产，而且还把生产线扩展到中国台湾以及波多黎各等国家和地区，后来还通过北美自由贸易协定（NAFTA）开辟了墨西哥。仅2001年至2003年，美国就削减了320万个科技行业的劳动岗位，特别是计算机和电子工业。① 同时，美国的劳动收入也在逐步下降。7.25美元这个法定的最低时薪工资，在民主党人奥巴马的两届任期内也没有得到提高——虽然他在竞选中承诺过。

自己造成的贸易逆差

2003年，从中国出口到美国的产品中，有65%是美国企业和美中合资企业生产的，这是摩根士丹利的首席经济学家史蒂芬·罗奇（Stephen Roach）计算出的结果。② 这并不像特朗普后来宣称的那样，中国从美国"偷走了就业岗位"。事实上，美国企业，特别是新兴金融集团资助的企业在美国削减了工作岗位，并将组装生产线迁移到了亚洲，尤其是中国。

如此，美国的工业生产持续萎缩，自己能生产和销往国外

---

① Kimball/Scott: China Trade, a.a.O. p. 4
② Stephen Roach: How Global Labor Arbitrage Will Shape the World Economy, www.globalagendamagazine.com/2004/stephenroach.asp.

的产品越来越少。美国国民和企业不得不越来越多地从国外采购。

美国对华的贸易逆差上升始于 20 世纪 80 年代。随着美国企业在中国生产的越来越多,逆差增长速度在 20 世纪 90 年代增长得也越来越快。从 2001 年到 2013 年,美国从中国的进口额从 1020 亿美元翻了 4 倍,达到 4380 亿美元,① 而且这个局面还在持续。仅仅是苹果的 iPhone7 就占了 157 亿美元,也就是 2017 年的 4.4%。②

销售禁令

美国出于"国家安全"原因,禁止中国购买高科技产品、收购科技企业。

美国外资投资委员会(Committee on Foreign Investment in the United States, CFIUS)设立于 1975 年,其目的是抵御日本企业恶意收购美国公司。1987 年,日本富士通有意收购美国的芯片生产商仙童半导。2012 年,中国最大的机械制造集团三一重工被要求终止一切项目,因为其收购的 4 座风电场靠近美国的军事禁区。③ 2018 年,由财政部部长领导的美国外资投资委员会阻止了多项中国企业的收购计划,比如阿里巴巴的蚂蚁金服

---

① Kimball / Scott: China Trade, a.a.O..
② Designed in California, made in China, Reuters, 21.3.2018.
③ David Dollar: United States-China Two-way Direct Investment, Brookings Institution, Washington Januar 2015, p. 15.

对美国汇款公司速汇金（Money-Gram）的收购，中资企业凯桥（Canyon Bridge）对美国芯片制造商莱迪思（Lattice）的收购；[1]博通（Broadcom，深圳）收购高通（Qualcomm）也被叫停。

美国对中国的贸易逆差就像对欧盟的一样，建立在美国政府和美国企业的决策的基础上，他们只是算错了账。共产党领导下的中国并没有像其他发展中国家和供应商国家那样，保持在一种由西方控制的被剥削和依赖的状态，而是颠覆了他们的发展逻辑。

利润驱动下的自以为是和进攻性

美国人，尤其是有文化的美国精英越来越害怕中国的崛起，但这恰恰是他们共同推动的。中国的崛起是他们不愿看见也没有预见到的，这也表明了美国领导的资本主义那种利润驱动下的虚伪与自以为是。

自以为是就会引起军事上的进攻。小布什总统开了头之后，奥巴马政府于2011年以一个优先军事方案作出回应。战略武装力量的60%被转移到了亚洲太平洋地区，还有一部分应对俄罗斯。[2]另外，还有针对中国合作伙伴的数字化军备升级、加征关

---

[1] CFIUS: The powerful and unseen US gatekeeper on multi-billion-dollar deals, The Strait Times 13.3.2018.
[2] Hillary Clinton: America's Pacific Century, Foreign Policy November 2011; U.S. Department of Defense: Sustaining U.S. Global Leadership. Priorities for the 21st Century Defense, Washington Januar 2012.

税和经济封锁。

▍战略重心转移至"亚洲"

从那以后,美国开始军事包围中国,加强在其他国家的军事装备,打造自己的军事基地。美国在与中国接壤的吉尔吉斯斯坦、土库曼斯坦、塔吉克斯坦、阿富汗和巴基斯坦的西部边界地区部署了自己的军队,在中国南面的泰国、新加坡、迪戈加西亚岛建有军事基地,在中国东面的日本,还有相对较远的中途岛、威克岛、马绍尔群岛、关岛、夏威夷、约翰逊环礁、夸贾林环礁以及美国的萨摩亚扩建军事基地。美国还在澳大利亚最北端的达尔文港扩建了第二个海军基地。

菲律宾独裁者费迪南德·马科斯(Ferdinand Marcos)下台后,美国放弃了他们在那里的传统军事基地,现在又开始重新建设。日本和韩国几十年来已经被美军塞得满满的,各有二十多个美国军事基地,如今还在继续加强军备。美国不断挑动日韩两国与中国重新拾起旧时争端,在韩国又额外建设了一个可以发射原子弹的导弹基地。奥巴马刚一宣布轴心说,美国空军就模拟了针对中国盟友朝鲜的原子弹攻击。[①]

奥巴马与日本、韩国、泰国、澳大利亚和菲律宾缔结了5个新的双边军事同盟。日本宪法中自二战以来存在的和平条款,

---

① Joseph Gerson: Obamas "Pivot". Neuausrichtung der USA auf Asien und den Pazifik, Wissenschaft & Frieden 4/2013, p. 7.

在美国的逼迫下删除了。美国领导下的区域性联合军事演习越来越多。美国太平洋司令部（US Pacific Command，PACOM）领导下的所有兵种的武装力量，目前下辖军官人数约有 32 万。

经济上排挤，保障原材料

美国政客们很清楚，包括中国在内的亚洲是经济上最有活力的增长区，世界近 2/3 的人口都生活在这里。中国与俄罗斯的经济和能源日渐紧密地交织在一起，对这个"世界上唯一的超级大国"来讲是个很大的威胁。而在美国占主导地位的西方资本主义世界，经济增长在很大程度上已经进入沉睡状态，那些疲惫的老百姓，他们中的大多数对政府的积极响应正在消失。

奥巴马有意在他对澳大利亚的访问中作出一项新的声明。此前美国政府在太平洋地区与文莱、智利、秘鲁、新加坡、马来西亚、越南、澳大利亚和新西兰等国家签署了 8 个新双边自由贸易协定，仅限于最紧密的盟友间，不管他们有多小、有多远。但是印度和中国这两个在经济上最重要的国家被排除在外，因为美国认为他们不可靠。至于为何将中国排除在外，奥巴马给出的理由跟他的继任者特朗普一样，因为中国对美国的贸易逆差负有责任。特朗普后来退出的《跨太平洋伙伴关系协定》（TPP）把稍大一些的国家又额外拉了进来，如日本、墨西哥和加拿大，旨在限制中国的影响力。

同时，美国还把目光投向了中国的南海，因为那里拥有丰富的石油和天然气资源，储量超过200亿吨。美国企图扩大其自身的石油利益，而且对中东和近东的石油运输而言，南海一直都是一个重要区域。①

无论中美两国在军事和政治上如何敌对，美国企业还是不愿失去中国这个巨大的市场和生产基地。另外，贝莱德、黑石等新兴资本集团和风险投资者们虽然在政治倾向上是极右翼并且反共，但还是在中国日益活跃起来。他们在投资咨询、有价证券交易和投资领域希望分得一杯羹。至于美国政府是否要求中国降低关税并多从美国进口，以及美国的要求是否可以得逞，他们似乎置身事外。特朗普上任第一周就宣布美国退出TPP，然而一年后，他又开始探索重新加入TPP的可能，②这也显示出这个经济衰退又依赖他国的超级大国已陷入进退两难的境地。

扩充军备，封锁俄罗斯

俄罗斯事务如今大部分也归美国太平洋司令部管辖，虽然本来应该由美国欧洲司令部管辖。哪个国家控制了里斯本和符拉迪沃斯托克之间的欧亚地区及其资源，就能长期居于"唯一的超级大国"之位。美国多位总统的地理战略顾问布热津斯基（Brzezinski）在东欧社会主义国家瓦解之后，对美国信条做了这样的更新："一个最危险的情景可能就是中国、俄罗斯、伊朗结

---

① Gerson: Obamas "Pivot" ebd. p. 10
② Trump erwägt Rückkehr zum transpazifischen Freihandelsabkommen, Zeit online, 13.4.2018

成一个大联盟。"①

这个"大联盟"正在形成,而且是在美国造成的力量对比下被迫形成的。在这种情况下,对美国的历届政府来说,欧盟扮演着比以往任何时候都重要的"桥头堡"角色,是美国在亚欧大陆上不可或缺的进攻据点。在欧盟内部承担着领导职责的德国堪称"欧洲的模范国家",是"欧洲范围内美国最强有力的追随者"。②

这位顺从的模范精英一直以来不断追随着美国,尽管要在乌克兰政策、封锁俄罗斯、针对俄罗斯扩充军备等方面忍受经济和道德上的损失。如今,德国和欧盟为了保护自身的"战略利益",还想限制中国的投资。③

一边是曾具有压倒性优势,如今却不断衰弱、不断升级军备的美国;一边是当今非常有威望,经济处于加速上升期的现代化中国。那么问题来了:面对由美国导致的局势加剧局面,如此有影响力,却又如此脆弱的欧盟,在这两股强大力量的夹缝中撑得下去吗?

数字化军备扩充,核军备升级

美国的国防战略是减少地面部队,加强数字化控制的远程

---

① Brzezinski: Die einzige Weltmacht, a.a.O., p. 87.
② Brzezinski, ebd. pp. 91 und 95.
③ European Commission: State of the Union 2017. Foreign Direct Investment – An EU Screening Framework, Brussels 14.9.2017.

干预，特别是从空中和海上（美国空军、美国第3和第5舰队），因此跨国投入使用的无人攻击机以及带有现代化原子弹的新型火箭非常重要。

前文已经提到，奥巴马政府加强了微软、谷歌等互联网集团在军队装备的科技改良方面的参与度。谷歌前总裁施密特现已成为国防创新委员会（Defence Innovation Board）主席。

军事伴随着的全球化

中国在国境线之外的唯一一个作为补充的军事基地位于东非国家吉布提，因为最重要的海上贸易路线之一从那里经过。该基地属于港口型综合保障基地，主要面向陆军、海军部队提供补给。为此，从2017年开始，大约300名士兵被派驻在那里。

这样，中国成了最后一个在吉布提有驻军的国家。法国、意大利、日本很长时间以来都在这里运行着更大的军事基地，美国是从2007年开始的。中国军队在保护一个民用设施的同时，有着4000名士兵的美国莱蒙尼尔军营被纳入了美国非洲司令部（AFRICOM，总部在德国斯图加特），因此也参与了利比亚政权更迭（推翻卡扎菲）、索马里和也门的军事行动。

中国在国外只有这么一个军事基地，但却没有军事行动；而美国在其本土以及全球约60个国家有大约1000个军事基地，并且参与了世界范围内的军事行动。美国还开始在中国邻国对中国进行军事包围，其中包括奥巴马在韩国部署的"萨德"反导系统。

美国军费的绝大部分并不是用在自我防御上，而是用在全球的驻军和军事干预上。另外，美国在其最重要的同盟国家还经营着最大的军事基地，如在德国、意大利、希腊、日本、韩国、英国和科索沃。

美国2017年的军费预算为6860亿美元，北约国家总共9210亿美元。如果我们将美国最重要的其他同盟国沙特阿拉伯、日本、韩国和澳大利亚的军费开支也算上，那么美国军费预算的总额高达11010亿美元，而中国的军费预算仅为2280亿。其实，中国需要保护的疆域远比美国要大得多，因为中国超长的国界线使其更容易受到攻击。另外，把中国作为同盟伙伴的俄罗斯将2017年的军费开支降低至660亿美元，而针对俄罗斯做了军备扩充的北约，尤其是美国，却提高了军费开支。[①]

"人权"

指责、批评中国的人经常以中国侵犯人权为由，美国是索求人权的先驱者，但自己却在不断干着损害人权的事。1776年的《美国独立宣言》援引了人权，特别提到了每个人都有获得幸福的权利，但同时也保留了拥有奴隶和剥削雇用劳动力的权

---

① Militärausgaben der NATO–Staaten im Verlgleich, https://de.statista.com 12.7.2018; www.sipri.org/yearbook/2017.

利。后来对这项条文也只进行了现代化改造。① 2006 年，美国和其他西方国家的企业抗议中国颁布的《劳动合同法》就是很好的例证。似乎所有非法治国家都会被美国和西方企业利用，他们利用那里违反国际劳动组织公约的、奴隶般的劳动关系，而且还将继续利用下去，纳入那条越来越长的、极其专业的供应链里。

西方资本主义民主的代表从普遍人权中挑出了少数人的权利：私有企业（有更多权利的大企业主）、性少数群体（女同性恋、男同性恋、双性恋、变性人）、妇女担任领导职务。他们还强调了少数民族、宗教和种族少数群体的权利，但仅是有选择性地保护以达赖喇嘛为代表、以反共产主义为导向的藏族人的权利，而在美国受歧视的美洲原住民、黑人，还有以色列歧视的阿拉伯人就不在此列，更不用说盛行的反伊斯兰主义了。

2006 年，联合国成立了人权理事会。只有美国及其可笑的小跟班以色列、马绍尔群岛和帕劳提出了反对。人权理事会没有通过美国提出的少数人权——言论自由、自由选择性别权、以色列的自由占领权，于是美国在 2018 年宣布退出，理由是该理事会就是一个"污水坑"，总是对以色列政府有"政治偏见"，而且中国总是和其他国家一起询问美国的人权情况。②

西方的舆论制造者可以这样获得满足：谁在中国"反政

---

① Rainer Roth: Sklaverei als Menschenrecht. Frankfurt/Main 2017.
② USA treten aus UN-Menschenrechtsrat aus, Die Zeit, 19.6.2018.

府"，谁就是人权主义者。2010年，刘晓波获得了诺贝尔和平奖。他炮制的所谓《零八宪章》赞扬19世纪的"欧洲文化渗入"是中国现代化的开始，而事实是，这种"文化"存在于血腥的殖民政策中。该宪章虽然以普遍人权为誓言，但是具体提到的主要还是西方选择出来的个人权利，如自由、信仰、言论和集会。从20世纪90年代开始，刘晓波因一本杂志的出版，定期从有美国中情局背景的美国国家民主基金会（National Endowment for Democracy，NED）获得工资，包括他在监狱服刑期间。[①]

可以想象一下：美国黑豹党（Black Panthers）的穆米亚·阿布·贾迈尔（Mumia Abu-Jamal）和参与美洲印第安人运动的伦纳德·裴提尔（Leonard Peltier）被囚禁在美国监狱30多年，中国特勤局资助这些政治犯发表什么宣言，然后他们因为倡导信仰、言论等自由而被授予诺贝尔和平奖。这可能吗？

战争成为独立的业务领域

最迟从越南战争开始，美国不再谋求战场上的绝对胜利，而是期望从战争中谋取军事、政治和经济利益。最有利可图的是全球范围内紧张局势的持续和尚未解决的冲突，比如伊拉克、阿富汗和利比亚在发生政权更迭之后留下的满目疮痍的国家，美国便趁机继续占领这些国家；支持叙利亚"反叛者"，对伊斯

[①] Liu Xiaobo erhält den Friedensnobelpreis, chinesische und deutsche Fassung des Charta-Textes: http://www.oai.de; who is Liu Xiaobo?, www.chinadaily.com.cn, 27.10.2010.

兰国家稍作攻击，但是留着它继续跟叙利亚政府作战；继续向无助的、失望的美国公民和区域战争国家（如沙特阿拉伯）出售贝莱德军工厂的武器；运用GAMFA技术操控政治运动；将全球的战争可能性维持在最高水平；不断研发和出售新型杀人工具——即使没有召唤死神，死神也终将到来。

美国的行为甚至连国际法的最低要求都达不到：从不正式宣战，却屡次发动战争。美国通过全球各种类型的军事行动，将全世界维持在永久的战争状态中，无论是公开地、秘密地还是通过第三方。

5
中国：经济全球化与和平的全球化

中国共产党中央委员会总书记习近平，在世界经济论坛2017年年会开幕式演讲中批评了西方当前的战争，提及"金融资本过度逐利……世界经济长期低迷，贫富差距、南北差距问题更加突出……全球最富有的1%人口所拥有的财富量超过其余99%人口财富的总和……对很多家庭而言，拥有温暖住房、充足食物、稳定工作还是一种奢望"。要扭转这种局面，只能通过公平的、和平的全球化。[①]事实上，中国一直都是这样做的，并且将继续做下去。

逐步向资本主义中心挺进

西方企业在中国投资20年后，中国企业开始在海外投资。2000年，中国政府提出了"走出去"的发展战略。投资首先集中在亚洲国家，还有澳大利亚和新西兰；然后是非洲，主要以扩大生产所必需的原材料为主。除了煤炭和稀土，中国也是个

---

① Xi Jinping's keynote speech a.a.O., pp. 2, 4, 10f.

原材料匮乏的国家,类似于美国和欧盟。

自 2007 年西方金融和经济危机以来,中国企业开始越来越多地在美国和欧盟等资本主义中心地区收购企业或参股。在欧洲,先是在历史上就有关联的英国,然后是德国、法国、意大利和瑞士。这与贝莱德等新兴金融机构的收购行动几乎同时进行。虽然中国在西方资本主义国家的投资规模至今仍然很小,在德国只占所有外国投资的0.3%,① 但引发的公众反响却在千倍以上。2015 年,中国在国外的投资首次超过了外国在中国的投资。② 2000 年,中国海外投资规模在全球排名第 32 位;2015 年,中国仅次于美国和英国排在了第 3 位。③ 超 2 万家中国企业是分布在 140 个国家的海外公司的持股者。

与美国金融投资者不同,中国企业收购的目标不是利用现有资产,然后谋取又快又高的利润,而是对中国国民经济和中国企业进行现代化转型和完善。"中国制造 2025"战略旨在进一步提高中国自身的生产水平,发展国内生产和国内市场,因此我们也不难理解,为什么中国政府现在会公开斥责一些中国私有企业那种"非理性的"、以债务维持的海外投资,并要求他们改正。④

---

① BertelsmannStiftung: Chance und Herausforderung. Chinesische Direktinvestitionen in Deutschland, Gütersloh 2016, p. 25.
② www.mofcom.gov.cn, 20.1.2016.
③ BertelsmannStiftung: Chance und Herausforderung, a.a.O., p. 17.
④ Unterstützung von ganz oben, HB, 25.6.2018.

国有和私营企业的全球收购

在收购方面，中国的国有企业也同私营企业一样活跃。国有集团包括四家最大的银行，它们同时也已成为全球最大的银行，还有比如中国移动通信集团有限公司（CMCC）、中国国家电网有限公司（SGCC）、火车制造商中国北车股份有限公司（CNR）和中国石油天然气集团有限公司（CNPC）。在全球范围内活跃的私营企业包括互联网平台阿里巴巴、科技集团华为、智能手机制造商小米和食品集团伊利。

中国的海外收购方向也在逐步发生改变。在欧洲，一开始专注于机械制造、能源和汽车配件供应，然后是高科技/IT、制药和金融服务，当下则更关注生物科技、医疗和环保技术、纺织工业、物流业、旅游业和酒店等领域。中国的收购都是在各个国家寻找最适合的和最好的企业，比如在法国，收购的目标是不想再以家族企业的形式继续经营的酒庄。

除了欧盟国家，俄罗斯也成为中国越来越重要的投资对象。从2013年中国提出"一带一路"倡议后，中国加大了对葡萄牙、意大利、希腊和塞浦路斯等南欧国家，东欧以及巴尔干地区那些贫穷欧盟国家的投资。

在德国的投资

最初，英国是中国在欧洲投资的最大目标；而今天，德国成为中国投资的热门地。对中国来说，德国众多高水平、高质量、高度专业化的中小企业掌握着现如今最重要的工业技术。德国确实是这样一个地方，这与其在欧盟的经济和政治地位有关。德国是"走进欧洲最重要的大门"。①

从 2004 年的 1.29 亿欧元，到 2014 年的 59 亿欧元，中国企业在德国的投资体量增长了 40 倍。② 截至 2016 年年底，德国在中国的投资总量为 600 亿欧元，中国在德国的投资体量是 75.5 亿欧元；中国有 8000 家德国企业，德国有约 2000 家中国企业——外国企业总共有 1.6 万家。③ 美国在德国的投资体量是中国的对德投资的 100 倍还要多。

单纯从经济角度来看，资本圈里的人们也很清楚，中国的投资有助于欧盟的发展，带来创新的同时还能创造就业岗位，而且还有助于他们打开中国这个新兴市场。④

中国在德国的公司收购（部分）

年份	被收购公司	中国买方
2005	AWP 铝业	国泰集团
2011	Medion/ 电子消费品	联想
	普瑞（Preh）/ 汽车配件	宁波均胜电子

---

① BertelsmannStiftung, ebd., p. 32.
② BertelsmannStiftung, ebd. p. 29.
③ Kein Ausverkauf Deutschlands, HB, 25.11.2016.
④ Mercator Institute for China Studies/Rhodium Group: Chinese FDI in Europe and Germany, Juni 2015, p. 6.

(续表)

年份	被收购公司	中国买方
2012	普茨迈斯特（Putzmeister）/混凝土泵	三一重工
	凯傲（Kion）/叉车和仓储技术	潍柴动力
	蒂森克虏伯/金属电路板	武汉钢铁
2013	采埃孚（ZF）/橡胶+塑料	株洲时代新材料科技
	Thielert 飞机	中国航空工业集团（飞机配件供应商）
	KHD Wedag/机械制造	中国航空工业集团
2014	Boge Elastmetall	株洲时代新材料科技
	SAG 太阳能发电	顺风光电国际
	Sunway AG/太阳能换流器	顺风光电国际
	Kokinetics/汽车座椅+锁	中国航空工业集团
	海力达（Hilite）/传动阀+凸轮轴	中国航空工业集团
	Cybex/零售	好孩子国际
	Columbus/消费品	好孩子国际
	Tom Tailer/纺织	复星国际
2015	Hazemag&EPR/机械制造	中材国际工程股份
	WEGU/汽车配件供应商	安徽中鼎密封件
	Waldaschaff 汽车/汽车配件供应商	北方凌云工业
	Jobspotting/电子商务	维港投资
	北欧之选（Nordic Hotels）	锦江国际
	LuraTechImaging/信息科技	福昕软件
	Lyomark 制药/生物科技	双成制药
	Bendales/生物科技	双成制药
	Lioyd Werft/运输物流	云顶香港
	High Tech 创始人基金	东海证券
	黛安芬/纺织	Hup Lon

(续表)

年份	被收购公司	中国买方
2016	EEW/ 废物能源生产	北京控股
	KraussMaffei/ 机械制造	中国化工
	库卡（Kuka）/ 机器人	美的
	波鸿交通技术集团/ 铁路轮组	富山企业
2016	比尔芬格（Bilfinger）/ 水技术	成都天翔环境股份
	舒密尔/ 钢琴	珠江钢琴
	Smaato/ 信息科技	华谊嘉信
	Cideon/ 工程科技	中国铁建
2017	博世电机有限公司/ 启动器 + 发电机	郑州煤矿机械集团股份/ 崇德投资
	Ista/ 读数服务	长江基建
2018	Cotesa/ 飞机配件供应商	安泰科技股份

汽车配件供应商宁波均胜电子进行了最多的收购交易（6），之后是缝制设备生产商上工集团（5）、汽车配件供应商宁波华星电子（5）、飞机配件供应商中国航空工业集团（4）和综合性企业中鼎控股（4）。在此过程中，数千项专利以及大约700项库卡机器人技术也被转让。[①] 这些收购案都完成了全部的或有控制权的接管。此处没有考虑在内的是有其他动机的少数股权，如德意志银行和戴姆勒公司。

同时，还有在国际上较为活跃的中国企业在德国开设了分支机构，比如信息与通信技术解决方案提供商华为、集装箱海运企业中国远洋运输和全球最大的银行中国工商银行。

---

① Chinas Shoppingtour in Deutschland, HB, 3.11.2017; Mercator Institute a.a.O., p. 17.

企业员工和新市场的前景

2016年,中国企业美的收购了德国最大的机器人生产商库卡,其公司的领导层、股东、企业职工委员会和五金工会(IG Metall)都同意出售。这将涉及德国1.2万个工作岗位,只有中国——生产和应用机器人最大的市场——才能带来希望。[①]

与贝莱德集团不同的是,中国买家不会让被收购的中小企业有背上贷款的负担。中国企业会保留之前的公司领导层,为就业岗位提供长期的保障,并且开放中国的市场。比如在2000年,德国公司凯毅德首先被璞米收购,继而因赤字严重、经营萎缩又被卖给了西方私募股权投资者。直至2012年被中国的凌云工业集团收购,凯毅德才算走出了危机,而且还新增加了数百个就业岗位。"如今,管理层、员工甚至工会都已经习惯了,与私募股权基金相比,要优先选择中国投资者。"[②]

就连反华的贝塔斯曼基金会都为中国投资者证明:他们"给这个国家带来了新鲜资本,在保持原有工作岗位的同时,又创造了更多新的岗位……这意味着,他们对这个国家、对就业的保障,对更好地进入中国市场作出了长期承诺"。[③]

贝塔斯曼与联邦政府和企业说客一致批评中国,国家补贴和国有企业破坏了竞争,然而整个国民经济以及单个技术要想

---

① Werner Rügemer: Wenn Peking Schätze hebt, der Freitag, 30.1.2017.
② Private Equity Helps Chines MNEs Beat A Path to Europe, Forbes Asia, 25.3.2016.
③ BertelsmannStiftung, a.a.O., p. 5.

得到发展和推动，国家的掌舵就必不可少。就连令人惊羡的硅谷高科技产业区的崛起也要感谢国家的保护。

▎在欧盟的公司收购[①]

中国投资者也在欧盟其他国家收购公司股份。这些公司股份能为被收购公司实现战略影响、增加资本，帮助他们打开中国市场。

中国在除德国外的欧盟国家的收购（部分）

公司 / 产品	国家	中国买方
Elkem/ 特殊材料	挪威	蓝星集团
先正达（Syngenta）/ 农化	瑞士	中国化工
倍耐力（Pirelli）/ 橡胶 / 化工	意大利	中国化工
GDF Suez/ 勘探	法国	中国投资
Energias de Portugal/ 能源	葡萄牙	中国长江三峡集团
Nidera/ 贸易	荷兰	中粮集团
CDP Reti/ 电网	意大利	国家电网
Terna+Snam/ 电网 – 燃气	意大利	国家电网
安萨尔多（Ansoldo Energia）/ 发电站装备商	意大利	上海电气集团
Avolon Holdings/ 飞机租赁	爱尔兰	海航集团（机场）
佳美集团（Gategroup）/ 配餐	瑞士	海航集团
Swissport/ 机场运营	瑞士	海航集团
Supercell/ 游戏	芬兰	腾讯（科技）
Bio Products Laboratory	英国	科瑞集团

[①] Forbes Asia, 25.3.2016, a.a.O.

(续表)

公司/产品	国家	中国买方
Punch PowerTrain/ 汽车配件供应商	比利时	银亿集团
Club Méditeranée/ 旅游	法国	复星国际
Thomas Cook/ 旅游	英国	复星国际
图卢兹机场（Toulouse–Blagnca）	法国	Symbiose
SMPC/ 时装（Sandro、Maje、Pierlot）	法国	阿里巴巴
Opera Software/ 浏览器开发商	挪威	金砖丝路基金

连安永会计师事务所也认为，中国投资者在欧盟比美国投资者更受欢迎，也更成功，因为他们"在收购大战中，比那些打破被收购公司、大规模裁员的美国企业加分更多"。[①]

美国和欧盟针对中国

在美的收购库卡案中，德国联邦政府和欧盟委员会先是发起了猛烈的批评，并提出警告：德国的科技都被"吸到"中国去了。他们急切地想在欧洲寻找一位买家，但未能成功。库卡案在监管层面受到很多挑战，欧盟委员会要审查中国投资者是否损害了欧盟的"战略利益"。

在这方面，欧盟也追随着美国。2016年，德国经济部部长批准了福建芯片（FGC）对科技公司爱思强（Aixtron）的收购，爱思强的股东、公司领导层、监事会和企业职工委员会也都同意了，然而美国情报机构的干预进来了。他们声称美国的

---

① Kaufrausch süß–sauer, HB, 1.4.2016.

国家安全受到了威胁,因为爱思强在加利福尼亚还有一个由 100 名员工组成的分支机构。德国经济部部长西格马尔·加布里尔(Sigmar Gabriel)把已经颁布的许可令又收了回来。美国总统奥巴马彻底否决了该收购案,依据是 1950 年的《国防生产法案》(Defense Production Act),该法案旨在为朝鲜战争保障民用和军事生产。①

▌ 北约阻碍格陵兰岛的发展

格陵兰岛,位于靠近加拿大的北大西洋中,面积是德国的 6 倍,但是只有 5.6 万人口。他们几个世纪以来几乎只以捕鱼为生(欧洲大比目鱼、鳕鱼、蟹),这占他们出口总量的 90%。

格陵兰岛上的锌、铅、铀、石油、宝石、稀土等藏量巨大,资源丰富,只是由于纬度很高、气候寒冷,至今也无法开采。英国和挪威的企业曾尝试过,但没办法继续下去。而 2014 年,中国矿业公司俊安集团(GNG)买下了破产的英国公司伦敦矿业(London Mining)和该公司在格陵兰岛的特许开采权。俊安集团共有 1.2 万名员工,分布在 80 个国家的分支机构中,是全球钢铁行业的一个重要供应商。格陵兰政府对俊安集团抱有很大希望。②

---

① Die Chinesen sollen lieber draußen bleiben, WiWo, 2.1.2017.
② Andreas Uldum, Minister for Finance and Mineral Resources, The Government of Greenland: New strong force behind London Mining Greenland A/S, http://naalakkersuisut.gl/en, 8.1.2015.

为开采资源、改善居民基础设施，格陵兰政府招标了三个飞机场扩建的项目。该国居民分布在17个城市中，而城市之间的距离很远，飞机场却只有一个。该国政府也想借此推动旅游业的发展，之后还计划修建道路。11家公司为了新机场项目投了标，他们分别来自丹麦、加拿大、冰岛、法罗群岛和荷兰，还有中国。格陵兰政府总理金·基尔森（Kim Kielsen）到北京访问，中国投标者因其一体化的方案和低廉的价格最有希望中标。

▎ 北约突然出现

此时，丹麦和美国政府出手干预。1941年，美国在丹麦的殖民地格陵兰岛建造了一个军事基地。1951年，格陵兰岛被宣布成为北约的防御区域，美国图勒空军基地（Thule Air Base）至今还在那里。十年来，格陵兰岛已经摆脱了殖民地的标签，但在外交方面仍受北约成员国丹麦的管辖。

2016年，丹麦政府想出售格陵兰岛的一个废弃海军基地。当一个中国企业表示对此感兴趣时，丹麦政府出于对美国的顾忌，很快收回了报价。

如今，又是因为中国企业对新机场项目的报价，又是美国提出了"安全"顾虑。美国想在格陵兰岛安安静静地经营其军事基地，害怕"冰上丝绸之路"的扩展；而中国则希望推进自己的计划，建立一个港口系统，以缩短海上航线。丹麦政府官员承认,他们必须顾忌他们最亲密的同盟伙伴——美国的利益。①

▎丹麦作为美国的多面奴仆

美国在整个20世纪都想阻挠欧洲的中心国家德国与苏联(如今的俄罗斯)之间的经济联系,无论是在何种政治局势下。眼下,俄罗斯向欧盟输送天然气成了美国反对的目标。

北溪2号天然气管道项目是早已规划好的,美国又出面干涉。乌克兰等东欧国家担心,如果新铺设的管道不经过自己的领土区域将损失过境输送费。美国敦促波兰和德国停止该项目,是想向欧盟出售自己昂贵的液化气。美国还向参与该项目的公司施压,包括德国能源公司温特沙尔(Wintershall)和尤尼佩尔(Uniper)、荷兰皇家壳牌集团、法国前苏伊士环能集团(Engie)以及奥地利石油天然气集团(OMV)。

小小的丹麦虽然早先已经批准了可以延伸至丹麦海岸的管道铺设,但是后来迫于美国的压力又禁止了。与此同时,美国和丹麦加强了两国之间的能源贸易;脸书利用特别优先权,将其新的欧洲数据中心建在了丹麦。②

2018年5月底,丹麦国防部部长在与美国国防部部长吉姆·马蒂斯(Jim Mattis)会面后宣布,五角大楼不希望格陵兰

---

① Denmark "deeply concerned" over Chinese bids to build Greenland Airports, www.globalconstructionreview.com, 26.3.2018.

② Auf die harte Tour. Welthandel, Der Spiegel 24/2018, pp. 64f.

岛有中国的投资，这会危害"安全"。然而公众不清楚的是，究竟会涉及哪些安全问题，会危害到谁的安全。①

合作的全球化

近20年来，中国几乎在所有国家都有投资。中国已成为90多个国家的最大贸易伙伴，包括美国、日本、德国、巴西和俄罗斯等。

与西方国家不同，中国的投资和贸易关系不以对方是敌是友为标准。中国与伊朗和沙特阿拉伯是发展关系，同样也与以色列和巴勒斯坦是发展关系；与乌克兰和俄罗斯两国也是如此。和平、包容的全球化是中国的愿景。当美国与联合国渐行渐远时，中国却在原则上一直以联合国国际法为指引，倡导无论大小强弱，各国平等（在世贸组织和国际货币基金等国际组织也是一样），都应积极参加联合国维和任务，维护多极世界体系，建立合作关系，不干涉别国内政。

从一定程度上讲，中国为广泛的不结盟运动赋予了新的内涵。1955年，从殖民统治和法西斯侵略中解放出来的国家联合在一起：以中国的周恩来、南斯拉夫的铁托（Josip Tito）、印度尼西亚的苏加诺（Sukarno）、埃及的阿卜杜尔·纳赛尔（Abdel Nasser）、加纳的克瓦米·恩克鲁玛（Kwane Nkrumah）和印度的贾瓦哈拉尔·尼赫鲁（Jawarhal Nehu）为发起者，很多非洲和拉

---

① Greenlands plans build new airports gather momentum, https://arctictoday.com, 29.5.2018.

丁美洲的后殖民发展中国家也加入了进来。而在此期间，由美国领导的西方世界则通过政变推翻了这些进步政府（伊朗的摩萨台、印度尼西亚的苏加诺、智利的阿连德、玻利维亚的莫拉莱斯），指派情报机构谋杀他国政治家（刚果国父卢蒙巴、布基纳法索总统桑卡拉、格林纳达的主教），为独裁者扩张军备（海地、危地马拉、委内瑞拉、南非、阿根廷、乌拉圭），扶持傀儡政权（越南、韩国、中国台湾、洪都拉斯、哥伦比亚、巴拿马、加勒比），纵容反动政府的宗族腐败（礼萨·巴列维国王/伊朗、马科斯/菲律宾、苏哈托/印度尼西亚），可谓劣迹斑斑。①

1973年，社会主义国家和发展中国家组成了七十七国集团。1974年，在不结盟运动和七十七国集团的积极推动下，联合国以多数票表决通过了《关于建立新的国际经济秩序的宣言》：平等的经济关系、缩减军备、承认联合国宪章。美国领导的西方世界破坏了这一发展趋势。1975年，美国、英国、法国、日本、意大利、加拿大和德国七国（G7）组成了反变革集团；国际货币基金组织和世界银行与新兴资本集团的先锋们共同造成了国家负债累累，他们还强行推进私有化，推动他国政府更迭（墨西哥、巴西、委内瑞拉、阿根廷、埃及、摩洛哥、南斯拉夫、韩国……）。②

---

① Jason Hickel: Die Tyrannei des Wachstums. München 2018, Kapitel "Das Zeitalter der Staatsstreichs", pp. 153–207.
② Ernst Wolf: Weltmacht IWF. Chronik eines Raubzugs. Marburg 2014, pp. 43ff.

现在，全世界有许多国家和地区在绝望与希望之间挣扎。中国目前在全球基础设施上的建设，在各种区域联盟中的发展协调能力，再加上中国的经济实力和信贷潜力，可以为许多国家和地区提供新的、可持续的战略动力。

区域间与大洲间的合作

随着国际投资和贸易关系的持续发展，中国提出了多个地区以及大洲间合作的倡议，各方都根据自身的情况作了调整。

上海合作组织（SCO）

在中国的倡导下，上海合作组织于 2001 年成立。作为一个欧亚联盟，除了中国之外，成员国还包括俄罗斯、印度、巴基斯坦、吉尔吉斯斯坦、塔吉克斯坦、乌兹别克斯坦和哈萨克斯坦。在这些国家里居住着全球 40% 的人口。蒙古国、阿富汗、白俄罗斯和伊朗作为观察员国也在其中，另外还有 10 个国家具有对话伙伴国或者客人的身份。该组织成立的目标之一是打击恐怖主义和分裂主义，因此也会组织小型军事演习。[1] 后来又加入了经济合作项目。国际货币基金组织把自己搞得越来越不受欢迎，现在慢慢被中国承担大部分的金砖国家应急基金代替。西方国家还在阿富汗通过军事行动自掘坟墓，而上合组织却在那里进

---

[1] Siehe eng.sectsco.org.

行着基础设施项目的投资。①

▎金砖国家（BRICS）

中国与新兴工业国家巴西、印度、俄罗斯和南非的联合是建立在共同的，但却绝不是一致的利益上的。金砖国家的人口占世界总人口的近一半。自 2009 年起，金砖国家的领导人轮流在他们的首都会面，商定合作事宜。中国还邀请了埃及、墨西哥、泰国、塔吉克斯坦和几内亚来参加。

作为对奥巴马倡导的《跨太平洋伙伴关系协定》的回应，中国正致力于推动建立亚太自由贸易区（FTAAP）。前者已经被特朗普叫停了。美国特朗普政府发起的针对中国，同时也针对其盟友（如欧盟、加拿大）的制裁措施，在 2018 年南非金砖国家峰会上引发了联合抗议，他们主张建立多极世界秩序，提倡完善全球治理体系。② 另外，来自非洲的 18 个国家以及阿根廷、土耳其的政府代表团也参加了协商会议。③

▎中非合作论坛（Forum on China-Africa Cooperation，FOCAC）

中国在 10 年之内成为非洲大陆国家的最大贸易伙伴。中非

---

① David Noack: West- oder Ostanbindung?, junge Welt, 16.12.2016.
② BRICS Nations Stand Against the "New Wave of Protectionism", https://thewire.in 5.6.2018.
③ Meeting of BRICS leaders with delegation heads from invited states, en.kremlin.ru, 27.7.2018.

合作论坛组建于 2000 年，除了斯威士兰以外的非洲大陆所有国家都是成员国。斯威士兰是唯一一个与中国台湾当局保有联系的国家。

中国资助非洲的伙伴国家在其当地建立小型企业和小型纺织工厂，推进分散式太阳能和生物沼气项目，促进石油开采和棉花种植。这些也与发展基础设施联系在一起，比如中国企业在坦桑尼亚修建铁路，东起达累斯萨拉姆（Daressalam）港口，西迄赞比亚。在这条铁路沿线，还建起了中国和坦桑尼亚的合资工厂。埃塞俄比亚首都亚的斯亚贝巴至吉布提的铁路，是由中国企业采用全套中国标准和中国装备建造的非洲第一条纯电气化铁路，全长 752.7 公里。①

麦肯锡发表的研究报告称，中国在非洲有超过 1 万家企业，其中 90% 是民营企业。中国企业给非洲带去了投资和管理经验，中国的投资和商业活动为非洲带去了经济实惠，包括提高工人技能和工人知识储备，提供技术转让。报告认为，"中国在非洲的参与程度，没有哪个国家能与之匹敌"，中国对非洲整体的发展具有非常积极的意义。②

许多非洲国家在经济和政治上依赖西方国家，然而中国为他们展示了一条走出不发达状态的全新道路。最近，中国还深

---

① Siehe www.focac.org/eng/.
② The closest look yet at Chinas economic engagement in Africa, www.mckinsey.com, Juni 2017.

化了与 49 个非洲国家在国防、安全、打击恐怖分子和武器供应方面的合作。①

中国——拉共体论坛（China-CELAC Form，CCF）

从时间上讲，南美洲是中国为自己开发的最后一个大洲。对于巴西、秘鲁、智利和委内瑞拉等重要国家，中国很快便成了他们最大的贸易伙伴。

这个时间上的延迟有一定的原因。一个多世纪以来，南美洲被视作美国的"后院"，有的国家到目前仍是，有的国家可能会再次成为美国的"后院"。南美洲的 33 个国家从 2011 年开始才联合组成拉美和加勒比国家共同体（CELAC），旨在取代二战后由美国成立并控制的美洲国家组织（OAS，所在地：华盛顿）。南美洲大陆所有国家和加勒比海国家都是成员国；原荷属剩余殖民地安的列斯群岛（Antillen）、法属圭亚那（Guayana）、英属福克兰群岛（Falkland）、开曼群岛（Cayman）、维尔京群岛（Virgin Islands）和百慕大（Bermuda）、美属巴哈马（Bahamas）除外，这些原殖民地在政治、贸易、税收方面还依赖曾经的主子和女王。

2013 年，美国国务卿约翰·克里（John Kerry）宣布：门罗主义时代结束了。这样，南美洲和中美洲至少在说辞上摆脱了"后院"这个身份。很多国家批评美国阻碍了他们的发展，比如

---

① Chinese defense minister meets with African guests, eng.chinamail.cn, 11.7.2018.

委内瑞拉的乌戈·查韦斯（Hugo Chavez）政府就走在批评美国的最前线。1997年，美国将其位于巴拿马南部的司令部迁回了迈阿密。2000年，巴拿马在经过了一个世纪的斗争后，终于从美国手里正式收回了对巴拿马运河的全部主权。

2014年，中国提出成立中拉论坛的倡议。2015年，中拉论坛首届部长级会议通过了《中国与拉美和加勒比国家合作规划（2015-2019）》，规定了合作的不同形式，有政府层面的、企业层面的和专家层面的。在智利和中国之间，会铺设一条长达1.9万公里的高性能海底电缆。中国也邀请了CELAC成员国加入亚洲基础设施投资银行（Asian Investment and Infrastructure Bank，AIIB，以下简称：亚投行）。① 这一切不仅涉及基础设施、科技和金融，还涉及文化、教育、环境保护和旅游。②

全球电网

2013年，中国国家主席习近平提出共同构建丝绸之路经济带和21世纪海上丝绸之路的愿景，得到了国际社会的高度关注。一个已经提前开始了的子项目是全球电网。

国有电网运营商中国国家电网有限公司（SGCC）积极参与和服务"一带一路"建设，推进跨国联网互通，大力投资境外

---

① Antonio Hsiang: As America Withdraws from Latin America, China Steps in, https://thediplomat.com, 4.1.2018.

② Siehe www.chinacelacforum.org/eng.

运营设施，先后在菲律宾、巴西、葡萄牙、澳大利亚、意大利、希腊等国家和中国香港地区投资能源网公司。国家电网在世界500强排名全球第二，仅次于沃尔玛。

中国企业对西门子和ABB生产的特高压（UHV）电缆做了改进。这种电缆是全球速度最快、性能最高、传输损耗最小的一种电缆。国家电网在中国已经铺设了3.7万公里这种电缆。在国外电网中安装的也是这种电缆，计划由此形成一个洲际电网，预计到2050年会有100个国家加入该电网。

同时，中国还推动可再生能源发电，用电价格或因此下降，环境污染也将有所缓解。当然也要借助负荷调整来实现平衡，比如在刚果以水力发电，通过特高压电缆输送到欧洲。①

国内和国际的贷款发放

从2013年至2018年年初，中国已经为这一电网投入了4520亿美元。为了最终能覆盖所有大洲的"新丝绸之路"，还需要更多的贷款才行。除了国家电网这样的电力集团，中国还有很广泛的贷款出资人。从营业额方面来讲，有4家中国的银行是世界上最大的银行。

---

① China's plan to connect the world, Financial Times, 8.6.2018.

全球最大的 10 家银行中有 4 家中国的银行[①]（单位：万亿美元）

银行	2017 年营业额
中国工商银行	4
中国建设银行	3.4
中国农业银行	3.2
中国银行	3.0
三菱日联金融集团（日本）	2.8
摩根大通（美国）	2.5
汇丰银行（英国）	2.5
法国巴黎银行（法国）	2.4
美国银行（美国）	2.3
法国农业信贷银行（法国）	2.1

这里存在一个系统性差别：虽然美国银行的营业额较少，但是股值较高。中国的银行推动实体经济，包括工资的增长；而西方的银行只会对实体经济，尤其是劳动力和不可替代的资源进行压榨，为了自己的价值增长而无所不用其极。

另外，中国国家开发银行和众多专业基金还为环境、能源和农业项目提供资金。在中国的倡议下，亚投行于 2015 年成立，中国手握有否决权的少数股权，五十多个亚洲和欧盟国家均已加入。2014 年，中国还与金砖国家成立了新开发银行（New Development Bank，NDB），目的是进一步将自己从世界银行和国际货币基金组织中解放出来。新开发银行中的所有国家都拥有平等的决策权，这与世界银行不同。世界银行中的表决权取

---

① These are the biggest Banks in the World, www.businessinsider.de, abgerufen, 5.6.2018

决于国家资本投入的多少,并且为美国所操纵。①

"一带一路"倡议

丝绸之路经济带,是在古丝绸之路概念的基础上形成的新经济发展区域。那曾是一个由贸易路线组成的网络,古代商品通过这些贸易路线在中国和地中海之间得以运输和交易。在古代,商队要走过这条长达6440公里的丝路,最长需要两年——如果他们能成功到达的话。2008年,货运火车需要一月有余;不久以后,从中国东部的苏州到德国西部城市杜伊斯堡,货运火车只需要10天即可到达。现在就已经有惠普和华硕在重庆生产的电子元器件运往杜伊斯堡,返程时的集装箱火车将宝马零部件从莱比锡运往中国。②

"一带一路"(Belt and Road Initiative, BRI)倡议是人类社会迄今为止最大的经济合作项目,它与美国和欧盟推动的策略截然不同。由于世贸组织自身存在一些弊端,使多边贸易谈判愈加艰难。加之特朗普推动了贸易战,美国和欧盟越来越倾向于双边贸易协定(欧盟—加拿大,欧盟—日本等)。而中国则全力推动多极和多边结构。

新丝绸之路由两条主路线组成,即"丝绸之路经济带"和"21世纪海上丝绸之路"。两条路线都通过道路、桥梁、工业

---

① Siehe www–ndb.in.
② Vom Duisburger Hafenkai in die Volksrepublik, HB, 30.12.2016.

区和基础设施项目相互关联。陆路由三大货运火车线线路组成：中国—蒙古—俄罗斯、新亚欧大陆桥、中国—中亚—西亚。从这三条路线中还会分出很多支路。海路则包括连接中国东海岸港口至希腊现代化的新比雷埃夫斯（Piraeus）大港口，以及到荷兰鹿特丹大港口的漫长海运线。

至今，已有65个国家参与了进来，以后还会更多。到目前为止，中国已经投资、商定或计划了1万亿美元，同时还有参与国和企业的投资。

新丝绸之路项目(部分,投资额以美元为单位)[①]

国家	项目	投资额：亿
巴基斯坦	深水港瓜达尔港 + 铁路	540
俄罗斯	液化天然气站 Jamal	282
	石油化工综合体 Wostotschny	252
	亚欧高铁	226
	阿姆尔天然气加工厂	218
	西伯利亚力量天然气管道	189
几内亚	蒙巴萨：港口 + 工业 + 交通	153
马来西亚	东海岸铁路段	131
	深水港马六甲皇京港	102
坦桑尼亚	深水港 + 工业 + 机坪 + 城市建设	100
埃及	苏伊士海湾经济特区	100
缅甸	Kyaukphyu 经济特区	100
坦桑尼亚	巴加莫约港	100

---

① Chinas gigantisches Handelsprojekt, HB, 1.6.2018.

（续表）

国家	项目	投资额：亿
埃塞俄比亚	天然气设备和天然气管道	43
沙特阿拉伯	聚酯生产综合体	38
葡萄牙	锡尼什、里斯本、雷克索斯：集装箱码头	25
马尔代夫	通往主要岛屿的机场和桥	12

这些投资会产生新的工业和服务，互相之间的贸易得以继续增长。一开始，参与国向中国的出口增长快于中国向这些国家的出口。到今天，"一带一路"项目已经创造了大约20万个新就业岗位。①

传统中医

"一带一路"也让中医药充满机遇。中医在中国得到大力推广的同时，在国外也已经建立起20多个研究和实践中心。类似方法在其他文化中的试验也在如火如荼地开展，比如将针灸与现代医学技术进行融合。

非洲的本土医生与中国的"赤脚医生"共同探究了中医与非洲草药治疗的联系。另外，中医与无国界医生组织也有合作。广州大学中医中心在研究如何加强艾滋病患者的免疫系统。在2015年药学家屠呦呦获得了诺贝尔生理学或医学奖之后，她借助传统方法研究疟疾的治疗方法使中医获得了全世界的广泛

---

① BRI offers new path to common prosperity, www.xinhuanet.com/english/2018-05-17.

关注。①

东欧和南欧

20世纪90年代，南斯拉夫解体，东欧社会主义国家瓦解。此后，欧盟就东欧和南欧的经济建设提出了各种方案。1994年，欧盟各成员国的交通部部长特意在希腊克里特岛举办了会议，定义了"泛欧交通走廊"计划，旨在建设现代化铁路网，扩展陆路和水路交通网。

然而这些方案几乎无一落地。欧盟的"三驾马车"强制实施紧缩政策，新兴金融集团便对此没了兴趣，因为他们必须先在这些地方完成新建后，才能按照贝莱德和黑石的方法加以利用。一片肃杀的风景中倒是多了寥寥几个"灯塔"，比如美国集团柏克德（Bechtel）在克罗地亚建设的收费高速公路。但是那里缺少基础设施，数百万的失业工人正在离开这片被欧盟遗忘的边缘地区，作为亚马逊和北约的新基地倒还算合适。欧盟资助的经济特区陷入永久性的欠发达状态，政治上主要由民族主义极右翼党派把持，这些党派被西方资本主义用来遏制共产主义。②

---

① China strengthens TCM cooperation with Belt and Road countries, www.xinhuanet.com/english/2017-12-23.
② Stiefkinder des Kontinents, Der Spiegel 26/2017; Jaroslav Fiala: The rule of the market in East-Central Europe is absolute, http://political critique.org, 28.7.2016.

希腊

希腊是欧盟和西方金融集团的受害者。为了偿还西方银行的贷款和利息，欧盟强迫希腊将比雷埃夫斯港私有化。欧盟和西方金融集团对港口的现代化与扩建不感兴趣，因此中国如今成了这里唯一的救星。只有中国远洋运输（集团）总公司（中远）向这个港口投资，租期为35年。

该港口虽然是欧洲最大的客运港，但是已经严重老化，而且没有铁路与之衔接。从2008年开始，中远对该港口进行现代化升级，更新物流，并且通过两个新建的集装箱码头将该港口纳入国际贸易和新丝绸之路中。从此，那里的转运集装箱数量从88万提升到了400万，到2022年应该能达到720万。[①]

如今，在中国生产的中外各企业（如惠普、索尼、华为、中兴）的产品都经过这个港口运送到欧洲各地，惠普在这里新建了一个欧洲销售中心。中远还启用了三个新的干船坞，用于船舶等候和修缮。毋庸讳言，这里创造了大量的就业岗位。[②]

全球港口网络

希腊的塞萨洛尼基（Thessaloniki）、卡瓦拉（Kavala）和亚历山大罗波利（Alexandropoli）三个港口的扩建是"一带一路"

---

① Neue Ära im Containerterminal Cosco Piräus, Österreichische Verkehrszeitung, 12.2.2018.
② Neue Seidenstraße: China baut seinen Einfluss in Europa aus, Deutsche Wirtschaftsnachrichten, 4.3.2018.

的项目之一。这三个港口将与保加利亚的两个黑海港口瓦尔纳（Warna）和布尔加斯（Burgas），以及多瑙河的内河港鲁塞（Ruse）相连接。另外，捷克希望与中国共同开发"多瑙河—奥得河—易北河运河"项目；希腊和塞尔维亚在新丝绸之路的框架内提出，希望连通多瑙河与爱琴海运河（连接塞尔维亚和马其顿）。计划中的欧亚大陆交通走廊将连接里海和黑海。

1955 年，美国成立了国际港口协会，驻地在日本，如今包含 90 个国家的 180 个港口。该协会在 2018 年阿塞拜疆巴库大会上称赞了"一带一路"。[①]

在欧洲电网内的希腊

中国国家电网收购了希腊国家电网公司（ADMIE）24% 的股份。中国国家电网在十年间获得了数十亿贷款，目的就是将希腊众多岛屿通过海底电缆连入陆地上的电网。同时，ADMIE 已与邻国阿尔巴尼亚、北马其顿、保加利亚、土耳其和意大利的电网相连，与塞浦路斯、以色列和北非的联网也在计划中。这样，ADMIE 就成了全球电网在欧洲的中心之一。[②] 中国神华集团还收购了希腊四座风力发电场 75% 的股份，并计划进行进

---

① IAPH Conference in Baku, the pearl of Caspian, makes a new record, www.iaphworldreports, 17.5.2018.
② State Grid Purchases a Stake at ADMIE, www.sgcc.com.cn, 21.6.2017.

一步扩建。①

"一带一路"建设项目还包括将希腊受过良好培训的技术人员和工程师聚集到帕特雷、塞萨洛尼基和克里特岛上的多个科技园中。

▎欧盟／北约：希腊作为地缘政治的前哨

欧盟委员会主席容克曾强调，欧盟、美国和北约的同盟是"永久的"，②在军事上吸收希腊是当务之急。2018年7月，希腊总统很开心他这个穷国在"地缘政治上升值了"："在执行任务方面，希腊在北约层面上比几年前要强大很多。"③

▎巴尔干半岛：欧盟内的骚动

欧盟曾计划在布达佩斯到贝尔格莱德之间新建一条铁路，但却没有付诸实施。如今，中国进出口银行为匈牙利提供了20亿的贷款用来修建匈塞铁路匈牙利段。这条线路还将连接比雷埃夫斯港。中国企业出资在北马其顿建设一条东西向高速公路，属于其首都斯科普里的公共交通网络；还在塞尔维亚投资建设了一个发电站。

---

① Chryssa Liaggou: Shenhua joins power market through deal with PPC, Copelouzos, ekatherimi.com, 2.11.2017.
② Interview zum Treffen mit US-Präsident Trump in ARD, 27.7.2018, Protokoll in www.nachdenkseiten.de, 30.7.2018.
③ Griechische Botschaft Berlin: Griechenland ist ein ausgestreckter Außenposten des Westens und der EU im Osten, Pressemitteilung, 1.7.2018.

从 2012 年起，中国通过 16+1 平台，每年举办一次与中东欧国家的投资会议。会议按顺序在其中一个首都城市举行。参加会议的国家包括 5 个非欧盟成员国的国家，即阿尔巴尼亚、黑山、塞尔维亚、波黑和北马其顿，还有 11 个欧盟成员国，即波兰、捷克、斯洛伐克、保加利亚、罗马尼亚、匈牙利、克罗地亚、斯洛文尼亚以及波罗的海东岸三国。数百名企业家和专家都来参会。除了基础设施项目，还会商定旅游和文化项目。中国也从这些国家采购了越来越多的农产品。①

欧盟负责人应该开心才对，因为他们那些穷成员国终于可以摆脱欠发达状态了。但从 2017 年开始，欧盟突然感到非常不安。"中国利用欧盟内部的弱点，在东欧展示它的影响力"，德国一位记者写道。② 他们淡化了自己本应对东欧的贫穷状态负责的事实——塞尔维亚曾被北约轰炸，许多基础设施都被摧毁。2018 年年初，容克急匆匆地赶到这些国家，目的只有一个，那就是通过财政承诺将中国拒之门外。

和平的、平等的、合作的全球化

中国领导人紧紧抓住"全球化"这个概念。由中国发起成立的上海合作组织、中非合作论坛、中拉论坛、中国—中东欧 16+1 等多边合作机制，无不证明一个多极的世界秩序是有可能

---

① Siehe www.china-ceec.org/eng/.
② China macht sich Osteuropa gefügig, Süddeutsche Zeitung, 28.11.2017.

实现的，也是对所有参与方都有利的。

> 多极世界秩序，还是美国优先

多极世界秩序与美国传递的信号正好相反：美国还在践行着"唯一的超级大国"的霸权，还在用"美国优先""国家利益""上帝之国"这些概念来表现自己。美国在宪法中已经明确，没有外交部，只有国务院。美国是唯一没有设立外交部的大国。

在渗透他国领土和入侵其他国家方面，美国国务院一直以来都是国家组织的中心，最初是在北美成立联邦制国家，加拿大除外，保留英国的影响范围，后来就是以各种形式的入侵和渗透，将其他国家和地区纳入美国的控制范围。这种霸权是借助种族屠杀、投资、条约、结盟、战争来实现的，开始是在北美疆域，然后是在中美洲和加勒比地区，再后来是在太平洋地区（菲律宾和众多岛屿）。美国官方在1823年用门罗主义对这种霸权进行了表述：在被称为"美国"的整个领域，不允许有来自其他疆域的势力（当时指的是欧洲）的干涉，在这里占统治地位的永远只能是美国。第二次世界大战后，这一霸权扩展到了整个地球。

如前所述，这一霸权当下仍以"国家利益"的名义得以体现，比如在全球范围内建立军事基地，又比如在军事干预方面必要时屏蔽联合国，或者采取欺骗手段，或者对国家、企业、个人采取治外法权的处罚。根据《联合国宪章》，"国家利益"

在于平等看待其他国家的国家利益。

中国的崛起：没有硝烟的全球化

当美国开始将其军事行动战略重心转移到"亚洲"，并针对中国进行军备扩张时，中国开始跟了上来，但也仅限于保卫领土，即中国国境线周边。当美国的战舰在亚洲、中国周边巡逻时，没有一艘中国的战舰在美国附近巡逻；当美国越来越多地在中国的邻国建立军事基地时，中国没有在美国周围有过任何军事基地。

中国的经济崛起并不依赖于在其他国家发动战争、进行军事干预或策动政变，中国是目前唯一一个在国外不进行军事行动、不发动政变的大国。

第四章 人类社会的现在与未来
Gegenwart und Zukunft der irdischen Gesellschaft

在中国与美国这两大政治经济对立体之间，产生了主导当今人类社会发展的动力。两国分别处于各自的国际关系和联盟之中，呈现出两种截然不同的发展逻辑。

一边是以美国为首的西方资本主义民主国家，其国民经济发展水平正在倒退，越来越多地残酷利用人类劳动力，摧毁着自然环境；他们违反国际法、践踏人权，在全球范围内大搞军备扩充，肆意敛财、谎话连篇，甚至还在一些地区挑起战争，同时还在为与中国，尤其是与俄罗斯之间可能发生的军事冲突做着准备。另一边是共产党领导的社会主义中国，其在经济和社会发展方面持续崛起，不断创造出大量经济财富；在遵守国际法方面做得无可挑剔，在人权方面也已取得长足进步；还积极开发环保产品，大力促进环保科技的进步。中国只求增加防御性军备，尝试着建立一个多极的国际秩序。

面对可能发生的全球性重大冲突事件，欧盟将扮演一个重要的角色。欧盟能否通过新兴金融体系，逐渐摆脱对美国的深度依赖？或者在中国与美国这两极之间重新确立自己的位置，成为第三强大的力量？

系统性冲突的过程和结果，都有着各自截然不同的发生地点和方式。这取决于那些正在崛起的新兴工业国家，乃至地球上所有国家的行为和表现，以及重要性和责任都在日益增加的公民社会。

美国资本主义民主的急剧衰退

美国主导的新兴金融集团及其私人武装力量强化了跨大西洋的资本交织程度。他们利用并消耗着迄今为止所创造的经济财富，攫取短期利润，并将其隐藏在金融绿洲之中。让民众充分就业、推动国民经济的整体发展、建立福利国家、保护自然环境、维护民主和人权、建立有责任感的政府、使政策透明化，这些不过是他们煽动民众时所用的话术。出于有意，抑或出于对自身制度的盲目自信，"西方价值观联盟"正被推动着向反民主转变。这种转变将催生更具攻击性的帝国主义，不论是对内还是对外。

美国前总统特朗普作为新兴资本集团以及第二代、第三代迅速崛起的亿万富翁的代表，可谓将西方资本主义制度中最隐秘的弊病展露无遗。这些资本主义企业家专断独行，纵情地生活着。他们煽动种族主义、性别歧视、民族主义以及各种形式的民粹主义，无视人权，践踏国际法，比如企图使用原子弹威胁和震慑其他国家，在全球范围内通过无人机进行暗杀，武装并鼓动沙特阿拉伯轰炸也门，默许以色列长期镇压巴勒斯坦，等等。[1]

---

[1] Werner Rügemer: Lumpenproletariat der High Society, in: *Melodie & Rhythmus* 2/2017.

系统性践踏人权

特朗普宣布就任美国总统后,联合国人权理事会于 2018 年年初对美国的人权状况作了总结:特朗普政府的人权政策将很难有所突破。此前的美国政府也明确地拒绝承认社会人权和经济人权,包括受教育权、接受医疗救治的权利和社会保障权。美国也是唯一未批准《联合国儿童权利公约》的国家。①

迄今为止,美国是所有经合组织国家中收入差距最大的国家。与其他国家相比,美国的有钱人也是最没有社会责任感的。美国政府推行的 50 年减贫计划收效甚微,仍有数百万人甚至生活在"低于第三世界水平的绝对贫困"中,美国成为贫困率最高的发达国家。贫困女性常常被拒绝提供保健服务;比起备受歧视的黑人和拉丁裔,土著少数民族更容易遭遇贫困、失业和早亡;每一千个新生儿中就有 5.8 个早夭的儿童死亡率远高于其他经合组织国家。"惩罚穷人并把他们关进监狱"成为美国在 21 世纪给贫困的一个独特的回答。②

与其他经合组织国家相比,美国的青年失业率和儿童死亡率是最高的(即便与被妖魔化的古巴相比也是如此);公民的平均寿命较短,病痛较多,肥胖症患者最多;监狱中囚犯的比例最高;军事开支全球第一,但却拒绝为返乡的退伍军人提供最

---

① United Nations, General Assembly. Human Rights Council, a.a.O., pp. 5f. Auf die Nicht-Ratifizierung von 195 der 207 ILO-Arbeitsrechte durch die US-Regierungen geht der Bericht nicht explizit ein.

② United Nations, a.a.O., p. 18.

基本的援助；穷人和非白人（包括无家可归的人和刑满释放人员）被拒绝参加选举的概率更高。2016 年，只有 64% 有选举权的人注册投票，而美国的波多黎各居民只能进行虚拟选举。这种极端的社会不平等和对穷人的蔑视，最终导致"国家政权被一小撮经济精英夺取"。①

这些超级大国的精英们，在经济上为自己攫取利益的同时，在道义上也削弱了国家实力。他们还将其他国家和地区按压在欠发达状态，并越来越多地在违反国际法的军事侵略行动中进行试探。在美墨边境上，来自南美洲和中美洲的难民遭受歧视，被扣押、监禁，甚至被驱离。即便能够进入美国，他们也不过是作为备受压榨的廉价劳动力被收留。

欧盟的人权和国际法

在某些方面，欧盟的情况比美国好一些。然而欧盟的领导人从来不敢实事求是地看待自己所领导的大国的情况。随着新兴金融集团及其私人武装力量对欧盟经济和政治的渗透，随着福利国家和劳动法的"改革"，随着西欧国家的企业对美国投资力度的加大，欧盟相较于以前，不断拉低了自己的标准。

"西方价值观联盟"中的欧盟国家在政治、法律和道德上的弊端在于，虽然表面上对特朗普的一些个性特点有怨言，但却不对新兴金融集团的渗透与利益攫取加以管束，反而予以支持；

---

① United Nations, a.a.O., p. 19.

各国政府和主流媒体唯唯诺诺，极力淡化他们的危害性。一些著名的美国公司，如苹果，逃了税却只是稍受批评；谷歌违反了垄断法，也只是被处以罚款。总的来说，欧盟仍然十分欢迎这些硅谷企业的进驻。

在特朗普的煽动下，不断升级的贸易战首先是针对中国，继而也针对欧盟，大西洋两岸的民族主义者们开始内讧。跨大西洋的资本依存关系和供应链的分支全球化都表明，这种讨价还价在很大程度上是虚张声势，是表演给被愚弄的选民们看的。2018年7月，特朗普与欧盟委员会主席容克达成了实质上有利于美国的意向书（欧盟同意更多地购买美国大豆和液态天然气），还就针对中国的姿态达成了一致。① 与此同时，美国第一梯队的各位盟友——欧盟、日本、加拿大——更拉近了彼此间的距离。②

尽管欧盟领导人批评特朗普在美墨边境的修墙计划，但围绕欧盟堡垒所修建的隔离墙实则更为致命。成千上万的难民或被地中海无情地淹没，或在利比亚被残忍地关押。美国搞乱了利比亚等国家，却让无数难民埋单。无条件地救助海上遇难人员，这种人类的美德已被欧盟毫不留情地抛弃。

欧盟领导人们对美国政府进行了看起来猛烈却冠冕堂皇的

---

① Joint U.S.-EU Statement following President Juncker's visit to the White House, *Washington*, 25 July 2018.
② EU and Japan sign landmark political and trade agreements, eeas.europa.eu, 17.7.2018.

抨击，并未触及美国这个超级大国在军事和情报机构上的优势。美国及其领导的"顺从者联盟"正在对《联合国宪章》中约定的国际法（禁止暴力、不干涉他国内政）进行着系统性破坏，欧盟正在参与制裁假想敌俄罗斯以及美国在东欧的军事部署，美国增加国防预算的要求在北约内外都得到了满足。①

历史上，北约基于"防范苏联入侵"这一谎言而成立；如今，这句谎言仍在继续。从前，苏联不会也不可能侵占西欧；现在，俄罗斯不会也不可能占领西欧。西欧国家不仅被编入了美国领导的北约组织，还被大量的美国军事基地覆盖，而这样的军事基地还在不断增加。德国是西欧范围内美军军事基地最多的国家，境内有十几个美国主要军事基地及其众多的分支机构，这些全都被纳入了美国的全球战略之中。2017 年，德国联邦议院不得不承认，他们也只是掌握着"不完整"的可用数据。即使向美国国防部和武装部队询问，也得不到回复。

侵略者往往把自己伪装成被侵略者。1990 年，东欧剧变后的北约东扩表明，西方关注的不是在俄罗斯建立民主制度，而是觊觎从里斯本到符拉迪沃斯托克之间这片欧亚地区的统治权。曾为多位美国总统担任国家安全顾问的布热津斯基在 1996 年就已经如此公开表示过。他当时也将乌克兰称为"决定性跳板"，还把欧洲的北约成员国理所当然地看作"美国的随从"。德国时

---

① Daniele Ganser: *Illegale Kriege. Wie die NATO-Länder die UNO sabotieren.* Zürich 2016.

任外交部部长汉斯·迪特里希·根舍（Hans-Dietrich Genscher）还曾兴奋地为布热津斯基某部著作的德语版写过序。①

欧盟的政治领导人虽然公开保持沉默，但却在行动上推动了由新兴金融集团组织的跨大西洋资本与跨国资本主义阶层的交织，包括廉价劳动力和所有权向金融绿洲的系统性转移，由此导致了大多数人陷入贫困，促进了极端反民主政治的形成和发展。贝莱德集团、黑石集团、亚马逊集团、麦肯锡集团在欧盟的容忍和推动下不断壮大，使那些自诩为"人民"的政党以及他们所代表的资本主义民主在道德上被抹黑，无论这些政党披上的外衣是基督教的、保守的、资产阶级的还是社会民主的。

北约和欧盟在将乌克兰纳入西方体系之后，侵略行为仍在继续，俄罗斯如今是他们的主要敌人。对公众而言，马克龙、默克尔、容克和其他欧盟政府，包括东欧和巴尔干地区脱节的周边国家政府，重新制造了各种各样的"美国优先"（America First）。他们假国家利益之名，行民粹主义之实。尤其是德国的政策制定者和舆论界人士，更是塑造出一种"欧盟民族主义"。正如德国外长所说："我们德国的国家利益是有名字的，那就是'欧洲'。"②北约和欧盟内部的军备布防就是结果。

欧盟的经济也陷入衰退。富人使自己更富的同时，致使大

---

① Werner Rügemer: NATO - Die Gründungslüge, www.nachdenkseiten.de 4.4.2018; Zbigniew Brzezinski: Die einzige Weltmacht. Weinheim/Berlin 1996, pp. 58 und 81（Ukraine）.
② Trump darf uns nicht spalten, www.auswaertiges-amt.de 19.7.2108.

多数人陷入贫穷、工作不稳定、生命缺乏保障的境地；更多的钱被用于军备扩张和国际军事行动。对此，那些一直执政到现在且已经衰落的、号称"人民"政党的初级民粹主义者又在鼓吹新的民族主义次级民粹主义，歧视那些致力于争取国际理解和一贯民主的人。

中国的和平崛起

在中华人民共和国成立之初，美国诋毁并压制中国；之后，在理查德·尼克松总统及其安全顾问亨利·基辛格的推动下，美国又试图拉拢和利用中国，以牵制当时在经济和军事上更加强大的苏联。1978年，中国开始实行改革开放政策，逐渐建立了沿海经济特区，开放了诸多港口城市，建立了沿海经济开放区。美国及其他西方国家的企业蜂拥而至，利用中国廉价的劳动力和巨大的市场，以谋求利润的最大化。

一些西方资本主义国家曾试图将中国一直困在欠发达状态中，他们通过巴黎统筹委员会对中国实行技术封锁；把中国排除在关贸总协定之外，直到2001年才将中国纳入世界贸易组织；反对中国政府实施新劳动法，无不体现出这些国家的狼子野心。在利益和权力中迷失了方向的西方国家继而惊讶地发现，中国已摸索出自己的市场经济发展逻辑，并取得了举世瞩目的成就。

中国成功地做到了其他发展中国家和新兴工业化国家没有做到的事。西方资本主义企业将廉价生产线转移到这些国家，并在那里开发他们所需的原材料,但这些国家仍然处于不同程度的欠发达状态(基于潜力来衡量),劳工的薪资依然停滞在较低水平。中国则相反,实际收入指数持续增长。

由此不难看出,中国可以成为这些国家的天然盟友和重要的多边合作者,以帮助他们实现国家独立和经济发展。这不仅适用于后殖民时期的非洲国家,在一定程度上也适用于拉丁美洲国家,甚至还适用于欧盟的外围国家和地区,如希腊、葡萄牙、东欧和巴尔干地区。

与西方资本主义国家不同,中国推动的全球化既没有伴随直接或间接的军事干预,也没有建立军事基地。

"国家资本主义"

西方世界批评中国是"国家资本主义"。这种言辞在一定程度上也适用于那些主张国家主权和劳动者权益,规范外国投资者的国家,如印度、俄罗斯、南非和巴西等国。美国国家情报委员会在2008年发表的报告《全球趋势2025》中提到,现如今已不存在资本主义与社会主义之间的制度冲突,而是两种资本主义之间的矛盾:西方优越的"自由资本主义"与包括中国在内的金砖国家的"国家资本主义"。这份报告也为当时的新任总统奥巴马提供了一些参考,使其知晓对全球局势发展有影响的可能因素。①

上述报告中所提供的观点也得到了西方全球化反对者、唯人权论者和左翼的支持，但是有一些关键事实不应被掩盖。

首先，西方资本主义本身就是极端的国家主义。他们默许私有企业肆意侵占劳动者的合法权益，无视富人和企业逃税；容忍一些私有企业燃烧褐煤和柴油燃料，以致毒害了民众的健康，对自然环境造成了严重影响。他们不仅不对上述行为予以相应的惩罚，还将税收用于国家情报机构和军队，在国际上干预他国政事，保障私人投资和原材料获取。这些西方国家之间所达成的双边或多边贸易协定，都只是为了单方面保护私有投资者。

美国的国务院、财政部、大使馆等国家重要机关都将管理要职预留给企业家、企业代理人或顾问，他们是作为美国企业的代表而行事的。比如高新科技创新和开发中心硅谷，其崛起应归功于国家、军队和情报机构的支持。

欧盟委员会规模庞大，其官员不仅享有高薪，还在税收和法律方面享有特权。自成立以来，这个机构保障的就是欧盟和全球私有企业的利益，而不是保障劳动者和消费者的权益。欧盟国家为了资助企业发展，动辄推出耗费数十亿欧元的补贴计划，比如数字化和人工智能。像卢森堡及荷兰这样的欧盟中心

---

① National Intelligence Council（NIC）: Global Trends 2025, *Washington* November 2008, www.dni.gov/nic/NIC_2025_project.html.

国家，却成为富人和企业逃税的庇护所。

由此可见，西方世界的国家资本主义牢牢占据着统治地位。一个国家的行政机构、政府和政治活动都受到私人资本主义利益的影响。①

其次，批评中国是"国家资本主义"忽略了国家性质各有不同这一事实。中国这个国家，不是以资本主义利益为基础的，而是在社会主义制度下以全民利益为基础；中国不是由资本家或资本主义资助的党派和政客领导的，而是由一个马克思主义政党领导的。中国的社会发展始终遵循广大民众的意愿，因此中国致力于维护世界和平的理念便是自然而然的事了。

诚然，中国已经在经济发展中取得了巨大的进步，但并不意味着中国的发展模式就是完美的。如果其他国家、政府和组织能够通过其他方式实现自己的目标，也不必一定模仿中国的强大之路。中国的发展还远远没有走到终点，"两个一百年"奋斗目标还有待他们付出更多的努力去实现。一个公平、和谐、富裕的社会不会像天上掉馅饼般唾手可得，但更不会是西方帝国主义的恩赐。

---

① Werner Rügemer: *Die Privatisierung des Staates. Das Vorbild USA und sein Einfluss in der EU*, in: Ullrich Mies / Jens Wernicke: *Fassaden-Demokratie und tiefer Staat*. Wien 2017, pp. 111-124.

谋求共同发展

一个世纪以来，以美国为首的西方国家在全球范围内不断利用政变、战争支持反民主主义的政权和运动，在短期内攫取了巨大利益。若不是由此获得了一线喘息之机，他们在国家制度的赛跑中早就一败涂地了。虽然在近30年的新自由主义竞争中老牌帝国主义已经显得力不从心，但这种发展逻辑如今仍然在许多国家和地区盛行。我们必须将自己从中解放出来，必须宣布这一发展逻辑的不合理性，否则我们将无法生存。

第二次世界大战促使当时国际上有行动力的国家成立了联合国，并通过了《联合国宪章》和《世界人权宣言》，对成员国的行动作了规定，包括公民和政治权利，社会、经济和文化权利。本着维护国际和平及安全、发展经济、对难民实行人道主义援助等宗旨，联合国成立了世界银行、联合国教科文组织等诸多专门机构。作为唯一一个得到全世界各国都承认的国际法主体，联合国是人类历史上最伟大的政治成就。如今，已有193个国家加入了这个政府间国际组织。

然而从过去到现在，一些国家出于自身的需求和目的一直在削弱和破坏这个体系，尤其是美国。从2000年开始，西方康采恩集团（多种企业集团）中新的金融参与者通过《全球契约》（Globle Compact）主导并控制了这个体系。[①] 这一状况必须得到

---

① UN Global Compact in der Kritik, www.global-ethic-now.de, abgerufen 15.6.2018.

改变。我们必须回到联合国建立的多极化、和平、后殖民时期民主的世界秩序的起点。大多数成员国在 2016 年通过了禁止原子弹的决议便有力地证明了这一点。包括双边和多边的贸易协定、贸易组织以及军事联盟在内的各种国际关系,都必须根据《联合国宪章》和普遍人权加以审查。①

为此,公民社会中的很多人按照价值观组织在一起,越来越脱离了既定的组织形式。如前文所述,中国在劳资关系方面的进步并不是通过工会来实现的,而是通过基层倡议和政治协商。在美国和各大洲,大型平台公司的工人正在组织起来与工会合作,必要时也可以不与工会合作。在反对自由贸易协定的运动中,成千上万的人认识到了以往全球化的不公平之处。尽管有关替代性能源、妇女权利、裁军和接收难民的倡议不计其数,但在大多数情况下,国际上仍然没有予以协调。

当然,新兴金融集团所资助的政权目前对这些倡议还无能为力,因此我们必须对这样的政府施加压力,甚至迫使其下台。在今天看来或许有些不切实际,但我们也必须声明下列主张是明智且不言而喻的:严格监管新兴金融集团,严禁危害社会的金融产品和行为;利用高新技术来有效减少劳动者的工作时间,合理分配工作量;查处并解散"避税天堂";向大资本家的私人

---

① Vgl. Andreas Fischer-Lescano: *Globalverfassung. Die Geltungsbegründung der Menschenrechte*. Weilerswist 2005; Norman Paech: *Aktionsfeld Weltinnenpolitik. Völkerrechtliche Grundlagen einer global governance*. Hamburg 2003.

收益征税；经营惠及民众的公共基础设施；禁止私力救济，建立法治国家；禁止开发和生产对自然环境和全球气候有害的产品。最重要的是，必须结束一切违反国际法的军事行动和情报收集活动；裁减军备、销毁核武器，建立集体安全体系，以防止和终止战争。

在美国、欧洲，甚至在全球范围内，美国主导的西方资本主义世界与中国及其盟友之间的冲突才刚刚开始。历史是开放的，我们身在何处，又将前往何方？作为地球公民的一分子，我们每一个人都有份参与。

最后一个问题

"我们需要拯救人类吗？"对于这个普遍存在的错误问题，答案是：我们不必这样做，因为有些人不需要我们拯救。

那么"我们"到底是谁？

"我们"是致力于维护人权、国际法和民主的人，"我们"是必须团结在一起的一群人。

图书在版编目（CIP）数据

21世纪新资本主义 /（德）维尔纳·吕格默尔 著；肖蕾 译. — 北京：东方出版社，2023.6
ISBN 978-7-5207-2996-3

Ⅰ.①2… Ⅱ.①维…②肖… Ⅲ.①中国特色社会主义 – 社会主义制度 – 研究 Ⅳ.① D621

中国版本图书馆 CIP 数据核字（2022）第 183536 号

中文简体字版专有权属东方出版社
著作权合同登记号 图字：01-2021-6040 号

21 世纪新资本主义
（21 SHIJI XIN ZIBEN ZHUYI）

作　　者	[德] 维尔纳·吕格默尔
译　　者	肖　蕾
校　　译	谭敏萱
责任编辑	姬　利　徐洪坤
责任审校	蔡晓颖
出　　版	东方出版社
发　　行	人民东方出版传媒有限公司
地　　址	北京市东城区朝阳门内大街 166 号
邮　　编	100010
印　　刷	北京文昌阁彩色印刷有限责任公司
版　　次	2023 年 6 月第 1 版
印　　次	2023 年 6 月第 1 次印刷
开　　本	880 毫米 ×1230 毫米　1/32
印　　张	15.25
字　　数	287 千字
书　　号	ISBN 978-7-5207-2996-3
定　　价	78.00 元

发行电话：（010）85924663　85924644　85924641

版权所有，违者必究

如有印装质量问题，我社负责调换，请拨打电话：（010）85924602　85924603